放浪・廻遊民と日本の近代

長野浩典
Nagano Hironori

弦書房

〔カバー写真〕
〈表〉海の廻遊民「シャア」（昭和十六年頃、臼杵市教育委員会蔵）
〈裏〉臼杵祇園祭のヒョウタンカブリ（大分県臼杵市）

目次

まえがき

常々私たちは、持ち家にしても借家にしても、定住して家屋に住んでいる。それがあたりまえだと思っている。しかし、人間が定住生活をするようになったのは、一万年ほど前からだという。人類の歴史は、およそ七〇〇万年前からはじまるから、人が定住している時間は、人類史の「一瞬」でしかない。だから、けっしてあたりまえではないのである。ただ、本書の話はそんな気の遠くなるようなむかしの話ではない。少し前まで、家や土地を持たず廻遊ないしは放浪していた人びとのはなしである。ここで「廻遊」とは、生業など一定の目的をもって移動すること、いっぽう「放浪」とは無目的で、いわばやむを得ず移動しているという意味で用いている。ただ、どちらも「非定住」という意味では同じであって、これは廻遊、これは放浪と、ことさら峻別することに重きを置いてはいない。

さて、九州山地の山々周辺を、竹細工や川漁などをしながら廻遊する「サンカ」と呼ばれる人びとの存在を知ったのは、一〇年くらい前だったろうか。彼らは廻遊生活をする「非定住」の人びとだった。しかも自分の生まれ育ったところから、それほど遠くないところを彼らが廻遊しながら暮らしていた事実は、筆者にとって少なからず衝撃だった。さらに彼らに関する記録が、九州では昭和四〇年代までであることにも驚いた。「家を持たない生活」、もはやわれわれには、想像することすら難しいように感じる。

私が学んだ大学の国史学研究室（当時）の書架には、『菊池野』という月刊誌が、『史学雑誌』『歴史学研究』といった研究雑誌とともに並んでいた。その冊数も、ほかの研究雑誌におとらず多かったように記憶している。『菊池野』の創刊は昭和二六年（一九五一）であるから、筆者が在籍していた一九八〇年代にはそれなりの量に達していたのだろう。これは、熊本県合志町（現合志市）にあるハンセン病患者を収容（隔離）した国立療養所菊池恵楓園入所者自治会の月刊機関誌である。その時、なぜ『菊池野』が研究室に届くのか深く考えもせず、ときどき手にとっては、入所者の短歌や俳句、園内での行事などについてながめていた。しかしそれ以上、ハンセン病や療養所についての理解を深める努力をすることはなかった。というより、『菊池野』に目を通していたのにもかかわらず、ハンセン病には全く疎かった。さらにいえば、かつて大学のすぐ近くにハンナ・リデルの回春病院があったのにもかかわらず、である。

その後、大分県で教職に就いたが、ハンセン病に関心をもちはじめたのは、平成八年（一九九六）の「らい予防法」の廃止からであった。大分県でハンセン病を発症したら、どこへ行くのだろう、とふと思った。みんな熊本の療養所へ向かうのだろうか、と考えはじめたのがきっかけで、ハンセン病について調べはじめた。そうすると、もともと療養所の収容能力には限界があって、近代以降、多くのらい者が放浪していた事実を知った。いわゆる「浮浪らい」である。彼らの多くもまた、家を持たない「非定住民」といえないだろうか、と思った。

四国巡礼は、いまや人気の旅行コースだが、かつてハンセン病患者たちにとっては、あて処のない死出の旅でもあった。かつての巡礼は、いったいどのようなものだったのか、それを知るために高群逸枝の『娘巡礼記』（岩波文庫、二〇〇四年）を読んでみた。ここで予期せず「サアの奇観」の「サア」のことをはじめて知った。それから、大分県臼杵市の津留集落と家船と「シャア」（本書第二章）にしばらく没頭した。しかしよく考えてみると、「サンカ」が山の廻遊民なら、「シャア」は海の廻遊民である。廻遊はすなわち「非定住」である。「シャア」もまた、もとは「非定住」の人びとだったといえるであろう。

筆者は、大分県地方史研究会の近現代史部門の研修委員（事務局）をもう二〇年近く務めている。年四回の研究会の準備をすれば良いのだが、報告者がなかなかみつからないこともある。そこで、事務局の筆者自らが報告者となることも多い。二〇〇八年だったが、「的ヶ浜事件」について報告したことがある。この事件も「サンカ」について調べていて、行きあたった出来事であった。これについては本文の中で詳しく述べるが、別府の的ヶ浜という海岸には、廻遊・放浪する人びとの集住地があった。そこには、「サンカ」や乞食、渡り職人やらい病患者たちが集まって暮らしていた。またこの事件に直接関係はないが、別府の港には家船もしきりに立ち寄っていた。ご存知の通り、別府は温泉観光地である。別府という街は、いろんな人びとを引き寄せる、独特の魅力をもった街ではないかと思いはじめた。ここはむかしから、いわゆる富裕層の別荘も多かった。文人墨客もたちより、政治家たちもしきりにやってきた。戦後にはアメリカ軍のキャンプ地もあった。いっぽう、先に述べたように、貧困層の集住地もあったのである。筆者も、別府という街に興味を惹かれた。

さて、本書は日本の近代社会において定住しない廻遊・放浪民に焦点をあてて書いてみることにした。このような著作は、民俗学の分野でいわゆる「漂泊民」といわれる人びとを対象にしたものがいくつかある。しかし本書は、日本近代に焦点をあてること、また「非定住民」からみた近代社会の特質を考えてみることにした。そして、「非定住民」があつまる大分県の別府という小都市から、「非定住という生き方」について考えてみることにした。

思えば、世界にはモンゴルの遊牧民やヨーロッパのロマ（かつてはジプシーと呼ばれた）のように、最近まで定住しない人びとも多かったし、いまも皆無ではない。少し前、フランスのパリ市周辺で、車上で暮らすロマの人びとが排除されたという報道を聞いて、悲しい気持ちになったことがある。いっぽうで、車に乗ってはいるが、いまも非定住民としての彼らは、「健在だな」とも思った。

定住と非定住には、家で暮らすこと以外にどんな違いがあるのだろうか。だが、「非定住民」の記録や資料は極度に乏しい。もともと「非定住民」自体が少数であるからでもあるが、彼ら自身はほとんど記録を残していない。そのため、本書は断片的な記録を、いろいろなものから引き出してつなぎ合わせるような恰好になったことは否めない。

正直なところ本書は、これまで筆者の知らなかったことを、筆者の興味に従って調べ、そして、知って驚いたことを書き綴って成ったものである。そんな筆者の興味に、しばしつき合っていただければ幸いである。

第一章

「サンカ」

——九州山地の廻遊民

一般に「サンカ」とよばれる、山の廻遊民がかつていたことをご存知だろうか。彼らは山で採取した材料で、箕（み）などの竹製品を製造、販売、また修理をして糧を得る。また、川でウナギやスッポンなどを獲って売ることもある。住居や田畑を持たず、無戸籍の「サンカ」もかつては存在した。自分たちの生活ぶりを文字で記録したものがほとんどなく、その実態は謎にみちている。「サンカ」は廻遊するがゆえに、国家から見れば把握しにくい。そのため、権力からは得体の知れぬ犯罪集団扱いされることも多かった。その「サンカ」が、九州の山々でも廻遊していた。しかし「サンカ」には、意図的に作られた悪いイメージがつきまとい、誤解も多い。ここでは、九州の「サンカ」の実像にせまってみたい。

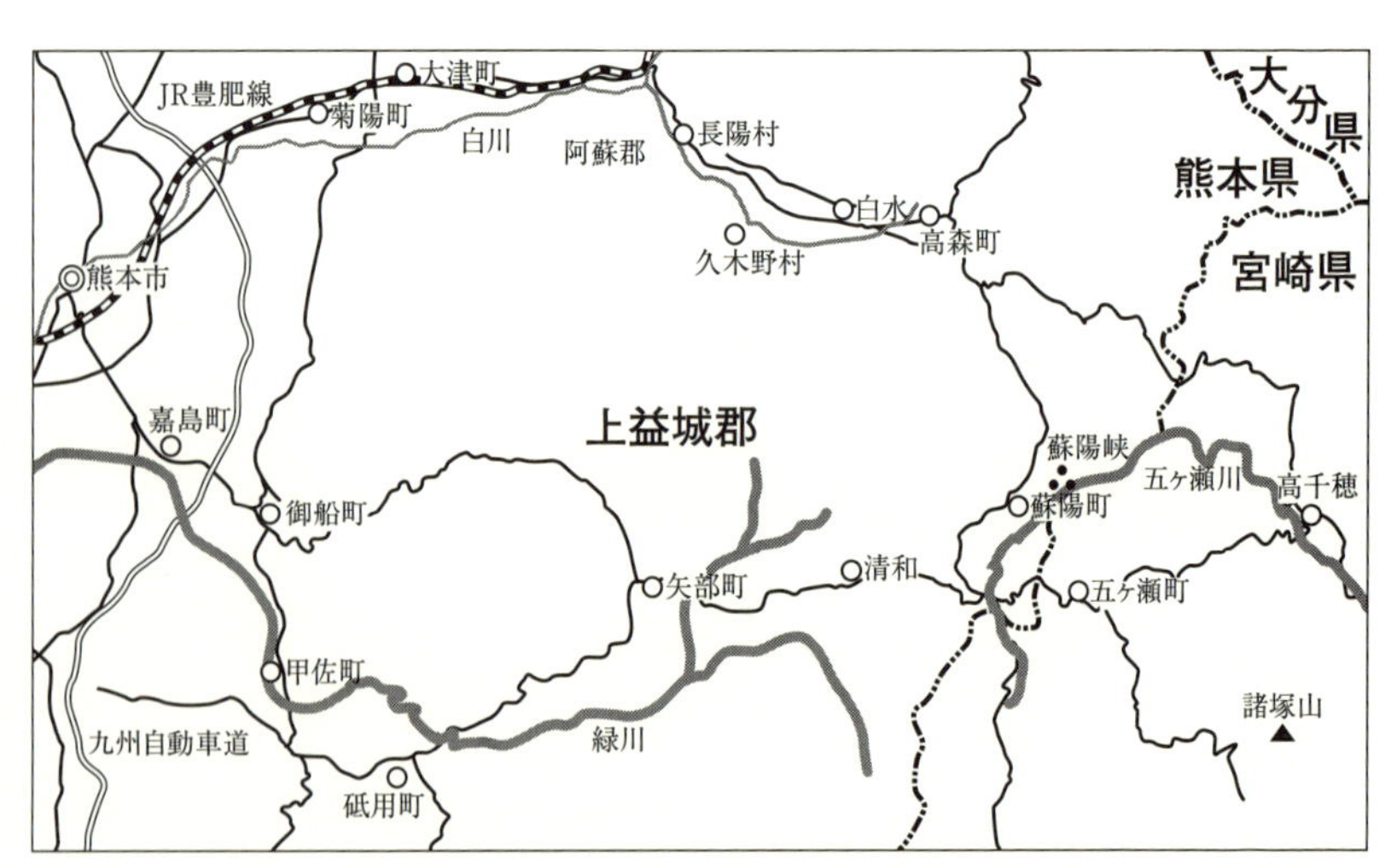

「サンカ」とはなにか

「サンカ」との出会い　「サンカ」と呼ばれる山の廻遊民についてはじめて知ったのは、今から一〇年以上前になる。大分県立図書館でたまたま鳥養孝好先生の『大野川流域に生きる人々』（鳥養孝好先生還暦記念事業会、二〇〇〇年）を手に取ったときだ。「先生」と書いたのは、筆者は鳥養先生と面識があったからである。鳥養先生は大分県竹田市にある竹田高校の出身（のち國學院大學、専門は考古学）である。筆者が知りうる先生は、退職前に母校の竹田高校で民俗部の顧問をしておられる頃と退職間もない頃である。大分県高等学校文化連盟社会部（歴史・地理・民俗などの研究活動をする部活動の団体）の活動で知り合いになった。そこでこの本を開いてみたのだ。

この本の第六章が「大野川流域に生きる人々」と題して、鳥養先生自身が、竹田市で接した「サンカ」の記録である。「非定住の廻遊民がいた、しかもこの大分県に、そして戦後もしばらく廻遊生活をしていた」。この事実は、完全に筆者のそれまでの常識を覆したのである。驚いたことはまず、定住しない廻遊民がいるということ、第二に古代・中世ならまだしも、太平洋戦争後も廻遊生活をしていた人がいたということ、第三に大分県竹田市周辺という筆者にとって比較的身近なところで記録されていたこと、などである。筆者はこれまで歴史学を学んできた。行商人や渡り職人が、移動しながら村々をまわり生活していたことは知っていた。木地師（きじし）などの山で仕事をする人びとの存在も知っていた。しかし、定住しないで廻遊生活をする人びとがいたという事実は、知らなかったのである。そしてこの本に掲載されている、廻遊民たちの粗末な住まい（一時的に住んだ仮小屋）の写真は、特に衝撃的だった。この鳥養先生（以下、敬称略）の論考については、のちに詳述する。

この出会いから、「サンカ」のことについて調べはじめた。戦前、いわゆる「山窩小説」で一世を風靡し、「サンカ」を世に知らしめた三角寛の『山窩物語』なども読んでみた。三角寛（本名三浦守）が、現竹田市の出身だと知って、ここでもまた驚かされた。そして「サンカ」について書いた著書や論文は、可能な限り読んでみた。その中には、森田誠一先生の「サンカ（山窩）考―熊本県上益城郡における―」もあった。実は森田先生は、筆者が学んだ大学の教授で、日本近世史の研究者であった。筆者の在学中（一九八〇年代前半）、退官後ではあったがまだ大学で教鞭を執られていた。ダンディな森田先生の穏やかな話し口、重厚感のあるお声は今もよく覚えている。あの森田先生（以下、敬称略）が「サンカ」について言及されているとは、その当時つゆ知らずであった。こうしてしばらく、「サンカ」といわれる廻遊民の存在とつき合うことになった。

「サンカ」とはなにか　戦後、朝鮮から引き上げてきた作家五木寛之は、少年期を九州山地の山あいで過ごした。その時のことを思い出しながら、「サンカ」について次のように書いている（『サンカの民と被差別の世界』）。なお、五木は福岡県出身であるから、福岡県内の山間地のことと思われる。

いまでも覚えているが、その山村には年に一回か二回、周期的に訪ねてくる人びとがいた。彼らはメゴを直して編んでくれたり、農具の箕を修理してくれた。メゴとはその地域の方言で、目籠（目の粗い竹籠）のことである。また、彼らは子どもをとても可愛がってくれた。アケビのつるで小さなおもちゃのメゴを編んでくれたこともあった。

あの人たちはいったいどういう人なんだろう、と不思議に思って大人たちに聞くと、「カンジン」だと教えられた。

ここに出てくる「周期的に訪ねてくる人びと」が、いわゆる「サンカ」である。「サンカ」の人びとを、今はもうみることはできない。すでに過去の人びとである。そして彼らに接して残された記録も少ない。だから、五木のそれは、貴重な生き証言でもある。

この文章から、「サンカ」と呼ばれる人びとの特徴を挙げると、まず年に一、二回周期的に村を訪ねてくること、おもな仕事は竹籠をあんだり箕の修理をする。すなわち、竹細工がおもな生業である。また、村の子どもたちに優しく接していること、呼び名は「サンカ」ではなく「カンジン」と呼ばれていたこと、おとなたちはあきらかに卑賤視していること、などである。注意しておきたいのは、九州では「サンカ」という呼称は、一般に使われていなかったことである。「サンカ」をさす言葉は各地方で違っていたが、九州では「カンジン」「ミツクリカンジン」「ミツクリ」などという呼称を使うことが多かった。

筆者が育った熊本県の阿蘇地方では、親のいうことをきかない子どもを叱ったりするときに「カンジンが連れにくるばい」「カンジンにやるけんな」といったりした。「カンジン」とは物乞(ものご)いをさす言葉でもあったが、托鉢（たくはつ）をして廻る僧侶に対しても「カンジン坊主」などということがあった。しかし、子どもを連れていく「カンジン」は、単なる乞食のことではない。この場合のカンジンは、「どこからともなくやってくる得体の知れない者で、こどもをどこかの山に連れて行く」というイメージである。このイメージは、「悪しきサンカ」像に重なる。しかしこれは、里に定住する村びとたちが、廻遊する「サンカ」を卑賤視して作りあげたイメージであって、その実態を正確に表していない。これについてはこれから論じていくが、五木がいうように、廻遊する人びとは子どもをさらったりすることはなく、逆に子どもに優しく接していたのである。そして何より、精緻な竹製品を作る職人だったのである。

なお本書では呼称上の混乱を避けるために、以下も「サンカ」という語を使用して、この廻遊民について記述していくことにしたい。

「サンカ」の起源　現在は、一般にはあまり知られていないと思われる「サンカ」についての研究は、民俗学のではそれなりの蓄積がある。そして「サンカ」にはじめて言及したのは、柳田國男である。しかし、「サンカ」に関する史資料は非常に少ないうえ、「サンカ」自身の手になる史料は、全く残されていない（ただし、「サンカ」生活から離れ、回想して著したものはある）。このことから、恣意的とまではいわないが、研究者によって「サンカ」像にかなり違いがみられる。その中で筆者の考えと最も親和的なのが、沖浦和光のそれである。考えが親和的というより、沖浦の研究に教えられたというのが正確だろうか。ここでは、おもに沖浦の『幻の漂泊民・サンカ』に依拠しながら、

「サンカ」の起源をみてみたい。
「サンカ」とよばれる廻遊民が、記録に現れるのは幕末からである。それ以前は、文献上はまったく確認できない。文献上にはじめて「サンカ」が現れるのは、広島藩の安政二年（一八五五）の公文書である。「サンカト唱無宿非人共近年所々数多罷在」とあり、このころ「サンカ」という「無宿非人」が増加しているとして、村々に警戒を呼びかけたものである。この無宿非人たちは、人里離れたところで小屋がけをして雨露をしのいでくらし、博奕などの悪行をしていると断じている。だから警戒しろ、必要であれば「革田」を使って追い払えという。この文書は、広島藩の郡役所に詰めている代官の支配下にあった割庄屋（複数の村に置かれた。他藩では大庄屋ともいう）が作成し、村々に触れ出されたものである。この文書の詳細な分析は、沖浦の前掲書に譲るが、要するにこれが「サンカ」の公文書での初出である。ここにある「無宿非人」に相当する「非人体の者」が、広島藩ではこの二〇年前の天保年間から増加しはじめているという。そしてしばしば取り締まりの対象となっている。この「無宿非人」「非人体の者」というのは、具体的には無籍者の流人＝「野非人」をさしている。これは、宗門改帳に記載されて広島藩が把握している「非人」身分ではない。つまり、藩が把握していない「無籍」者（野非人）が天保以降増加しているのだが、このような事態は全国規模で進行していた。

　この増加する「無籍」者の供給源はどこか。それは、天保の飢饉によって荒廃した貧しい農山村であった。しかもこのような荒廃は、特定の場所でなく、どこの農山村でも起こりえた。そして荒廃した村で、餓死という最悪の事態に直面した百姓たちは、食料を求めて家を放棄し「他出」した。

具体例として沖浦は、天保七年（一八三六）の佐伯郡吉和村（現広島県廿日市市）の例を挙げている。同村の総家数は三八四戸、うち空き家が三七戸。総人数は一五八一人、うち「極難渋者」が九五一人で、実に住民の六割以上が餓死に瀕していたという。そして一割をこえる一七九人が、家や村をすてて「他出」しているのである。

同じことは、四国でも起きていた。「天保の大飢饉を迎え、凶作は天保四年（一八三三）から深刻になり七年までつづいた。連年不作が重なるので、農家では種もみにもこと欠き、米をはじめ物価は高騰し、乞食となって放浪するものがあとをたたない」（山本和加子『四国遍路の民衆史』）。これは土佐藩での話だが、四国では困窮して放浪する者を「乞食遍路」といった。四国ではこの頃、乞食遍路が大量に発生しており、一般の遍路か困窮者か区別がつかない状態だった。放浪する困窮者のうちの何割かが、「サンカ」のような暮らしをはじめたとしても、何ら不思議ではない。

この「他出」した者の多くが、生きるために村を捨てて山に入った。山は「他出」した者たちの緊急避難場所（アジール）であった。歴史的には、戦乱で村が戦場になったとき、疫病が蔓延したときも山に入ることがままあった。そして飢餓に瀕したときも、山に入ることが多かったのである。山を探せばなにがしかの食い物（木の実、草の根、小動物、川魚など）にありつけた。生活資材（木や竹）や燃料も調達できたのである。もちろん体力のない者は、行き倒れになりそこで果てる。それをも覚悟して、山に入るのである。ただ、山といっても、森林は基本的に幕府や藩、寺社が管理しているから、もともと勝手な入山は規制されていた。しかし、飢饉や自然災害がおこると、「お救い山」といって、山が開放されることがあった。こうして山に入った人びとが「サンカ」の起源である、と沖浦は推定している。

この沖浦の「近世後期起源説」を補強する説がある。それは、先に紹介した鳥養の論考である。鳥養はもともと考古学者で、大野川流域の「サンカ」が住居として使用した洞穴の調査結果について言及している。それによれば、縄文時代の洞穴利用の痕跡を経て、一気に時代が飛び近世・近代の攪拌（かくはん）層がみられる洞穴があるという。つまり大野川流域の洞穴は、縄文時代のあと古代・中世に使用された痕跡がみられない。そしてその攪拌層からは、寛永通宝、文久通宝などの貨幣類、近世・近代の陶器片、加工竹片などが発見されている。こうしたことから鳥養は、「山窩の岩陰利用は近世以降に限定され、中世にまで溯り得ない」と結論づけている。つまり、大野川の洞穴は、縄文時代から遠く隔たった近世になって再び使用されるようになったのである。おそらくは、江戸時代の零落した困窮民たちが住まいとして使用した可能性がある。その困窮民が「サンカ」かどうかは分からないが。ただし戦後、鳥養はこれらの洞穴を使用している「サンカ」の集団を記録しているのである。

この「近世後期起源説」には、筆者自身にも思い当たるふしがある。熊本藩では幕末になると、「烏乱者（うろんのもの）」が藩内あちこちにみられるようになる。十九世紀熊本藩住民評価・褒賞記録『町在（まちざい）』（熊本大学附属図書館所蔵）には、しばしば烏乱者の取り締まりに功績があった者が藩から褒賞を受けている記事がみられる。烏乱者とは、ようするに雑多な不審者、浮浪者である。それが藩内あちこちにみられ、取り締まりの対象となっていた。雑多な不審者である烏乱者の実態解明は難しいのだが、少なくともこのような者たち、おそらくは「貧しい人の群」が幕末期に熊本藩でも急激に増えていたことは間違いない。農民層の分解が極に達した幕末期、さらに天候不順がつづき飢饉が頻発した幕末期、家や村をすてて「生きるために」放浪、廻遊する者が増えたと思われるのである。

松下志郎は、『近世九州の差別と周縁民衆』で、江戸時代に多くの放浪者がいたことを指摘している（「近世における民衆の放浪」）。松下は本書で、近世の放浪者を四つにまとめている。ひとつは物貰い、二番目が門付芸人、三番目が技術者集団、四番目が乞食宗教者である。このうち、三つめの技術者集団については、「交易の担い手としての技術者集団である。この集団についてはほとんど研究がなされていないが、箕直しや筵(むしろ)作りをするひとなど、いわゆる山窩や野鍛冶(のかじ)の集団である」として、ここに「山窩」を含めている。これは重要な指摘である。筆者もいわゆる「サンカ」と呼ばれる人々は、少なくとも九州では、その実態からして「ミナオシ」「ミックリ」という呼称で呼ぶべきだと思っている。そして松下は、これら放浪者を、「『非人』状況に置かれた下層民衆」といい、放浪者の多くが被差別民だったとしている。江戸時代には、多くの下層民衆が、放浪生活をしていたのである。

「サンカ」のくらし

「サンカ」の暮らしぶりは、実は地方によって違いがある。しかしここでは、最大公約数的な「サンカ」の暮らしについて述べる。

「サンカ」と呼ばれた廻遊民は、山野、河原で野宿をしながら、自然採集を主とした生業で生活を立てていた。原則的に土地や建物などを所有していなかったから、家族連れで各地を移動しながら生活をした。ただそれぞれ独自の廻遊ルートをもっていた。

収入源の中心は、川漁や竹細工であった。川で鰻やスッポン、その他の川魚を獲って「得意場」（お得意さん）へ持っていって売った。また、山中に自生している様々な竹を材料に、箕などの竹製品や棕櫚箒などを作って農家に売ったり、箕を修理して日銭を得た。魚や竹製品は、米や雑穀などとの物々交換をすることが多かった。正月には、門付けといって家々の門口にたって、寿ぎの言を述べたり歌ったりして、なにがしかの返礼を受け取った。天幕となる丈夫な布や簡単な煮炊きが出来る程度の鍋を携え、家族で移動した。

このように、彼らの生活は自給自足ではない。彼らの生活は里人と結びついて初めて成り立つのである。売買関係を結び、物々交換を行うことで生活を維持することが出来たのである。だから、里人との人間関係は円満かつ円滑でなければならなかった。信頼関係がなければ、売買や交換は成り立たない。そのため彼らは、犯罪とはもともと無縁であった。

近代になって戸籍制度が整備されても戸籍を作らず、無籍のままの「サンカ」もかなりあった。筒井功は、「かつてはこの集団のほとんどが無籍だったのではないか」とのべている。そして江戸時代に「もともと帳外にあって、維新後もなお新戸籍への編入が実現しなかった」ものであろうと推測している。筒井は「サンカ」の定義に「無戸籍」という要件をあげ、「サンカとは、そのような無戸籍者たちの文化と生き方を継承していた集団の事ではないか」ともいっている（『サンカ社会の深層をさぐる』）。

無戸籍ゆえに、教育・納税・徴兵の三大義務を果たさなかった者もいた。いっぽう無戸籍であるがゆえに、国家の庇護も受けない。このような人びとは、近代国家に包摂されなかったというべきであろう。極端にいうならば、彼らは「国民」ではなかった。もちろん国家は、このような人びとを捕捉しようとする。彼らの把握は、警察や役場が担った。特に警察は、「サンカ」を「捕捉できない得体の知れない人びと」として、とくに証拠もなく犯罪者集団と決めつけた。「山窩」という漢字も、警察によってあてられたものである。

「サンカ」という呼称　「サンカ」という呼称は、先に見た広島藩の史料にはじめて現れる。広島をはじめ、中国地方での呼称が「サンカ」であった。「サンカ」とは「山家」であろうと、沖浦は推定している。関東ではミナオシ・ミツクリ、東海ではポン・オゲ、中国ではサンカ・サンカホイト、四国ではサンガイ・カワラコジキ、九州ではカンジン・ミツクリカンジンなどと呼ばれた。このように多様であった呼称が、「サンカ」というように一般名詞化したのは、警察が「山窩」という語（漢字）を使うようになった明治以降である。

警察関係の公文書で「山窩」の初出は、明治八年（一八七五）であるという。それは浜田県（現島根県）の公文書である。それには、「山窩は雲伯石三国の深山幽谷を占居する、居所不定の無籍乞丐の徒である。常に賭博窃盗其他の悪行を為し、捕縛せられても不日放縦され、展転出没し、随って散すれば随て集り、恰（あたか）も飯上の蠅虫を駆るに異ならず。国人の不慮の禍害を被る者、十に八、九はこの徒の手に出ず」とある。現代語になおしてみると、「『サンカ』は島根県や鳥取県の深山幽谷に暮らしている。無戸籍で住所不定の乞食である。常に賭博や窃盗の悪行を行い、つかまっても釈放されればすぐに行方がわからなくなるが、また各所に出没する。その集散の様子は、飯のうえにたかる蝿のようである。この地方での不慮の被害は、十中八九、『サンカ』の仕業である」というのである。しかしここでは、悪行や犯罪について、何らの根拠も示されていない。まったく矛盾しているのは、「不日放縦」されるのだから、そもそも犯罪を立件できていないのに、犯罪の十中八九は「サンカ」の仕業だといっている点である。根拠なき敵意むきだしの「サンカ」観であるが、沖浦はこの公文書を「悪意きわまりない差別文書」だと評価している。同年、島根県は大規模な「山窩狩り」、すなわち「サンカ」のいっせい検挙を実施した。ちなみに同県では、これに先立つ明治六年（一八七三）に「山家乞食」に対する施行を禁止している（今西一『近代日本の差別と性文化』）。同県では、明治六年の「山家」という語が二年後には「山窩」に変化していることも注目しておきたい。

　山窩の「窩」の字の意味についても付言しておこう。「窩」は、「あな、むろ、いわや、穴居のあな」、などの意味を有するが、そのほかに「物をかくす場所」という意味もある。また「窩蔵」と書けば、これは「盗賊をかくまい、その盗品をかくす」という意味になる。つまり窩は単なる穴ではなく、盗賊が盗品をかくす穴なのである。後藤興善は、「この語は山寨（山の砦——筆者注）にたてこもる山賊などという聯想を最初から伴つてゐることは確かである」と述べている（『又鬼と山窩』）。つまり、「サンカ」という呼称に「山窩」という字をあてることは、最初から盗人をにおわせる警察の意図がそこにあったのである。

　ちなみに「サンカ」という呼称は、周囲の人びとが使うものであって、彼ら自身は「サンカ」といわない。これもまた地方によって違うようであるが、「テンバモノ」などと自称する地域があった。「テンバモノ」とは「転場者」で、居所を点々とするという意味である。

「カンジン」という呼称　九州では「サンカ」は「カンジン」と呼ばれていたことを先に紹介した。「カンジン」とはもともと「勧進」のことである。勧進とは、僧侶がおこなう庶民救済のための布教活動として行われた。寺院や仏像の新造や修理、また社会事業のために浄財の寄付を求める行為であった。しかし次第に「浄財を集める」から、「ものを乞う」「物乞い」という意味に転じた。そして九州では一般に、乞食や非人（貧困者、犯罪者、病者）をさす呼称として「カンジン」という語を使うようになった。

ところが貧困で非定住とはいえ、「サンカ」と呼ばれる人びとは川漁や竹細工などの生業で自立した生活をしていた。「サンカ」は、廻遊する漁師であり職人である。したがって、乞食や非人とは明らかに異なる。しかし里に住む人びとは、自分たちと違う非定住の人などを区別なく「カンジン」とよんで卑賤視した。

しかし実は、同じ「カンジン」でも乞食と「サンカ」を区別していたという注目すべき指摘がある。それは「長崎辺ではクワンジンに二種あり、乞食をせぬ方がこの徒（「サンカ」をさす—筆者注）だといはれ」という、後藤興善のそれである。後藤によれば、長崎あたりでは乞食をする「クワンジン」としない「クワンジン」があり、後者がいわゆる「サンカ」だというのである。筆者も「サンカ」と「カンジン」を区別することを、高千穂出身の方からの聞き取り調査で知った。これは後述するが、里に住む人びとも、川漁をして魚を売りまた箕を作ったり修理したりして暮らしている

「サンカ」の人びとと、乞食とは区別していたに違いない。がしかし、程度の差こそあれ、卑賤視されたという点では、両者の違いは曖昧になる。その曖昧さこそが「カンジン」という呼称にこめられているのだろう。

九州では「サンカ」を「カンジン」よぶことが多いが、大分県の竹田地方では、「サンカ」を「ヒニン」とよんでいた。しかし「サンカ」自身は自分たちを「タビニン」と呼んでいたという。「タビニン」の「ビニン」と、人びとの彼らに対する卑賤視が重なって「ヒニン」と呼んでいたのかもしれない。

「サンカ」と戸籍制度

さきの島根県の資料では、「サンカ」は「居所不定の無籍乞丐(きつかい)の徒」と規定された。五年後(明治一三年)の広島県による政府への報告書(全文は、沖浦前掲書参照のこと)では、「一種無籍ノ頑民」とされている。官側の不審の第一は、無戸籍であることにある。わが国の近代戸籍制度は、明治四年の戸籍法制定と翌年の壬申(じんしん)戸籍の編成からはじまる。その目的が、国家による「戸」を通じての国民の個別個人支配であることは、いうまでもない(ただし、戸籍制度は日本ほかいくつかの国での独特の制度である)。そうすると当然、無戸籍者たちは、国家の支配の埒外にあることになる。官側にしてみれば、そのような「国民」が存在することは、およそ許されないことであった。

明治五年(一八七二)の『広島新聞』(第五号、同年二月)には、沼田郡において「山家」たちを多数、戸籍に編入した記事がある。そこではまず、「山家」を「山家乞丐ハ皇国至重ノ民人ニアリナガラ、離散潜匿ニ任スハ不忍コト」とした。「山家」は、国の大切な人民にもかかわらず、これまでばらばらに山に隠れてくらしてきたがそれは忍びないと、憐れんだのである。その上で「至仁ノ沢」、つまり天皇の仁政をあまねく及ぼすために戸籍に入れる施策を実施したという。「山家」のために藁葺(わらぶ)きの小屋を建てたり、米を支給したりして定住を促し、村々の戸籍に入れていった。その結果、沼田郡内にいた「山家乞丐」二三二六人のうち、一〇九一人を復籍・入籍させ(二九八人は他郡へ送った、二一六人は病死・脱走したので)、無戸籍のまま残った者は七二一人になったという。ひとつの郡内に二三二六人もの「山家乞丐」がいたことに驚かされる。おそらく「サンカ」だけでなく、いわゆる物乞い、浮浪者すべてであろう。それにしても戸籍法が制定された翌年に、沼田郡内では「山家」をはじめとする無籍者が七割減少したのである(今西前掲書)。近代国家にとっては、戸籍に入れて定住させてやることが、「山家」という憐れむべき人々に国の恩沢をあまねく及ぼすことであった。しかし廻遊することでかろうじて生活を維持してきた彼らが、戸籍にはいること定住することで自活できるようになるとはとても思えない。結局、当局は、「入籍させても、すぐにいなくなる」という矛盾を抱え込むことになる。

廻遊=「住所不定」という状況　無戸籍という状態とともに官側の「サンカ」に対する不審のふたつめは、彼らが住所不定であることだ。さきの島根県の資料では、「展転出没」するとある。広島県の資料では、「曩ニ甲ノ山ヲ駆レハ夕ニ乙ノ谷ニ匿レ、今日此村ヲ掃ヘハ明日彼村ニ奔リ、某県某郡ヲ不問隠顕出没」とある。官側には「サンカ」たちが定住せず、「神出鬼没」でまったく捕捉できない集団にみえた。これまた無戸籍とともに、官側が「国民」として把握できない大きな理由で、許し難いことであった。島根県では、「山窩狩り」をして、彼らを捕捉してはみた。かといって官側は、彼らを保護し定住させる有効な手段を持っていなかったから、「犯罪者集団」のようなレッテルを貼って、彼らを取り締まろうとしているのである。さらに広島県の資料の終盤には、「一旦定籍スト雖トモ、忽チニシテ又失踪所在ヲ知ラス」とある。せっかく戸籍を編成しても、たちまちいなくなるのである。官側も頭を抱えている。そもそも彼らにとっては、廻遊することが生業の条件であったのだから、捕捉すること自体が無理なのである。しかし近代国家は、それをそのまま許すことはできなかった。

考えてみれば、農耕以前の社会では、移動生活をしながら狩猟や採取で生きていた人びとがいる。また、海上を廻遊した家船（えぶね）のような暮らしもあった。さらに国外に目を向ければ、定住しない遊牧民たちもいる。だから、定住しない暮らしは人類史の上でけっして特殊なことではないはずだ。しかしその遊牧民たちにも、近代国家は定住を促す政策を行ってきている。モンゴルの遊牧民も、イヌイットとよばれる狩猟民も、定住生活へ徐々に移行してきた。近代国家に生きる人には、「非定住」という選択肢は「ない」か、「極度に制限」されているといわねばならない。だが近代国家に生きるわれわれは、「定住があたりまえ」と思っている常識を疑ってみることで、今までみえなかったものが、みえてくるのかも知れない。

三角寛がつくった「山窩」イメージ　さきに「サンカ」にはじめて言及したのは、柳田國男だといったが、「サンカ」を「山窩」として世に知らしめたのは三角寛であった。三角は本名を三浦守といい、現在の大分県竹田市（旧直入郡馬籠）出身である。この三角こそが、「山窩」のイメージを国民に強烈に植えつけることになる。三角は戦前、山窩小説で一世を風靡した。三角は一九二〇年代末頃から、「サンカ」小説を書きはじめたが、そこに描かれる山窩のイメージは、野人で強靱な肉体をもち山中を駆けめぐる、神出鬼没で犯罪と交錯する。有り体にいえば、当時の「エロ・グロ・ナンセンス」の時流に乗った「猟奇的小説」で、文学的価値も認められなかった。しかし多くの読者の興味をかきたてて、ひそかに読まれた大衆文学ではあったことは確かだ。三角の山窩小説は、犯罪や暴力と交錯する「山窩」イメージを多くの読者に植えつけてしまった。ついでにいえば、三角と同様の「山窩イメージ」を振りまいた作家に鷹野弥三郎と椋鳩十がいる。

戦争の影響もあり、山窩ブームはいったん消滅する。ところが戦後、三角は「サンカ」の研究者として再登場する。昭和三七年（一九六二）、三角は『サンカ社会の研究』で文学博士号（東洋大学）を授与されることになる。しかしこの著作も虚実ないまぜの論文で、「サンカ」のイメージを極端に肥大化させてしまう。例えば、「サンカ」人口とその分布、「サンカ」の全国組織の存在、「サンカ」だけがもつ独特の言葉や文字の存在、「サンカ」の生業などなど。これらは今では、一部の「事実」をもとにして三角が「作りあげたサンカ」像で、その信憑性は否定されているといってよい。これについては、沖浦和光や筒井功らの研究を参照されたい。

一九八〇年代には、民俗学ブームに乗って、再び三角の著作が復刊された。しかし「サンカ」と真摯に向き合おうとする研究者にとっては、三角の数々の「業績」は、それを批判ないし否定するのに多大な労力を要した。労力を要した理由は、第一に虚実をないまぜにした三角の創作が巧妙であったこと、第二にそもそも「サンカ」とよばれた人たちが、この頃すでに姿を消していたこと、第三に「サンカ」に関する資料がもともと極端に少なかったことなどがあげられる。

九州の「サンカ」

大分県竹田市の「サンカ」（一）　一般に「サンカ」と呼ばれる人びとは、全国各地にいた。いや正確に言えば、東北を除く関東以西では、さまざまな「サンカ」の記録が残されている。もちろんその性格上、「サンカ」自身の手になるものはほとんどなく、これに興味を持った研究者や作家、ジャーナリストの手によるものである。ここで筆者はとりあえず、九州の「サンカ」についての記録を取りまとめてみたい。

はじめに取りあげるのは、大分県竹田市周辺での記録である。この記録については、記録を残した鳥養とともにすでに一部紹介している。鳥養はこの記録の冒頭で、柳田國男の研究に触れ、「先生の御研究の一部でも補うことができたら、という気持ちから」これを作成したと書いているが、「一部」どころではないきわめて詳細な「サンカ」の記録で、かれらの生活の実態がみえてくる貴重なものである。

この「サンカ」に関する記録と考察は、戦後の昭和二七年（一九五二）の夏から、翌年の二月まで、約半年間にわたって竹田市に滞在した「サンカ」の家族八人に関するものである。この時、鳥養は高校三年生であった。たまたま川釣りに行ったおり、川に落ちた「サンカ」の子どもを救って、はじめて接触を持つことができたという。そして「サンカ」についてのメモと、「サンカ」が去ったあとに撮った仮小屋の写真を残した。そして三〇年後の昭和四七年（一九七二）になって、「山窩・山の人生の一側面」（『研究資料シリーズ一一集』竹田高校民俗クラブ）として発表したものである。

「サンカ」の家族が竹田市あたりで滞在（キャンプ）する期間は、夏から秋の二～三月くらいだったので、この時の滞在期間半年というのは異例の長さだったという。「サンカ」が滞在していたのは、竹田市大字飛田川字田原。大野川の支流である稲葉川の通称「アシタカブチ」とよばれるところである。ここは国道五七線の沿線にある竹田市立豊岡小学校付近から、五〇〇メートルばかり上流にある。このあたりは稲葉川が蛇行しており、河岸段丘もみられ、侵食によってできた洞穴もみられる。このあたりの洞穴は、「サンカ」の一時的居所としてよく使用されたていた。河川敷や崖に沿う傾斜地には、篠竹・笹・葛が繁茂し、竹細工の材料も調達できた。

この時アシタカブチにいた「サンカ」集団は八人。三組の夫婦とこどもふたりである。三組の夫婦のうち、老夫婦がひと組。老夫婦の子ども夫婦が二組（仮に「兄夫婦」「弟夫婦」とよぶ。ただし、このふた組の夫婦の誰が老夫婦の実子かは不明）で、老夫婦の孫にあたる子どもがふたり。ふたりの子どもは、老夫婦の子どものうち、弟夫婦の子だという。

アシタカブチにおける彼らの住居は、老夫婦の子ども夫婦ふた組は仮小屋を営んだ。子どもを有

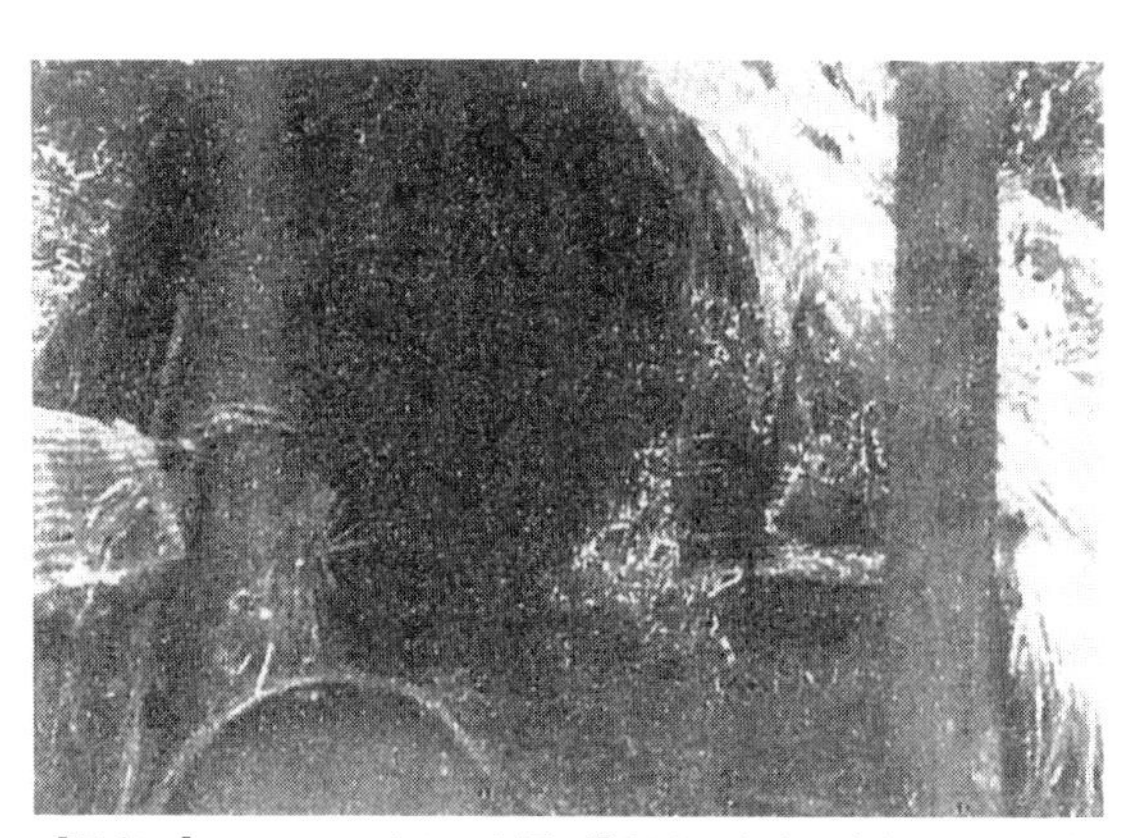

【写真1】アシタカブチの小屋（『大野川流域に生きる人びと』より転載）

する弟夫婦の仮小屋は、奥行き五メートル×三メートルで木の掘立柱をX状に組み棟木を渡し、竹を垂木状に結び付け、藁や笹で屋根を地面まで葺き下ろしている【写真1】。兄夫婦の小屋も構造は同じで、大きさは八メートル×五メートルだった。彼らはこのような仮小屋を「トベ小屋」と呼んでいた。仮小屋内の入口近くに炉（「ヒドコ」）を設け、火は大切に扱って一日中絶やすことがない。土の上には藁を敷いて、寝るときには夫婦も子どもも毛布程度を掛けて重なり合うように寝る。老夫婦のほうは、仮小屋ではなく、河岸の崖に川の侵食で穿たれた岩陰に起居していたという。また川の中洲には、共同の炉もあった。こうした仮小屋は、良くて半年程度しかもたないが、移動する際には壊さずにそのまま残して立ち去る。あとに来る人のために残しておくのだという。彼らのキャンプ地は水利、日当たりなどの理由で、条件の良い一定の場所が選ばれる。

なお、自然の洞穴を居所として利用するのは、九州の「サンカ」の特徴で、関東の「サンカ」は洞穴を利用しないという。関東の「サンカ」は、天幕の小屋を使用する。逆に九州の「サンカ」で、天幕を使用する人びとは少ないという。

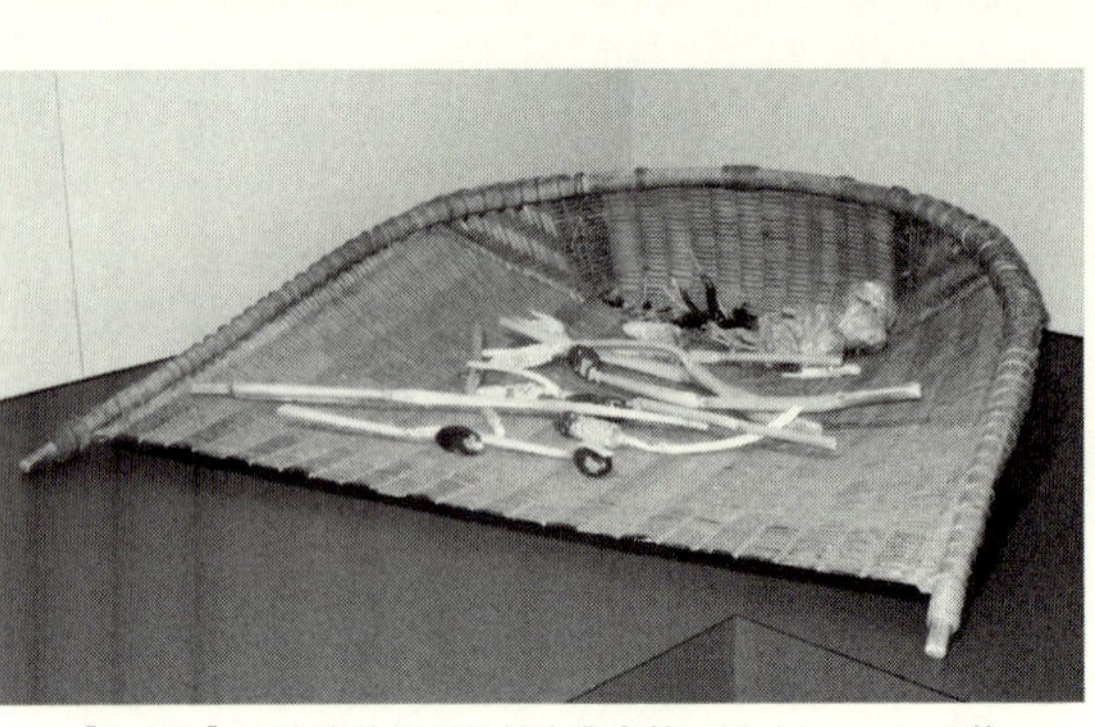
【写真２】別府市竹細工伝統産業会館で展示されている箕

竹田周辺にやってくる「サンカ」は、滞在中、主に村の家々をまわり、箕【写真２】の修理をしていた。もちろん、箕の製造をして売ることもあった。彼らの道具類は、比較的種類が少ないが、いろいろな用途に使用した。箕や笊の材料は、ほとんど山や川の自然のものを採取したが、桜の皮などは物々交換で得ることもあった。また子どものころから、小笊を作らせたりして技術を習得させた。材料の調達や修理は男が担当し、販売や注文取りは女がするといったおおまかな役割分担があった。箕修理の仕事がなくなると、竹田を去りほかの所に移動した。

山野で生活する彼らは、病気やけがにも自然物を巧みに利用した。例えば腹痛にはネギの白根を、下痢にはゲンノショウコや渋柿を、食あたりには南天の葉を、整腸には松葉団子を使った。化膿や腫れには、ツワブキやドクダミを使った。毒蛇にかまれた場合は、カボチャの葉や茎を使った。虫下しにはザクロやヨモギを使った。どこにでもある身のまわりの植物を、さまざまな薬草として使う知恵を彼らは持っていたのだ。食生活に関しても同様で、調理方法さえ誤らなければ食べられないものは、わずか三種類しかないという。

筆者がこの「サンカ」について、特に注目したのは、彼らの住所＝本籍がわかる点である。この集団はすでに、熊本県大津町に家屋と本籍をもっていたという。ということは、大津町から夏場に定期的に竹田にやってきて、箕の修理などの仕事をして帰って行くという生活をしていることになる。もちろん竹田だけが仕事場ではなく、他の地域にも得意場をもっていたであろうから、夏場の二ヵ月ほどが竹田周辺での仕事なのであろう。小さな子どもを伴っているが、兄夫婦にも学齢期の子どもがあって、この子らは定住した「サンカ」に預けて学校へ通わせているという。家屋も本籍もあり、学齢期の子は就学させていることから、ここで紹介した「サンカ」は、定住生活へ移行しつつある「サンカ」だということができよう。なお、弟夫婦であろうと思われる「サンカ」は、昭和三七年（一九六二）とその翌年も竹田にやってきたという。

大分県竹田市の「サンカ」（二）　服部英雄の『河原ノ者・非人・秀吉』には、「岩窟に住む家族たち─九州の『漂泊民』サンカ像」が納められている。タイトル通り、九州各地の「サンカ」の痕跡を丁寧に拾い集めて論じている。その中で最もボリュームがあるのは、鳥養が記録した「サンカ」と同じく、大分県竹田市のそれについてである。もちろん、同じ家族についてのものではないが、調査したのは右に出たアシタカブチ周辺である。服部は何度も現地（竹田市）に足を運び、地元の人びとから聞き取り調査を行っている。そして、「岩窟に住む家族たち」には補論が付されている。これは竹田市において、廻遊生活から定住に移行した「サンカ」の話である。ここではこの補論について、かいつまんで紹介しておきたい。なお、服部の聞き取り調査は、平成四年（一九九二）のことである。また「サンカ」の家族は、昭和三九（一九六四年）、西日本新聞に紹介されているから、この当時の話である。聞き取りに応じたのは、仏厳寺の住職である。

住職は竹田市の民生委員で、学校に行っていない子どもがいるときいて、その家族を訪ねた。家族は、拝田原（はいたばる）の岩陰に住んでいた。「ずーっといましたですねぇ」というから、すでに定住をはじめていた家族であったといえる。家族は四人で、母親と女の子がふたり、男の子がひとりだった。女の子は、○○さんと□□子さんで、□□子さんが長女だったが、○○さんのほうが年上だった（二人は別籍か）。男の子は、□□子さんの兄である。父親は死亡したのか、離別なのか不明。

民生委員である住職の説得と学校（豊岡小学校）の全面的な協力で教科書やランドセルも準備し、□□子（八歳）ひとりが就学することになった。ところが、□□子が学校に行くのをうらやましがった男の子（こちらが兄、このとき一四歳）も一緒に「入学」することになった。おかあさんも、ふたりの入学をよろこんだ。

その後、この家族が住む家を探した。しかし、集落の住人に断られてなかなか見つからなかった。それでもやっと一軒みつけて、四人はそこに住むことになった。日田に親族がいるのか、手紙を送ってきたりした。おかあさんも、二人の女の子も美人だった。そして平家の落人という誇りを持っていた。話では、宮崎の五ヶ瀬、ミョウダケを越えてやってきたという。おかあさんは、ちゃわんめご（茶碗目籠）を作って売って歩いた。□□子さんがおかあさんについて歩いた。□□子さんは、昭和三一年生まれ。学校を出た後は、竹田の街の飲食店で働いていたという。

この家族の場合も、廻遊生活から定住へのプロセスの一例といえるだろう。注目されることの第一は、この家族は戸籍を有していたと推定されることである。小学校に迎え入れられたことがそれを示している。第二に、宮崎県の五ヶ瀬からやってきたという点である。しかも、平家の落人としての誇りをもっていたともいう。竹田市で服部が、別の機会に別の「サンカ」についての聞き取りをしたときも、「宮崎の方の言葉だった」という証言もある。竹田周辺にやってくる「サンカ」の根拠地は、五ヶ瀬周辺の地域だった可能性がある。第三に、日田に親族がいて手紙を寄越している点である。手紙を寄越したということは、竹田から住所を知らせたことになる。その方法はわからないが、日田の親族はすでに定住していたと思われる。第四に、家を探したときなかなか見つからなかったのは、やはりこの家族が卑賤視されていたからにほかならない。民生委員の住職のように、親身になって彼らの就学や定住を援助した人もいるが、一般の住人には差別意識があったことは間違いない。

熊本県球磨地方の「サンカ」　旧球磨郡免田村（現あさぎり町）出身で考古学者の乙益重隆は、球磨地方を廻遊した「サンカ」について、「山の神話・その他」で証言している。これは民俗学者の坪井洋文が、乙益に対し球磨地方の民俗について問うという対談形式で行われたもので、その日付は昭和五九年（一九八四）五月一二日である。

まず「サンカ」の呼称であるが、やはり「九州ではミツクリクワンジンというんです」といっている。また、乙益は「ヤマンモン」＝山の者という呼称もあったといっている。

乙益は、彼が大学に進学する昭和一一年（一九三六）頃のことを記憶をたどりながら話している。乙益が見た「サンカ」集団の規模は、五〜六人から七〜八人くらいだったという。しかし「昔は」、三〇人くらいの大集団で村々を廻っていたという。ということは、昭和にはいるとすでに「サンカ」集団は小規模化し、その人数も減少傾向にあったと事を思わせる。不思議なことに男性の若者がおらず、子どもとその母親、それに年寄りという集団構成が多かったという。

彼らの生業は、箕や簑、それに茶碗を伏せる籠やザルなどの竹細工を作って売るのが中心だった。ある時、乙益家が所有する藪の熊笹を「サンカ」が無断で切った。そのことを、乙益の母親が詰問すると、「サンカ」は丁寧に謝り立派な茶碗籠を置いて行ったという。

球磨地方に現れる「サンカ」は、竹製品を米やマッチ、石けんなどと交換した。また、古着とも交換したが、彼らは縫い物をしないので、衣類と竹細工をよく交換したのだという。また地下足袋(じかたび)とも交換した。竹細工をするので、鍛冶屋を訪ねて道具を注文することもあったようだ。

乙益は、「サンカ」の衣服についても語っている。「昔は和服の裾の短い着物を着ていまして、私が知っているころは、農家の人たちが着るような半纏みたいなのや下がももひきみたいなったものを着ていたように思います。着物の尻をからげた姿をみたことがあり、女性は筒袖に裾の短い着物に、腰巻がみえていました。手甲、脚絆なんかははめていなかったようです」と。彼らは布を織ったり縫ったりはしないから、衣類は物々交換で手に入れる。

彼らの言葉については、「普通の言葉で、土地の方言を使います。しかしよく気をつけてきくと少しアクセントやイントネーションが違うんですね。鹿児島訛や宮崎訛があるようです。しかしあの人たちだけで話しているときは我々には聞きとれません」といっている。

免田村に最後に「サンカ」が現れたのは、昭和四四年(一九六九)のことだった。「サンカ」は、乙益の父に箕を買ってくれと持ってきた。五〇歳くらいのこの男は、四〜五枚の箕を肩にぶらさげていた。乙益の父親は、中くらいの大きさの箕を買おうとして、値段をきくと二〇〇〇円だった。「サンカ」の男は、「米の方がいい」というので、この時は米を手渡したという。乙益の父親が男に、「あんたたちは、どこに住んでいるか」と訪ねてみた。男は、「今住んでいるのは宮崎県と鹿児島県、熊本県の境界付近に住んでいる」と答えたという。

乙益の証言で注目されるのは、彼が接した球磨地方の「サンカ」は、無戸籍だとしている点である。乙益は無戸籍だという根拠を提示していないが、何度もそういっている。そして鳥養が紹介した「サンカ」と比較して、竹田や日田に姿をみせる「サンカ」は戸籍を有していて、子どもを学校に通わせていた。これに対し、乙益周辺の「サンカ」は無戸籍だったという。そして下益城郡清和(せいわ)村(現山都町)での聞き取りではあるが、「サンカ」集団を「落伍」して村に入り込んだ「サンカ」が、戸籍を作って保護される例も紹介している。乙益は、「私が目撃したり知っているのは南九州のグループかもしれません」と、暗に竹田周辺の「サンカ」と区別して語っている。

注目されるもうひとつの点は、「サンカ」の埋葬と墓地の問題である。結局、乙益は埋葬法も墓の所在も全く不明であるとする。しかしこれは、ほかの地方の「サンカ」にも共通することで、この章に登場した沖浦も鳥養も井上も言及していない。管見の限り、これが「サンカ」の墓地だと指摘している文献を知らない。ひとつだけ、山間部にかなり広範に存在する畑地埋葬の習俗に注目し、一定畑埋葬以前には焼畑(やきばた)地に埋葬したのではという野本寛一の指摘が気にはなる。野本によれば、焼畑は移動式農業であるから、そこでは私的土地所有の観念がない。一定期間(数年間)焼畑を耕しているとき死者が出ればそこに埋葬する。そして数年すればその畑は山に返し、別な土地に移動する。移動する人々は、その場その場で死者を埋葬し、土地と同じように死者の霊を山に返す、という。「サンカ」という廻遊する人々の観念も、これに近かったのではないかと思われるが、これ以上のことは分からない。いずれにしても、「サンカ」の葬送と墓地の問題は、今後、解明しなければならない課題であろう（ただし、終章で触れるように、非定住民はもともと墓地（墓域）をもたないという人類学の指摘がある）。

乙益は、「サンカ」がいなくなった理由として、ビニールやプラスチック製品が作られるようになって、竹細工の需要がなくなったことをあげている。例えば、根気と高い熟練の技が生みだした箕は、プラスチックのそれにあっけなく取って代わられた。また「サンカ」は木挽（こびき）たちのもとで、枝打ちなどの作業に従事したこともあった。しかしこれも、チェンソーがあらわれ、彼らの労働力は必要でなくなったともいう。産業の近代化が、かれらの生業を駆逐していったことは間違いない。

清和村の例で、戦後まもなく「サンカ」集団から「落伍」して離れ家族単位で村に流れ込んでくるものたちもいたことはさきに触れた。食糧事情の極度に悪いときであるから、村の戸籍係も方法を講じて戸籍を登録し、米の配給帳を渡したりしたという。しかし、村に入った「サンカ」たちは、二〜三年のうちにはまたいなくなることが多かったという。このくだりを聞いた坪井は、「日本国民になることが落伍することになるわけですね」といっている。「サンカ」と呼ばれた人びとも、戦後少しずつ「落伍して」、日本人になっていったのである。

宮崎県高千穂の「サンカ」　文筆家の高山文彦は、『歴史の中のサンカ・被差別民』に「我が故郷のサンカを想う」という一文を寄せている。高山は昭和三三年（一九五八）生まれであるから、筆者とも同世代だといってよい。高山の故郷は、宮崎県の西臼杵郡高千穂町である。高千穂町はさきにあげた熊本県阿蘇郡旧蘇陽町（現山都町）の隣町で、蘇陽町の中心街である馬見原（まみはら）から高千穂町の中心部までなら直線距離で一五キロメートルほど、車でも二〇キロメートルほどだから三〇分も走ればたどり着く。

上益城郡矢部（やべ）町（現山都町）や蘇陽町馬見原周辺の「サンカ」は、やはり高千穂にも現れたようだ。高山によれば、「私が幼い頃、高千穂という土地には、傘貼りの職人さんから包丁研ぎまで、さまざまな人々がやってきて、民家の軒先を借り、ゴザを敷き、客をとっていました。少なくとも私が大学進学で上京するまでは、こうした人たちが来ていた記憶があります」という。もちろん高山が、これらの人びと（職人）が全て「サンカ」だといっているのではない。竹細工を主な生業とする「サンカ」と同様な、移動しながら日銭をかせぐ職人たちが多くいたといっているのである。

高山がはじめて「サンカ」という人びとを認識したのは、高校生の時であったという。高山の年齢からすると、それは一九七〇代のことである。祖母から、高千穂には「サンカ」から定住生活に移った人びと（「山ながれ崩れ」）がたくさんいるから、「あなたはサンカですか？」など訊いてはいけない、といわれた時だった。高山はこのとき、「サンカ」が世を忍ぶ存在だと知ったという。つまり、卑賤視されているということを知ったのである。高千穂では、「サンカ」が山を降りて、はじめは粗末な掘っ立て小屋を建てて暮らし、のちに民宿などに発展した例があるという。

高山は、高千穂の南に連なる九州山地を峻険であるが、また豊かな山だともいう。「猪もいれば鹿、さらには魚、山菜、キノコ、薬草までなんでもある。薬草に関しては『高千穂採薬記』（賀来飛霞著—筆者注）という書物まであるくらいですから。ある意味、金銭がなくとも自己完結できる土地だったのでしょう」と。

九州山地の空白地帯　その峻険な九州山地の山々は、近代以前にどのような場所だったのだろうか。江戸時代後期に、高千穂を訪れた伊勢国久居藩の儒医橘南谿は、次のように書き残している。

平家の人々の子孫年々に繁茂して数千、万人に及び、年月は数百年が間一向人間の通路はたえはて居たりしが、足利の末にや、太閤の始にや当りけん、川上より椀の流れ来たれるをふと見付けて、此山奥に人住みけりと知りて、ようように尋ね入りて、始めて此五ヶ村の、此世に通ぜり。彼方の人の世間へ出初めて人交りせし事は、元和、寛永のころにもや（『宮崎県史別編　神話・伝承資料』）。

南谿はまず、平家の落人が住みついて子孫たちは人口も増加したが、一般世間からは何百年も隔絶されていた、という。この地域に人が住んでいることが知られたのは、室町時代の末から豊臣政権の頃だという。それは川上から椀が流れてきたことで、はじめてわかった。そしてこの山の人びとが人と交わりを持ったのは、江戸時代はじめの元和・寛永のころだというのである。何百年も里人との交流がなかったというのは、少々オーバーにも思える。しかし九州山地の一部には、まったく知られていない場所もあったようだ。

手もとに江戸時代に書かれた地図「九州九ヶ国之絵図」の復刻がある。これは、文化一〇年（一八一三）に長崎の文松堂が出版した絵図である。絵図の九州山地付近に目をやると、そこだけ緑色で塗り分けられており、「此トコロ山深クシテ境目知レス」とある。「境目」とは、肥後国と日向国の国境である。つまりこの絵図では、ここだけが空白になっているのである。江戸時代後期まで、九州山地の山奥には、地図上で表現できない場所があったことは確かである。

高山の記憶に話を戻そう。高山は祖母の話として、「サンカ」の根拠地は諸塚山（もろつかやま）あたりだといっている。諸塚山とは、宮崎県諸塚村の七ツ山のことだと思われる。ここは昔から、人がほとんど入り込まないところだったという。そしてここが「サンカ」の根拠地だというのは、このあと紹介する井上清一の説と付合する。

高山は最後に次のように述べている。「ともあれ、サンカがいなくなってしまったのは、明治以降の近代社会の中で、人間の土地への帰属が強いられたことが大きな要因でしょう」「かつて日本の山の中に、現代では失われた相互扶助社会があり、かつ虐げられた人々だからこそ持っている精神、現代のグローバリズムの流れの反対側に位置する、大切なものを浮き彫りにするものがあるような気がします」と。

熊本県矢部地方の「サンカ」　この章の冒頭で、森田誠一について触れた。森田は、昭和三七年

（一九六二）頃、熊本県上益城郡矢部町（現山都町）で、「サンカ」の家族を目撃している。その時のようすを次のように書いている。

（城山にある神社の）境内を通りかかったとき、五、六人の男女、子供らが木陰で休んだり小声で話し合ったりしているのを見た。社の脇の方には石を集めてクドをつくり炊事をした趾もあった。私たち一行は別に気にもとめずに通り過ぎたが、山を降りてから案内の井上清一氏（教育委員・郷土史家）に小声で「今の人たちはサンカです」と教えられて吃驚した（「サンカ（山窩）考」）。

旧矢部町は、熊本平野南部を流れる緑川（みどりかわ）の中流、いや中流よりやや上流といえようか。阿蘇の南外輪山の南麓にあたり、緑川を通じて熊本とのつながりのほか、阿蘇地方とのつながりも深かった。阿蘇の南外輪山から九州山地へと起伏に富む地形で、宮崎県にも隣接していた。そのため江戸時代以来、緑川流域の中心地のひとつで、中世は阿蘇氏の拠点である「浜の館」が浜町に置かれていた。

さて昭和三七年といえば、すでに高度経済成長期に入っている。森田は戦前、「サンカ」小説を読んでいた。しかし、ここの「サンカ」家族をみても、とくに気にとめなかった。だから、特段異様な集団にみえたわけではなかったのだろう。石で造ったクド（カマド）も見ているが、「サンカ」とは気づかなかった。そして、郷土史家の井上清一に「サンカ」だと告げられて、「吃驚した」のだった。森田は、「新憲法下に未解放部落の人びとの同和教育は大きな社会問題になっているが、土地に土着しないこれらの人びとはほとんど忘れかけた存在になっているのではないだろうか」とも述べている。森田自身も忘れかけていたのだ。その後森田は、NHK熊本中央放送局とともに、「サンカ」の実態調査を行う。森田の論考は、そのときの記録にもとづいて書かれたものである。ここでは森田の論考を井上清一の「山窩物語」で補いながら、矢部に姿をみせる「サンカ」についてまとめてみたい。

森田によれば、矢部地方では「サンカ」のことを「ミヅクロイ」または「シヨオケヅクリ」と呼ぶ。「ミ」は箕、「シヨオケ」は塩笥である。どちらも目の細かい竹製品で、大きさも似かよっているが、箕はU字型なのに対し、シヨオケ（ショウケ）は縁が楕円形で閉じた形になっている。そして「サンカ」が自らを「ショケンシ」と呼ぶのは、一派には世間師と考えられているが、実は「ショオケのシ（師）」ではないかという。こうした呼称からうかがえるように、この地方の「サンカ」の生業の中心は竹細工である、と森田はいう。「サンカ」には全国各地さまざまな呼称があるが、それはその具体的生態から発生することを重視しているのである。筆者はこの指摘は、極めて重要だと思っている。これまで使われてきた「サンカ」は、彼らを呼ぶにはあまりにも不適切な呼称だと思うからである。この点については後述する。

次に森田に資料と情報を提供し、おそらくこの地方の「サンカ」についてもっとも豊富な記録を残した井上清一の「山窩物語」の冒頭を紹介しよう。

　何とも不思議な人達の集団であった。
　身なりは洗い晒しのボロに近い木綿の着物に草履の女達、大きな厚手の風呂敷に包んだものを背負い、一人の女は手に鍋を下げていた。目付きの鋭い、地下足袋を履いた男達は、割竹の束を輪にして葛の輪や欅の厚皮を巻いたものなどを一緒に、新しい箕を四五枚肩にしていた。老婆も居れば子供もいた。

井上は昭和のはじめ頃に「サンカ」を追跡しており、右の文章もその時の記憶にもとづくものと思われる。この地方では昔から、「サンカ」が定期的に通過したという。井上によれば、それは毎年五月二〇日頃だという。ただし、顔ぶれは毎年違っており、同じ「サンカ」に出会うことはなかった。そして必ず西から、すなわち熊本平野の方からやって来て、箕の修理が終わると東へ、つまり九州山地の方へ向かうという。矢部に滞在するのは、およそ一週間ほどである。箕の修理の仕事が終わると姿を消す。

井上は矢部を通過する「サンカ」の集団の廻遊ルートは、三つあるという。それは、①緑川筋（砥用町―矢部町目丸屋敷―清和村木原谷）、②中央筋（甲佐町早川―矢部町猿渡―清和村米生）、③大矢裾（御船町木倉―矢部町長谷―清和村鶴底―蘇陽町柏）の三つである。これは下益城郡の緑川流域の北部と中部と南部をだいたい平行に西から東へ移動し、阿蘇郡東端の蘇陽町付近に至るルートである。そしてどの集団も、矢部町から東の清和村を通過し、蘇陽町馬見原付近になると忽然と姿を消すという。ただしその後は、胡麻山を越えて諸塚村の七ツ山に向かうと推定されている。しかし不思議なことに、西から東へ向かうルートはこのようにある程度知られているが、諸塚方面から矢部の西、すなわち甲佐や御船へ向かう西向きのルートは一切知られていないという。九州山地を西へ向かうルートは、「サンカ」だけが知っている山中のルートだとみられる。矢部に現れたときも、箕やシヨオケを売ったり、生活物資を購入するなど必要なとき以外は一般道を歩かない。山中にはカマドの跡やクマザサの葉が大量に積まれている場所があり、そこは「サンカ」が仮小屋を設けた場所である。

矢部地方にやって来る「サンカ」は、箕、シヨオケ、茶碗メゴ（器を洗ったあと乾くまで置く籠）、脱衣籠などの売り歩きが主な生業であった。また、箕などの修理も行った。谷川健一も、この地方を廻遊する「サンカ」について、馬見原で聞き取りを行っている。宿屋の主人が、「サンカ」が竹細工の材料にする観音竹をみせてくれたという。その竹は、毛糸のように細くしなやかで、中空にはなっていなかった。彼らは毛糸で編み物をするように自在に竹製品を作った。彼らはこの観音竹が自生している場所を求めて移動するのだと、宿の主人は語った（『サンカとマタギ』）。川漁で獲った魚を売る「サンカ」のイメージは、矢部地方にはあまりない。ただ川で魚を獲っていたことは知られているし、後述するように蘇陽峡に定住しはじめた人びとは、さかんに川漁をしている。

矢部にやってくる「サンカ」の根拠地は、諸塚村七ツ山付近だという。つまりここの「サンカ」は、全くの非定住ではなく、根拠地（一定期間の定住地）をもつ「サンカ」ということになる。宮本常一は、定住地を持って定期的に移動することを「回帰性移動」といっている（『サンカの終焉』）。同様に一定の根拠地を持って移動する例は、広島県の「サンカ」でも認められている。いっぽう、関東の「サンカ」は、全く非定住の場合が多い。このことは、西日本と東日本の「サンカ」の違いのひとつに挙げてよいのではないか。

それではなぜ、諸塚の七ツ山が、「サンカ」の根拠地なのか。井上の説は、江戸時代、七ツ山付近の住人が、極度に生活に困窮していたからだという。基本的に土地に縛られた近世の農民たちは、勝手に土地を離れることはできない。そこで素性や身分を隠し、「サンカ」として廻遊し食いつないだというのだ。これはあくまで井上の推定であるが、沖浦の唱える「サンカ」の起源とも、相通ずるものがある。沖浦も近世後期の飢饉と困窮が、「無宿非人」を大量に生みだし、それが「サンカ」の起源だと考えた。また、単なる窮乏化だけでなく、七ツ山の人口が相対的に増加した可能性も考えられる。後述するように七ツ山の住人が馬見原近郊へ移住しているが、七ツ山の集落も存続しているのだから、「全村移住」ではない。山深い七ツ山で支えられる人口には限りがある。そこで一部の人びとが馬見原の方へ移動したのではないだろうか。

井上はその暮らしぶりにも踏み込んで詳細に述べている。ここでは、「サンカ」の食生活について垣間見てみよう。飯炊きの方法は、風呂敷の四隅をもって米を中央に入れそのまま水につけて洗う。次に風呂敷を折りたたんで包む。川べりの砂地で、水がしみているあたりを掘ってそこに埋める。砂を掛けてこれを濡らし、この上で火を焚く。飯が炊けると盛り上がってくるので、砂を取り払うと御飯ができている。これは炊くというより蒸すのに近い。みそ汁は孟宗竹(もうそう)の筒に水を入れ、味噌をといて具を入れる。そこに焼いた石を入れると火が通る。お茶は葉のついた小枝を火の中で焙る。そしてみそ汁同様、水を入れた竹筒に茶を入れ、焼いた石を入れると緑色をした茶が出る。川で獲った魚も、あらかじめ石を焼いてその上にのせて焼く。もちろん串に刺して直火であぶる方法もある。とにかく火さえあれば、鍋や釜がなくともじゅうぶん調理が可能なのである。しかしこのような方法は、古くから行われていた方法で、「サンカ」特有なものではない。アジア・太平洋地域では、今でもこのような調理法が「生きている」ところもある。それにしても食については、自然に依拠した食材と多彩なワザで特に不自由はなかった。

ただ、「サンカ」も医者にかかることはまれにある。井上の兄は、矢部町で開業している町医者だった。時たま夜中にどんどんと戸をたたいて起こすものがある。そういうときは決まって、「サンカ」の家族の誰かが急病の時で医者を連れに来たときだ。とりあえず症状を聞いて薬や注射器をつめた鞄をひとつ持つ。すると縄もっこという縄であんだ運搬具があり、これに丸太を通してふたりがかりで医者を担ぐ。そして山道をかけ、山深くまで医者を連れて行く。一時間か一時間半ほどすると、いくつかの小屋がけがある。そこに患者が寝ている。明け方近くまで注射をしたり手当をする。夜が明けないうちにまたもっこに乗せられ、自宅まで送り届けられる。この話は井上でなく、乙益が語っているものである。

「定住化」と傑出した生活力　諸塚村七ツ山付近の「サンカ」集団は、かなり早くから「定住」しはじめたといわれる。早くからというのは、幕末頃からをいう。どこに「定住」したかというと、蘇陽峡【写真3】の滝下（たきした）という所である。しかし、もともと彼らには七ツ山という根拠地があったのだから、「定住」というより「移住」という方が正しいのかも知れない。七ツ山からきて、滝下に住むようになった人びとは、廻遊（回帰性移動）しなくなったという意味で「定住」したのである。

宮崎県延岡市へ流れ日向灘に注ぐ五ヶ瀬川上流には、侵食された深い谷があって、これを今は蘇

【写真３】蘇陽峡。この深い谷底に滝下の集落がある

陽峡という。この渓谷の谷筋には、七ツ山出身の住民が住んでいるという。森田と井上は「サンカ」の実態調査のおり、旧蘇陽町馬見原に近い滝下（蘇陽峡の谷筋）に住みついた、もと「サンカ」と思われる人びとの壬申戸籍を調査している。壬申戸籍とは、明治五年（壬申の年）に作成された、わが国はじめての近代的な戸籍である。現在では、壬申戸籍を閲覧することはできないが、戦後もしばらくは見ることができたのである。この時の調査によれば、滝下に嫁いできた女性たちのほとんどは、諸塚村の七ツ山出身者だったという。つまり滝下の住人は、七ツ山から移ってきた人が多かったのである。さきに滝下に住みついてここが本籍の人（つまり戸主）の前住地は不明だが、おそらく七ツ山から来た人びとだろうと、井上と森田は推測している。また滝下集落の墓石には、七ツ山とのつながりを示すものがあるという（宮本常一『山に生きる人びと』）。

筆者は七ツ山と滝下のふたつの集落の関係をさぐるため、筆者の住む大分市から、諸塚村（宮崎県西臼杵郡）と蘇陽峡の滝下を訪ねてみた。さきに諸塚村七ツ山を訪ねた。諸塚村へは大分県竹田市から県境の祖母山麓を通って宮崎県高千穂町へ入り、さらに隣の五ヶ瀬町へ入って諸塚山の飯干（いいぼし）

峠を越えた。この峠越えの道は、狭くて険しい。飯干峠を越えると諸塚村である。峠をしばらく下ると、道は深い谷筋に沿うようにのびている。左右どちらをみても、急な山の斜面がみえるだけで、空が狭く感じる。いわゆるV字谷のまっただ中に、今の七ツ山の集落はあった。谷筋に転々と家屋と集落があり、狭い谷合いのわずかな平地に田畑がみられる。川は渓流で澄んだ水が流れている。いっぽう、谷間から離れて山の中腹のわずかな平地にも数戸ずつの集落と畑が点在する。現在の車道は谷づたいに延びているが、もとは尾根や山腹を横に通る道があって、村人はそのような道をたどって移動していたという。

諸塚村の役場まで谷の道を進み、今度は同じルートを再び五ヶ瀬まで引き返した。再び飯干峠を越えて五ヶ瀬町へ。今度は五ヶ瀬町から山都町馬見原へ入ったが、わずかな距離であった。目指す蘇陽峡は、馬見原の街からほど近い。

蘇陽峡展望台脇の駐車場に車を置き、蘇陽峡の谷筋にある滝下の集落まで徒歩で下りた。谷底までの遊歩道はよく整備されているが、恐ろしく深い谷であることを実感させられる。木々の間から対岸をみると、断崖の下に点々と家屋がみえる。しかも谷筋に沿って列状に並んでいる。滝下の集落である。中には、廃屋らしきものも見える。谷底まで下りると五ヶ瀬川に橋が架かっている。この橋を渡ると滝下であるが、ちょうどそこに「滝下養魚場」という看板がみえた。ヤマメの養殖場だ。養殖場脇の崖からは、岩清水がしたたり落ちている。養殖池の水は、この水を引き込んでいるのだろう。ここで気づいたが、「滝下」の集落は、文字通り断崖から無数に落ちる小さな滝の下に位置する。

ここもまた、七ツ山同様、切り立った断崖の谷筋に家屋が点在する。そして田畑もまた、七ツ山同様、川に沿ってわずかに細長く開かれている。七ツ山と蘇陽峡の地理的な特徴や景観は、よく似通っている。また、諸塚の七ツ山からこの滝下まで移動してみてわかることは、峠越えの道は険しいが、直線距離ではそんなに遠くないということだ。地図上で計測してみたところ、直線距離は二〇キロメートルほどである。健脚ならば、徒歩で一日あればじゅうぶん移動できる距離だ。

滝下の住人たちは、幕末から明治の初めころに七ツ山から移住してきたという。このことについて井上は、地元民の証言も紹介している。そして大正の初め頃、馬見原商人が全盛の時代に、馬見原町近郊の一里木にも七ツ山からやってきて住みついた人がいたという。馬見原町は、江戸時代以来の在町(ざいまち)で、商業で栄えた。在町とは、「在」つまり村にある町場のことで、その多くは街道の要地に立地した宿駅であった。在町には常設の店舗が並んでいて、宿もあり大いに栄えた。阿蘇郡内には七つの在町があった。七つというのは、高森町、内牧町、宮地町、坂梨町、馬見原町、吉田新町、宮原町である。馬見原町はこの在町のひとつで、肥後国から日向国への向かう日向往還(街道)、さらには南方の椎葉へ至る椎場往還が交差する宿駅でもあった。明治期には造り酒屋が一六軒あり、芸娘宿も数軒あったという。いわば地方の小都市であった。今もここを訪ねれば、往時をしのばせる町割りと佇まいを感じさせてくれる。

ついでにいうならば、馬見原町はもと阿蘇郡蘇陽町の中心地であった。蘇陽町は現在、平成の大合併によって上益城郡の矢部町・清和村と合併し、上益城郡山都町となった。阿蘇郡からはなれ、上益城郡に移ったのである。阿蘇外輪山の外にあって、緑川の谷筋という交通路を想定するならば、旧蘇陽町は旧清和村や矢部町との交流が濃厚だったというべきだろう。さきに述べた矢部地方に現れる「サンカ」の移動ルートをみると、そのことがいっそう明瞭である。

馬見原町に近い蘇陽峡は、水量も多く水質も良好で、川漁をするうえで好漁場であった。ここには、ヤマメ・アユ・ウナギなどが多く生息していた。ここは現在でも、渓流釣りがさかんな川である。五ヶ瀬川にダムが建設される前の、昭和初めころまではウナギもさかんに遡上していた。馬見原町は九州山地の北側にあり、海から最も遠い集落のひとつで、「九州のへそ」ともいわれる。したがって、魚を食べる機会は少なく、海の魚といえば塩物の鰯か鯖くらいのもので、無塩（ぶえん）（生）の魚は川のものしか手に入らなかった。そこで馬見原町の宿屋や料理屋では川魚が重宝され、とくに鰻は高値で取引された。蘇陽峡の滝下に住みはじめた人びとは、これに目を付け、川漁を中心に生計をたてるようになる。しかも彼らは、馬見原周辺の人びとより川漁の技術に長けていたため、五ヶ瀬川の川漁は彼らの独占するものとなった。下りウナギの最盛期、つまり九月から一一月頃は、「馬見原の鰻屋で焼くにおいが滝下まで流れて来る程であった」という（井上「山窩物語」）。もちろんこれは、馬見原町の鰻屋と滝下の漁師を結びつける比喩であろうが、鰻の蒲焼きは馬見原町の名物だったようだ。

昭和三七年（一九六二）一〇月、宮本常一も矢部地方を訪ね、やはり井上から「サンカ」に関する「興味深い話」を聞いている。七ツ山の人びとが滝下に移住した経緯について、宮本の文章を引いてみよう（「サンカの終焉」）。

【写真4】竹籠を編む滝下の男性（『山に生きる人びと』より転載）

そこで百年あまり前から台上（蘇陽峡の上に広がる高原台地―筆者注）の村人の許可を得て、この谷底に小屋掛をして定住するようになった。一日に四時間ほどしか日のあたらぬ谷間だが、わずかでも水田を開いてつくることができるということで、七ツ山に住むよりは有利であった。それに隔絶せられた世界で他人にのぞき見せられることもなかった。そこで少々の田をつくり、畑をたがやしてトウモロコシ・ダイズをつくり、川魚をとり、また余暇には箕と籠をつくって、それを馬見原や赤谷・三田井（高千穂）などへ持っていって売った。七ツ山よりくらしがらくだというので、さきに住みついた者が仲間をよんで、その谷間はだんだん家がふえて、三里ほどの峡谷に平地らしいところがあれば必ず人家をみるようになった。

滝下の集落は、最盛期には三〇〇戸もの人家があったという。滝下のかつて「サンカ」と呼ばれた人びとは、この川漁と狭い田畑の耕作、牛の飼育、それに馬見原町での日雇い人夫などの仕事を巧みに組み合わせ、そこに定住していった。井上によれば、滝下の人びとは、川漁だけでなく農業の技術にも優れた「精農」だったともいう【写真4】。彼らは決して、単なる放浪者だったわけではなく、農業にも川漁にも竹細工にもすぐれた技術を有した人びとだった。「生活力」という点では、彼らは傑出した能力を持っていたのである。

『長野内匠日記』にみえる「箕作」 井上はまた、「調べてみたら阿蘇の南郷谷も通っとるんですもん。錦野（現大津町）からあっちの下の方ば通ってですね、阿蘇南郷谷（現南阿蘇村から高森町）を通って、そしてこっちへ来ると、もう馬見原を越すと忽然として消える」とも語っている。

はたして、南郷谷に来た「サンカ」の痕跡はあるのか。阿蘇南郷長野村の住人長野内匠は、幕末から明治にかけてのおよそ七〇年にわたって日記を綴った。その日記は現在、『長野内匠日記』として公刊されている。この日記には、「箕作」の記事が四度みえる（文化十三年九月、安政二年八月、安政五年九月、明治三年九月）。このうち、安政二年（一八五五）八月一一日には、「甲佐箕作来候ニ付、作せ候、代六匁也」とある。「甲佐箕作」とあるが、これは甲佐に居住する箕作とも、甲佐から来た箕作とも解することができる。甲佐と「サンカ」、どのような関わりがあるのか。

さきに紹介した乙益の「山の神」には、次のような証言がある。「最近は五～六人ぐらいの集団でやって来ましたがもとは甲佐町や御船町の緑川の堤防上に竹笹や藁などで一夜にして小屋をかけ、それが三十軒ばかりならんだものだそうです」と。乙益の話は、これまた井上清一からの伝聞である。「もとは」というのは、井上が「サンカ」に興味を持って追跡しはじめた昭和前期より前、おそらく明治から大正期頃のことと推定される。緑川沿いを移動する「サンカ」の集団は、甲佐町や御船町あたりをひとつ拠点にしていたと思われる。幕末からかなり時間的な隔たりはあるが、甲佐に小屋がけをして、そこから阿蘇南郷へも箕の販売や修理に来ていたものと思われる。

箕作が来たから、内匠は箕を作らせて購入した。箕作はその場、つまり内匠宅で作ったのだろうか。それはわからないが、通常は箕作が百姓の家の敷地内で箕作りをすることはなかったという。出来た箕を内匠は、六匁で購入している。江戸時代の一両を現在のお金に換算すると、五万五千円ほどになる。これはあくまで、江戸時代の平均的な貨幣の価値である。その上で箕の価格を考えてみると、一両は六〇匁だから、六匁は一両の十分の一。ということは、この時の箕の値段は、現在の五千五百円ほどになる。これを高いとみるか、安いとみるかは微妙だが、箕が一枚売れればそれなりの収入になることがわかる。

「甲佐箕作」を、甲佐の方から来た箕作＝「サンカ」と考えれば、井上がいう「サンカ」の移動ルートにも合致する。甲佐は緑川沿いに位置するから、緑川沿いの矢部を通過する箕作たちと同じ集団の可能性も考えられる。箕を作って売った箕作が、その後どこへ向かったかは不明である。しかし井上のいうとおりなら、甲佐から阿蘇方面へ向かい、錦野あたりから白川沿いに阿蘇南郷にはいり長野村へ来た。その後は、同じ白川沿いを東に向かい、高森から旧蘇陽町の馬見原へ向かったとも考えられる。

ひとつだけ付言しておきたいことがある。ここでは、「甲佐箕作」をいわゆる「サンカ」と考えたのだが、『内匠日記』では「箕作」と書いていて、「箕作クワンジン」などとは書いていない。長野村には様々な渡り職人がやってきた。木挽、鍋繕い（鋳掛屋）、鋳物師、鍛冶屋、桶輪替え、石工、莚打ちなどなど。このうち、天草の莚打ちなども、卑賤視の対象だったというが、そのような記述、卑賤視するような文言は『内匠日記』にはない。少なくとも彼は、「甲佐箕作」も、他の多くの渡り職人のひとりとして接していて、ことさら卑賤視するような態度は感じられない。このことから、警察や山窩小説によって「山窩」イメージが定着する近代になって、「サンカ」に対する卑賤視がより強固になったと筆者は考えている。

「サンカ」と戸籍

次に「サンカ」と戸籍の問題について考えてみたい。近代国家に捕捉されず、「異質な存在」として生き続けた「サンカ」。彼らはしばしば、「無籍」＝無戸籍だったといわれる。球磨地方の「サンカ」について語った乙益は、「あのひとたちはみんな戸籍を持っていないんです。住所不定というか、わからない。それから税金を納めていません。日本国民でありながら日本国民でない。」と述べている（乙益「山の神話・その他」）。また沖浦も、「維新後、中央集権的な国家体制が整備されてくると、この『帳外れ』は急速になくなっていった。しかし、サンカだけは、近代に入っても帳外のひとであった。戸籍を持たず、したがって義務教育を受けることもなく、徴兵制の枠外にあった」といっている（沖浦和光『竹の民俗誌』）。どちらも、「サンカ」は「無籍」だという。しかし両人とも、「無籍」である根拠を明示しているわけでない。無戸籍である証明は、なかなか難しい。

矢部周辺にあらわれた「サンカ」は、無戸籍ではなかったことがはっきりしている。森田と井上は、馬見原で実際に戸籍をみている。彼らの「出自」を確かめるためだ。だから、無戸籍は「サンカ」の要件ではない。いっぽう乙益は、初めて戸籍を作成して村で生活をはじめる「サンカ」を紹介している。「サンカ」と呼ばれた人びとのうち、戸籍を有する者とそうでない者は、混在していたというのが実態だろう。

この「サンカ」の戸籍について、詳しく追求したのは和田敏である。正確にいえば、和田は「サンカ」の戸籍を実際にみている。東京に本籍地を持つ松島家の人びとは、廻遊生活をする「サンカ」家族であった。母親松島ひろは、大正四年（一九一五）生まれであるが、出生の届け出は、昭和二年（一九二七）であった。つまり松島ひろは、生まれてから一二歳になるまで「無籍」であった。松島ひろには、九人の子どもがあったが、九人のうち出生と同時に届が出されたと思われるのは二人だけで、ほかの子どもたちは生まれてから届がだされるまで、数年から十数年経過している。その間、「無籍」であったことは間違いない。松島ひろの死亡届については、死亡後一年近くたって届け出が行われている。しかも死亡時刻は、警察による推定時刻が記載されている。死亡した場所も河川敷で、家族で住んだことのあるセブリ場（キャンプ地）だったという。

また父親（九人の兄弟の父親は複数）は、戦時中も「箕ナオシ」をして戦争には行かなかったという。おそらく「無籍」だったのだろう。この父親と三角寛は旧知の仲で、三角が「戸籍」をつくるよう勧めたとき、この父親は強く拒絶して口論になったという。戸籍をつくることによって、徴兵されることを嫌ったからだという（『サンカの末裔を訪ねて』）。

この家族の事例は、「サンカ」は子どもが生まれても出生をすぐに届でないこと、したがって生まれてから一定期間「無籍」の状態であること。「無籍」のため徴兵されなかった「サンカ」がいたことなどを示している。しかしこの「無籍」という状態は、一般国民からすれば、「サンカ」は「国民」でない、という感覚を生みだしたことは否めない。国民の義務を負わないからである。こうして近代なって、いっそう「サンカ」に対する卑賤視が醸成されることになった。

九州の「サンカ」の実像

さてこれまで、九州における「サンカ」に関する記録や論考をみてきた。これによって得られる「サンカ」の実像とはどのようなものだったろうか。

第一に、「サンカ」と呼ばれる人びとの生業は、竹細工と川漁だった。しかも九州では、竹細工が主な生業だったといえる。しかも卓越した技術を持っており、渡り職人的性格が強かった。従って、物乞いではなかった。つまり乞食でも「クワンジン」でもなかった。川漁も行うが、それは必要に応じて行っており、竹細工よりも魚を売った方が実入りが大きければそちらに重点を置く。

第二に、移動ルートと移動時期は、かなり厳格に決まっていた。その移動ルートは、一般の村人が知らないルートもあった（九州山地の尾根づたいのルートが、いくつもあったらしい）。

第三に全くの非定住ではなく、多くの場合、根拠地を有していた。代表的なのは宮崎県諸塚村の七ツ山を根拠地とした人びとである。彼らはここを根拠地に季節的な移動（回帰性移動）を繰り返していた。

第四に犯罪との関わりはないことである。むしろ村人と信頼関係を得ることで、生活が成り立っていた。とはいえ、一般の村人とは必要がなければ没交渉的であったといえる。積極的に村人と交わることはなかった。

第五に住居の特徴として、藁葺きなどが多く、天幕を使うことはなかった。

第六に近代になってから、次第に定住化が進んだ。それは子どもたちの就学に大きく関わっていた。ただし、昭和四〇年代まで廻遊生活をした人びとがいた。竹細工を主な生業とした彼らの生活は、ビニールやプラスチック製品の登場により、困難となった。

第七に「カンジン」や「ヒニン」という呼称が示すように、卑賤視されることが多かった。卑賤視は、廻遊生活をすること(定住しないこと)、農耕に従事しないこと、貧しいことなどに起因するものと思われる。近代になって、このような「サンカ」の状態と一般の村人との対比＝違いが、いっそう明瞭となった。

日本近代社会と「サンカ」

「サンカ」の「幻像」 「サンカ」または「山窩」とよぶ、特定の社会集団があるのだろうか? われわれはこれまで、非定住者や浮浪者を取り締まる側の作った「サンカ」ないしは「山窩」という言葉からくる「幻像」に振り回されてきたのではないか。その「幻像」は、警察によって作られ、三角たち山窩小説家によってさらに肥大化され、一般国民のイメージとして定着した。

荒井貢次郎は、「幻像の山窩」のなかで、「サンカ」と「山窩」を次のように規定している。

さて、このへんで、サンカについての私見をまとめてみると、いうところの「サンカ」の正業は、川辺に住み、川魚・スッポン・サンショウウオ・ウナギなどを捕り、蝮・蛇・蛙・ガマをつかまえ、箕・簑・籠・ツヅラなどの竹細工、修繕、下駄表、箒、ササラ売り、風車売り、猿廻し(古くは猿飼という)、鋳かけ、物貰い(乞食)などであった。いかし、これらは、また、被差別部落や、農村スラムの職業・副業でもあった。

ポン、オゲ、ポンス、ポンスケ、ササラ、茶筅までも、山窩の概念で律しようというのは行き過ぎである。川伏せりし、川辺に住み、川魚、湖・沼・沢・池に獲物を求め、スッポン、亀、ハンザキ(大山椒魚)、鰻、鯉、鮒、鯰などをとり、貝をとって売る。竹細工、よろず修繕、下駄表、下駄の歯入れ、箒、ササラ売り、風車売、猿廻し、乞食も入ってくる。洋傘直し、インチキな鋳掛屋、蛇・孫太郎虫・薬草売り、山椒魚ということになると、これは下層生活者の生業と同じになってくる。山窩の正体は、下層民の多くである。

さて荒井は、引用の前半では「サンカ」、後半では「山窩」としているが、意図的に使い分けているわけではあるまい。荒井がいいたいのは、いわゆる「サンカ」とは、「下層民の多く」をさす言葉だ、ということである。

近世史研究においては、「士農工商」の「身分」にくくることができない人びとの実体解明がすすめられている。日本の近世社会には、実にさまざまな職人、宗教者、芸能者、猟師（漁師）、病者、貧困者がいたことが明らかにされつつある。これを「身分的周縁」論という。この研究分野では、さきの猿廻し（芸能者）、茶筅（職人）、川や海の漁師なども個別に丹念に論じられている。しかし近代史研究では、このような研究は少ない（もちろん、被差別部落の研究や、都市貧民などの研究が個別に深化していることはいうまでもない）。それは近代になって、近世的な「身分」が解体していくからに他ならない。しかし、近代に入っても近世以来の「周縁身分」にあたる人は多く存在した。「サンカ」とよばれた人びと（下層民の多く）が、その典型である。

荒井がいうには、「サンカ」とは、近代における差別される人、貧しい人、定住しない人一般をさす言葉に肥大化している。要するに実態を表さない曖昧な概念だと、荒井はいっているのである。

「サンカ」と近代社会　「サンカ」というけれど、考えてみれば山でのくらしのひとつに、箕を作り魚を獲っていきる生活があっただけなのではないか。江戸時代の農民たちも、畑や田を耕していただけではない。貧しい農民たちは、なんらかの内職や賃稼ぎをしなければならなかった。川で魚を獲って腹の足しにすることもあったし、水田漁業もあった。食いつなぐためには、何でもしなければならなかった。

生活に窮した人びとが山にはいる。そして箕や籠を作って売り、箕を修理して歩き、時には川漁をする。箕作と川漁と行商が組み合わさって成り立つ生き方が、「サンカ」の生活ではなかったのか。「サンカ」の生業には、元手が全くいらないという。竹は山で調達できるし大仕掛けの道具も必要ない。川には魚がいる。どちらも技術さえ習得すれば、元手はいらない。山でくらす知恵が結集されたひとつの生活様式が、「サンカ」のような廻遊するくらし方であったのではないか。しかし、米作りを中心とする農本主義的な思考が濃厚なこの国では、田畑を耕さず定住しない人びとは、「異質」な存在とみなされた。

そして近代国家が成立し、戸籍制度や学校制度、徴兵制が整備されると、いっそう彼らは異質な者となった。山でくらす人びと、例えば木地師などが早くから近代社会に順応した（消滅した）のに比べ、「サンカ」と呼ばれた人びとのなかには、戦後まで廻遊生活をした人びとがいた。彼らが最後まで廻遊民として生きられたのは、彼らの生活がつつましく、自然に依拠した「合理的」な暮らしをしていたからにほかならない。だがそのような生活が、平地に定住する者の好奇の目でみられることになったことは間違いない。

「サンカ（山窩）」からの解放　九州では「サンカ」という呼称はなく、①「ミックリ」「ミツクリカンジン」「ミヅクロイ」「シヨオケヅクリ」、②「ヤマンモン」、③「カンジン」「ヒニン」と呼ばれた人びとが「サンカ」にあたる、といわれてきた。①の呼称は職人としての彼らを、②は「山に住む者」という意味でその所在地を、③は卑賤視の対象としての彼らの呼称である。ただ、③の「カンジン」については、長崎の例として、物乞いをする乞食とそれをしない者の区別があったことはすでにのべた。

「サンカ」という呼称に違和感を覚え、不適切だとしたのは、先に述べたように森田誠一だった。森田は井上から、「今の人たちはサンカです」と告げられたとき、彼は「吃驚」した。しかしそれは、森田の脳裏に、三角らの山窩小説のイメージがあったからではないか。しかし、冷静に自分の目で「サンカ」をみてみると、小説のイメージとは、全く違っていた。彼は矢部周辺の「サンカ」と呼ばれた人びとの生業の中心は竹細工であり、「サンカ」という呼称はその具体的生態を表す言葉ではないと考えた。彼は「ミヅクロイ」「シヨオケヅクリ」「ミツクリ」という呼称こそが、かれらの生態にふさわしい呼称だと考えた。筆者は森田の論文を読んで、そのように解釈した。何よりも実際、江戸時代に村々を回り箕を販売して渡り歩いた者は、「箕作」と呼ばれていたこともすでに述べた。「箕作」は、渡り職人もしくは、行商人というにふさわしい。

これまで、おもに九州の「サンカ」について述べてきたが、彼らの生業の中心は竹細工であり、その根拠地もあり、物乞でもなかった。また、没交渉的ではあるが村人とは親和的であり、村人もほかの渡り職人同様に接していた。そこに売買や交換が成り立っていたことが、それを証明している。まして、犯罪者集団などとは無縁であった。ただし、村びとが彼らを卑賤視する態度もみられ、里の住民（定住民）の意識が揺れ動いていたことも事実ではある。

近代になると「サンカ」は、警察によって「山窩」と表記されるようになった。そこには、住所不定で犯罪予備群という意味が込められた。そして三角寛ら山窩小説家によって、犯罪性や神秘性、それに超人性が「山窩」に付与される。すると「日本国民」は、逆にそこに興味を覚え、三角らの山窩小説が一世を風靡したのである。

沖浦によれば、「サンカ」という呼称は、もともと広島県や島根県など中国地方固有のものである。そして沖浦は、「サンカ」はもともと「山家」、つまり「山に住する者」の意味であろうと推測している（実際に明治八年より以前には、「山家」と表記されている史料がある）。九州の呼称でいえば、「ヤマンモン」にあたる。このように考えてくると、「サンカ」という呼称を用いること自体が、非科学的で不適切であるといわざるをえない。少なくとも九州地方においては、「ミツクリ」または「ミナオシ」と呼べばよいのではないか。山の一生活者は、「サンカ」という呼称や誤って定着した概念（思い入れ）から、いつ解放されるだろうか。いや、解放しなければなるまい。本書においては、サンカと山窩という語にすべて「　」を使用してきた。それは、このような思いがあったからである。

第二章

家船と「シャア」

——海と陸を廻遊する人びと

「サンカ」が山の廻遊民であるなら、「家船」は海の廻遊民である。彼らは船を住まいとして、漁業を生業とする。獲った魚は各地に運び、行商をして糧を得る。田畑など土地をいっさい持たず、一年のほとんどは海の上で過ごす。家船の暮らしは、主に瀬戸内海や九州北部でみられた。瀬戸内海の一角、大分県臼杵市津留(つる)に集落を営む人びとも、もとは家船で暮らす人びとだった。広島県の能地(のうじ)（現三原市）から臼杵にやってきたという。津留の人びとは、比較的早くから「陸(おか)あがり」をはじめたが、高度経済成長期のころまで、漁業と行商で暮らす人びとが多かった。

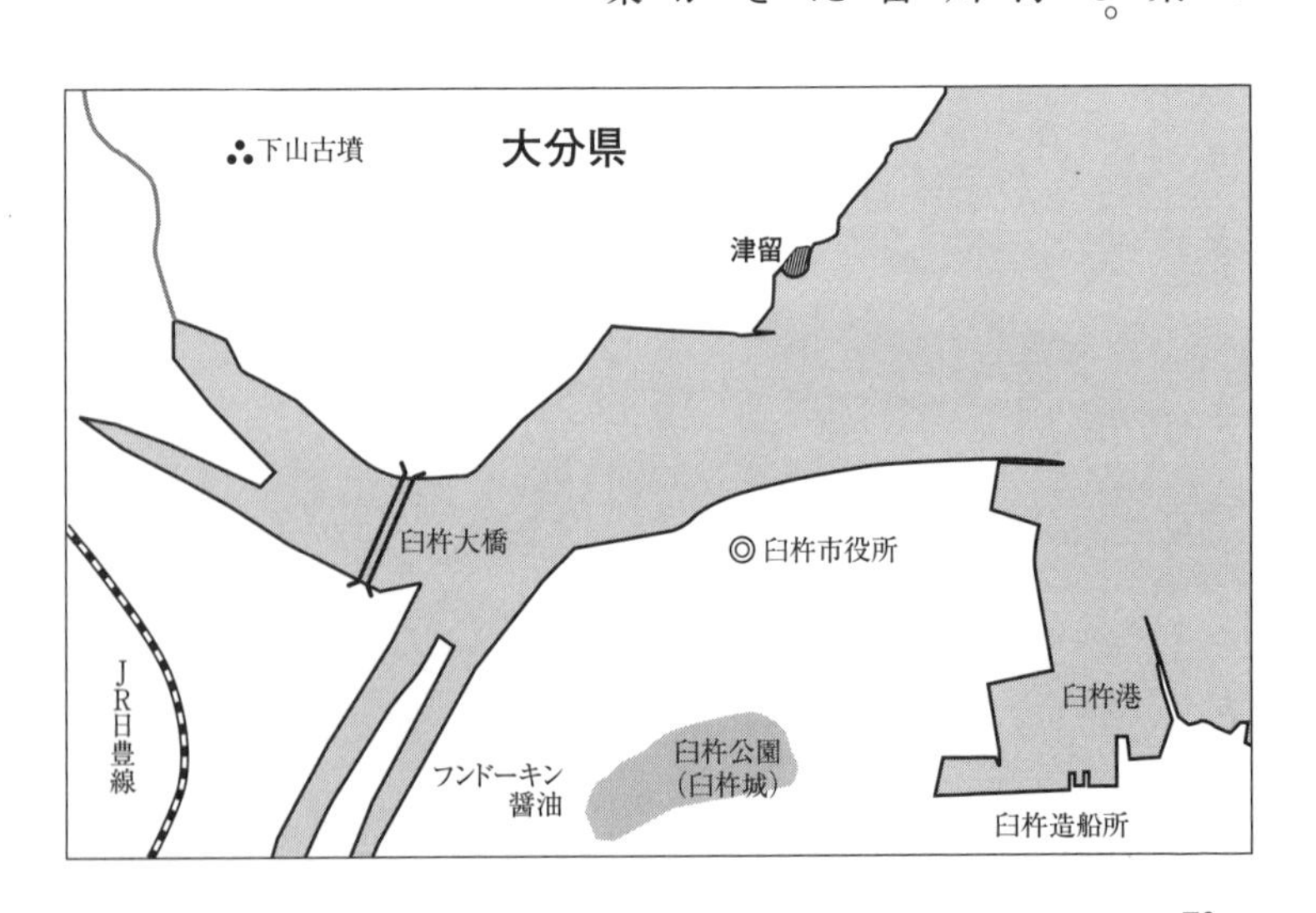

「シャア」と津留の家船集落

高群逸枝がみた「サア」　大正七年（一九一八）、若き日の高群逸枝は四国遍路の旅に出た。二四歳の時だった。この旅の記録（旅日記）は、『娘巡礼記』として刊行されている。この旅日記は、旅先から熊本に順次送られ、『九州日日新聞』に連載されたものをまとめたものである。当時の九州、四国の風俗を知る読みものとしても、実に面白い。

さて、高群逸枝はこの年の六月四日、熊本を発って肥後と豊後を結ぶ豊後往還のうち、まず大津街道を東へ向かう。大分から船で四国に渡るためだ。立野（現南阿蘇村）、宮地（現阿蘇市）、竹田（現竹田市）を通って、大分県大野郡東大野村中井田（現豊後大野市大野町）に着く。ここで、中井田の老人男性「お爺さん」と四国の旅をともにすることになる。この「お爺さん」、名を伊東宮治といい、この時七三歳であった。片方の目が不自由で、按摩で生計をたてていた。信心深いこの老人は、「観音の子」だと母からいわれて育てられた逸枝を守ることが、自らの使命と思いこんだらしい。諸々の旅支度のため、高群は老人宅で数日間過ごした。

そして六月一九日、老人宅の前の道で「サアの奇観」を目撃する。そのときの様子を高群は、次のように書いている。

六月十九日、朝飯を食ていると、前の道路を頭に桶みたいな物を載せた珍しい一行が通っていた。皆若い女だ。愉快そうに笑いさざめきながら手をちょっと桶に添えてドシンドシン歩いて行くところは、なかなか立派な体格であった。何だろう？ お爺さん（伊東宮治翁のこと―筆者注）に聞くとあれはサアですという。サア？ 面白い名だ。何所の者ですと聞くと臼杵の者ですという。何を売りにと聞くと魚を売りにという。かつ曰く「あれはね、平家の落人の子孫ですよ。サア早く逃げなきゃア大変だというので炊きたての御飯はお握りをこさえる暇もなくそのまま袋にぶちこんで落ちたんじゃと。

だから御覧、腰の袋―あれには今でもすくい込んだままの御飯が入っているんだ。サアという面白い名はそこから起きたんじゃ」

京に田舎あり―もあんな姿かなあと感心する。

高群は目にした様子を「奇観」と言っている。いったい何が珍しいのか、何に驚いているのか。驚いたのはおそらく、頭の上に桶みたいなものを載せてものを運んでいる様子だろう。つまり頭上運搬である。それは最後の「京に田舎あり―もあんな姿かなあ」という文章からも窺われる。「京に田舎あり」とは、「にぎやかな都会の中にも、まだひらけていない田舎めいた場所や古い習慣がのこっている」という意味である。『上方（京）いろはかるた』にある言葉だが、高群は「田舎」、つまり京の都の郊外にある大原という「片田舎」に思いを重ねていることは間違いない。「あんな姿」とは、大原から薪や木炭を頭上に載せて、京の街で売り歩く大原女（おはらめ）を連想しているのである。

大原女は、頭上運搬をする行商の女性たちである。

それにしても、臼杵市の中心部から大野町まで、直線距離でも三〇キロメートル以上ある。昔の田舎道をたどるなら、四〇キロメートルほどになろう。かなりの距離である。もちろん「サア」とよばれた行商の女性たちは、徒歩でやって来た。「お爺さん」の家の前を通過したから、大野町あたりが終着点でもないらしい。どこへ行くのか。この地域でもっとも栄えていたのは、城下町竹田である。女性たちは、竹田へ向かったのではないか。とすればここからさらに一四〜一五キロメートルほどさきである。竹田まで行ったとすると、女性たちは片道五〇キロメートル以上歩くことになる。往復なら一〇〇キロメートル以上にもなる。これは半端ではない。ちなみに、この一九一八年当時、大野郡や竹田を通る豊肥(ほうひ)本線は、まだ開通していない（竹田駅開業は、一九二五年）。従って、彼女たちが臼杵から徒歩でやってきたことは間違いない。

今では考えられないような長い距離を歩いてきたのに、女性たちの様子は実に快活で力強い。女性たちは隊列を組んで、「愉快そうに笑いさざめきながら」「ドシンドシン歩いて行く」のである。明るく力強い姿が目に浮かぶ。行商という、「おそらく辛い商売」を楽しんでいるようにもみえる。そして、「なかなか立派な体格」だったと高群は感心している。

【写真5】は、臼杵の「サア」の貴重な写真である（臼杵市教育委員会所蔵）。写真の右下にはスタンプが押してあり、「豊豫要塞司令部　16・7・18　査閲済　臼杵ユサ写真館」と読める。豊予要塞司令部による検閲済みの写真である。豊予要塞司令部は、豊予海峡をに侵入する外国軍艦を砲撃するために、大正一五年（一九二六）八月、佐賀関(さがのせき)（現大分市）に設置されている。「16・7・18」は日付と思われ

【写真５】サア（シャア）の写真（昭和16年頃、臼杵市教育委員会所蔵）

るが、大正一六年は存在しないから、これは昭和一六年（一九四二）のものと推定される。高群が「サアの奇観」をみたときから、二〇年あまりあとになる。三人の女性たちに、特に表情はない。頭上に盥（たらい）の様な物を載せているが、うちふたりは手も添えずに見事にバランスを保っている。さて、この臼杵の「サア」とは如何なる人びとなのか。そして「サア」とは、如何なる呼称なのか。

臼杵の津留（つる）集落　臼杵市の中心部から海を隔てて北側の対岸、諏訪山（すわやま）の東麓に津留という集落がある。津留は江戸時代に硴江村（かきえむら）、明治八年（一八七五）には周辺二村（芝尾村・平岡村）と合併して諏訪村に、さらに明治二二年（一八八九）には諏訪村と大浜村・中津浦村とが合併した海辺村（あまべ）に所属した。硴江村については、『豊後国志』の諏訪山の条に「山足は海水に浸され、漁村屋を比ぶ、硴江と曰い、汀に数艇を繋」とある。海水が洗う波打ち際に漁村の屋根がならんでいる、また数艇の船が繋留されているという。

旧臼杵町と旧海辺村を隔てる末広川河口に橋が架かっていなかった時分は（現在は臼杵大橋がある）、臼杵と津留は渡し船で結ばれていた。大潮の日の干潮には、歩いて渡ることもできるほど遠浅の浜だった。「ツル」という語は、海辺の小さな平地をさす言葉であるらしい。筆者も何度かここを訪ねたことがあるが、海辺の狭い平地に小さな家屋が密集し、街路は狭く不規則でどこを歩いているか、すぐに分からなくなる。集落内にはいる通路をみつけるのも難しい。土地が狭いから、家々には庭のような空間はあまりなく、家々はくっつくほど接近している。絵に描いたような、漁村の集落である。「サア」の一行は、この津留という集落から行商に出た女性たちであった。

『臼杵史談』の第五巻に、この集落の歴史や民俗を紹介した「海辺村の津留集落」が収められている。この文章は戦前、昭和一五年頃のものである。その冒頭には、次のようにある。

海辺村の津留部落　　　　淵　誠一

臼杵町洲崎の対岸指呼（しこ）（呼べば応えるほど近い距離――筆者注）の中に海辺村津留の部落がある。的場山の麓に一集落をなし、戸数約百二十戸、俗にシャア村と呼ばれ、遠近に聞えた特異な生活を営んで居る。臼杵博識誌の硴江村蜑人の欄に、
昔源平の戦ひ有りし時の落人、平家の車を守る舍人近藤六郎、蒲戸隼人、篠原主膳、森川右源と云し者の後裔也。安芸国佐伯郡能持（ママ）村にも平家の落人漁りをせしが、慶長十巳年の春、

与十郎、助兵衛、六郎兵衛、新介四人の者共家内の者を銘々船に乗せ、臼杵津留村硴江に住す。平家落人車者といふ。俗にシャアと呼ぶは誤なり。男子は漁りの魚を得、女子は盤帽と云ふ器に魚を入れ頭に戴きて遠村迄売に行く也。此村は他村と婚姻せずして、平家車者の苗胤連綿たり。平家の落人は、安芸、防州、長州の諸国にて、百姓漁人となり身命を繋ぐ者数多也

『臼杵博識誌』によれば、硴江村の蜑人（津留の住人）は、平家の舎人の末裔という。慶長一〇年（一六〇五）、広島の能地から四人がそれぞれの家族を連れて船でやって来て、硴江村の津留に住むようになった。男は魚を獲り、女は盤帽という器に魚を入れて遠くまで売りに行く。この村の者は、他村の者とは結婚せず、平家の末裔としての血統を保っている。平家の落人は、広島や山口などにもいて、百姓や漁師となってくらしている。

津留の集落は戸数約一二〇戸、俗に「シャア村」と呼ばれている。高群が記録した「サア」は、実はこの「シャア」のことだったのだ。「シャア」とは、この津留集落とここの住人たちをさす言葉である。

海部（あまべ）郡＝「海民」の里　津留の住人は、「蜑人（あまびと）」とされている。旧臼杵町は、もと北海部郡（きたあまべぐん）に属していた。そして現在の大分市東部から、臼杵・津久見・佐伯を含む地域は、さらに古くは海部郡と呼ばれていた。『豊後国風土記』には、「この郡の百姓（おほみたから）は、並（みな）海辺の白水郎（あま）なり」とある。この場合

の「百姓」は、農民の意味ではない。「百」＝「たくさん」の姓を持つ者たち一般をさす言葉で、この地域の民衆はみな白水郎、すなわち漁師だといっているのである。白水郎はまた、「海人」「海部」「海士」などとも表記される。

津留の集落から西方の諏訪山をはさんで反対側の麓には、下山古墳がある。下山古墳には、男女それぞれ二体ずつの被葬者があった。この四体の人骨に共通してみられる特徴は、外耳道骨腫が認められることである。外耳道骨腫とは、長期間にわたって潜り漁をした人にみられる、耳を守るために増殖した細胞のかたまり（瘤り）である。したがって下山古墳の被葬者は、潜り漁をする漁師、つまり「あま」だったのだ。古墳の被葬者であるから、この地域の小首長である。首長だからといって、仕事をしないわけではない。首長みずから海に潜って漁をしていたことがわかる。

また佐賀関半島の付け根付近に位置する亀塚古墳（大分市坂ノ市）は、大分県内最大の前方後円墳（五世紀、古墳時代中期）で、海部の首長墓と推定されている。この地域は、瀬戸内海を通じて畿内と朝鮮半島との中継地にあたり、ヤマト政権にとっても重要な地点であった。亀塚古墳からは、対岸の佐多岬半島（愛媛県西端）とその先の瀬戸内海がよく見渡せる。亀塚古墳は段丘上にあって、海からもよくみえる。いわば海部のランドマーク的な存在でもあった。海部の人びとは、操船技術と漁業によって、畿内のヤマト政権とつながっていたのである。津留の集落は、そんな古代以来の「海民」たちが跋扈した地域の一角に位置していた。

もうひとつ、「蜑人」という語が使われていることにも注意を払っておきたい。漢和辞典で「蜑」をひくと、よみは「タン」で「中国南方地方（広東・広西・福建省）に住む異民族」とある。つづけて「水上に生活し、漁業を営む」とある。これはまさに、これから話をする「家船」そのものである。著者（加島英国）はこの語で、津留村の特異性を表現しようとしたものと思われる。すなわち、津留村の住人は、単に漁業を営むだけでなく、船に暮らしながら漁をする人びとだ、といいたかったのだ。

能地(のうじ)の枝村(えだむら)　「海辺村の津留集落」に引用されている『臼杵博識誌』（大分県立先哲史料館所蔵）は、江戸時代後期に加島英国によって書かれた臼杵の町とその周辺の記録である。『臼杵博識誌』の記述によれば、津留の集落は、慶長十巳年（一六〇五）、安芸(あき)国（広島県）の能地からやってきた「与十郎、助兵衛、六郎兵衛、新介」という四人の男たちによって開かれた。この四人の先祖は源平の争乱の頃、「平家の車を守る舎人(とねり)」だったという。しかし本当に舎人（皇族や貴族に仕え、警備や雑用に従事した者）だったかどうかは分からない。あくまでいい伝えである。四人はそれぞれの家族を船に乗せ、安芸国の能地から豊後国臼杵の津留にやって来た。そしてこの者たちは、平家の落人の後裔だという。この広島県の能地（現三原市幸崎町）は、おなじ広島県の二窓(ふたまど)（現竹原市）とともに瀬戸内の家船の本貫地（本籍地、発祥の地）のひとつとされる所である。

能地からやって来たというものの、それを裏付ける史料はない。だからこれは、あくまで伝承に過ぎない。そもそも家船の人びとは、自分たちの歴史を文字によってほとんど書き残していない。ただ近年、広島県が緊急調査をしてまとめた『家船民俗資料緊急調査報告書』（一九七〇年）には「能地・二窓移住寄留地図」が付されているが、ここには臼杵の津留も能地の枝村として記されている。広島県の調査では、津留村は能地の枝村と「認定」されているのである。ちなみに、沖浦和光は、能地を起源とする家船集落の漁民たちは、もともと小早川水軍に属していた者たちではないかと推測している（『瀬戸内の被差別部落』）。また佐賀関に隣接する一尺屋を中心に、海部郡の海岸で活躍した若林水軍は、水上生活ができる「水居船」を多数保有していたという（一五世紀後半頃）。若林水軍は、豊後の戦国大名大友氏に仕えた水軍である。「水居船」は即ち「家船」で、この海域の「家船」が、若林水軍に編入されていた可能性が高い（鹿毛敏夫「大友時代を生きた人びと」）。

近世にはいると漁民たちは、徐々に漁村（村落）を形成するようになる。近世初期に漁民が住みついて漁村を形成する過程については、臼杵の南に位置する佐伯の史料が存在する。桑野浦（佐伯市鶴見町）の庄屋であった渡辺家所蔵の「系図」によれば、渡辺家の初代弥藤治ははじめ、米水津色利浦（佐伯市）→大島（同）→丹賀浦（同）と鶴見半島を転々とした。その後、保戸島（津久見市）に移りしばらく住み、さらに佐賀関（大分市）へ移った。しかし、夜盗がしきりに徘徊していたので、再び保戸島へもどる。ところがここは、すでに「百姓多く住居」していたので、今度は乙津（大分市）に移動した。その後、ふたたび丹賀浦や大島にもどったが、ここも「百姓多く出来申すに付き」、梶寄浦（佐伯市）に移った。この過程は、文禄・慶長（一六世紀末）ころだという。そしてその後、最終的に渡辺家は梶寄浦から桑野浦に移り定住に至る。これが元和・寛永（一七世紀初め）ころと推定されている。

このような例から、近世初期、漁民たちが各地を移動しながら、しだいに定住に至る過程がわかる。渡辺家は佐伯市、津久見市、大分市とかなり広範囲を移動している。そして、すでに百姓が住みついているところは敬遠しながら、定住の地をさがした。移動する漁民たちが、こうして定住地をみつけ、浦方村落を形成したのである。同じ様に津留の人びとも、瀬戸内の能地から移動しながら、最終的にこの地に定住地を定めたものと思われる。

「シャア」の由来　「シャア」とは、いったいどんな意味だろうか。津留の住人を臼杵の人びとは、確かに「シャア」と呼んでいた。九州各地でも臼杵から来る女の行商人は、「豊後のシャアさん」と呼ばれたという。高群の記録では、現在の豊後大野市あたりで、「シャア」ではなく「サア」と呼ばれていた。そして彼女らが「サア」と呼ばれる所以は、平家の落人だから「サア逃げろ」ということで「サア」と呼ばれるようになった、ということだった。臼杵でも、「平家がおちてくるときにな、おままも食うておれんだろ、袋におままを入れ、さあ行こうといったげな」という話が伝わっていた（瀬川清子『販女』）。しかし、どうも今ひとつ説得力がない。

『臼杵博識誌』では、「平家落人車者といふ。俗にシヤアと呼ぶは誤なり」とあり、「車者」であって、「シヤア」というのは、誤りであるとする。「車者」とは、「シヤシヤ」と読ませるのだろうか。

また柳田国男は、つぎのようにいっている。「同地方では、家船とは云はず、古来「シヤア」、即ち「車」と称して居るが、其名称の起原を研究するに、彼らの自称する処に拠れば、往昔安徳天皇に仕へ、鳳輦の番人を奉仕したから「車番人」と称へ、漸次転化して、「車」の一字を通称とするに至つたものだと云ふも、拠るべき資料がないので満足な研究が不能なのは甚遺憾である」と（「家船」）。柳田もとりあえず「車」説をとっているが、納得はしていないことがわかる。安徳天皇の

「車番人」だったなどとは、柳田もにわかに信ずることはできなかったのだろう。

また、大分県竹田市出身で漁業経済学者の羽原又吉は、中国福建省の畲族をその由来としている。その根拠としては、津留地区の民俗と畲族のそれとの共通点を指摘している（田畑博子「大分における蜑人の系譜」）。つまり羽原は、「シャア」は畲族の「畲」だというのだ。しかし、ではなぜ数ある家船集落があるなか、臼杵の津留にだけにこの呼称があるのかなど、まだ不明な点も多い。

無愛想の「しや」か　もうひとつ、シャアの由来について述べた文献がある。それは江戸時代（一九世紀前半頃か）に著された、著者不詳の『関秘録』巻五の冒頭にある。短い文章なので次にあげる。

○車捨の事

車捨は豊後の辺に居す。肴など商ひける者なり。百姓の交もならず。尤縁をもむすばず。其類計にて暮す。穢多にもあらず。穢多同前也。是を誤り、俗にしやあと呼、魚など売るにもしやあよ〱と呼、人に不レ構つんとして居るものを、京江戸にも、しやあとして居るといふ。猶江戸にても、しや〱として居ると云なり。此者の昔は、安徳天皇御入海の場にて、捨られたる御車有りしを、此もの共、打寄りうち砕き薪にしけると也。御運つたなきとても、天孫にて渡らせ給ふに、無下成ものとて、交りをはづしけるより、おのづと其党切のものと成けるよし、右の俗言の程は是なり。

「豊後の辺（へり）」に住んでいること、魚を商うこと、周囲との交わりがないことなどの記述から、この「車捨（ステ）」とは、まぎれもなく津留のシャアのことである。「車捨」の「捨」には、「ステ」とルビがあることから、「車捨」は「シャステ」と読むのだろう。ルビがなければ、「シャシャ」とも読むことができる。さきの『臼杵博識誌』では「車者」としいたが、これも「シャシャ」と読むことができる。「車者」は、「車捨」の誤りだった可能性はないだろうか。

この著者の説では、「シャア」の由来は「人に不レ構つんとして居るもの」という意味の「しや」にあるという。この場合の「しや」とは「洒」のことで、「愛想がなく、つんとしているさま」、また「あつかましいさま」をあらわす語だという。これを合わせると、「洒」は愛想がなく人と交わらないという意味になる。「しゃあしゃあとあんな事がいえたものだ」の「しゃあ」である。

こうして、シャアは「洒」に由来する可能性もある。いや、その他の説には、「シャア」の由来を説明するめぼしい文献ものはあまりないから、有力な説というべきかもしれない。後述する『浮（うき）鯛抄（たいしょう）』という巻物でも、家船の女房たちの「ぶっきらぼう」な話がでてくるから、筆者としてはこの説を最有力説としておきたい。ただ、安徳天皇の「御車」云々は、いささか唐突な話である。先にみた柳田説では安徳天皇の「車番人」であったものが、ここでは安徳天皇の御車を破壊したので、人との交わりを断たれたというのである。津留には平家の落人伝説が伝わっているから、そもそも平家方の安徳天皇の車を破壊するはずもなかろう。従って、史料としての信頼性も留保しておかねばならない。

「車捨の事」の筆者は不詳なので、この随筆がどこで書かれたかは不明である。しかし、現在の大分県内でも片田舎の小さな津留集落のことが、かなり広範に知られていたことをうかがわせる。淵誠一の「海辺村の津留部落」にある「遠近に聞えた」とは、事実だったのである。広範に知られていた理由は、シャアの行商がかなり広範囲にわたっていたことを示すのかも知れない。

家船のくらし

家船とは　さて、安芸国（広島県）の能地を本拠地とする「家船」とは何なのか。これこそ海の廻遊民をさすものである。須藤功『写真ものがたり　昭和の暮らし3　漁村と島』は、この家船を平易にしかも的確な表現で次のように紹介している。

「家船」と呼ばれる漁船に寝起きして、獲った魚を畑の多い浦で売り、そこで野菜や日用品を仕入れて海上生活を続ける漁民がいました。
その先祖は中世から近世に移るとき、武士たちと結びつくのを拒み、自由な海の民を選んだのです。税も納めず、人足などの役もないかわりに、魚を獲る権利（漁業権）を武士から与えられた漁師が住む「加子浦」に住むことはできませんでした。といってまったく根拠地がなかったわ

【写真6】尾道市吉和港の家船（『日本民俗文化資料集成3』より転載）

けではなく、瀬戸内海には正月や盆、祭には、遠く近くの海から家船がいっせいに帰ってくる浦がいくつかありました。亡くなった人もそこに埋葬しました。

家船の漁師は、手繰網（てぐりあみ）、延縄漁（はえなわりょう）、一本釣りなどで魚を獲りました。小職とよばれるささやかな漁だったので、邪魔さえしなければ加子浦での漁も黙認されました。

家船は、またの名を「船住居（ふなずまい）」ともいう。「家船」の読みは、「えぶね」または「えふね」である。文字通り船をわが家として、家財道具一式を船に積み込んで、家族で船に暮らしながら各地を移動した人びとである【写真6】。彼らは魚を獲っては陸（おか）にあがり、行商して魚を売りさばいて生計をたてていた。従って、土地や建物を一切所有せず、一ヵ所に定住することもなかった。定住せず全く農耕に携わらないことを「一所不住（いっしょふじゅう）」「一畝不耕（いちほふこう）」の暮らしともいう。ただ、彼らはむやみに廻遊するのではなく、そのルートや廻遊する時節には、一定のパターンがあった。

「家船」とは、もともと九州北西岸での呼称であり、瀬戸内では「船住居」ということが多かった。そのほかに「所帯船」「ヤウチ船」という呼び方もある。臼杵の津留集落は、もともとこの家船がルーツなのである。臼杵の津留では「家船」のことを「船屋」と呼んでいた。明治期までは、おおかた船住居で魚を獲っては行商して糧を得ていた（羽原又吉『漂海民』）。魚を求めては海を廻遊し、行商をしては陸を廻遊したのである。もちろん次第に「陸あがり」＝定住していくのだが、基本的な生活パターンは、前近代のものが明治以降も受けつがれていた。

このように船の上で生まれ、船で暮らし、そして船で生涯を終わる水上生活者は、中国の「蜑民」、インドネシアの「バジャウ」などがある。日本の水上生活者も、このあたりが起源だと考える人もいる。アジアの漁撈民にも、瀬戸内の家船同様、末子相続制が広くみられることも、その根拠になっている。瀬戸内の家船では、兄弟のうち上の男の子から順に独立して、新しい家船をもうける。だから、最後まで家船に残って老親の面倒を見るのは末子である。こうして、親の家船を相続するのはいちばん下の子になる。この相続制度が、アジアの漁撈民にも広くみられるのである。

日本の家船の系統は、瀬戸内の安芸の国（広島県）の能地・二窓系統、九州北西岸の肥前（長崎・佐賀）の瀬戸系統、鐘ヶ崎（福岡）系統の三つがあるとされる（宮本常一「船の家」）。そのうち、この臼杵の津留にやってきたのは、能地の家船と考えられている。すなわち津留は、能地の枝村（分村）ということになる。それは家船という生活形態そのものに加え、魚を獲る技術（漁法や漁場、潮の見方や利用法など）の伝播を根拠としている。例えば現在、豊後水道で盛んな「一本釣り」の技術も広島県の能地から防予諸島の沖家室島（現山口県大島郡周防大島町）、そして大分県の佐賀関へと伝わったのだという（沖浦和光『瀬戸内の民俗誌』）。また、津留の民俗を調査した吉田敬市によれば、津留地区の人びととの言葉には安芸なまりが認められ、前住地を能地としている（羽原前掲書）。広島

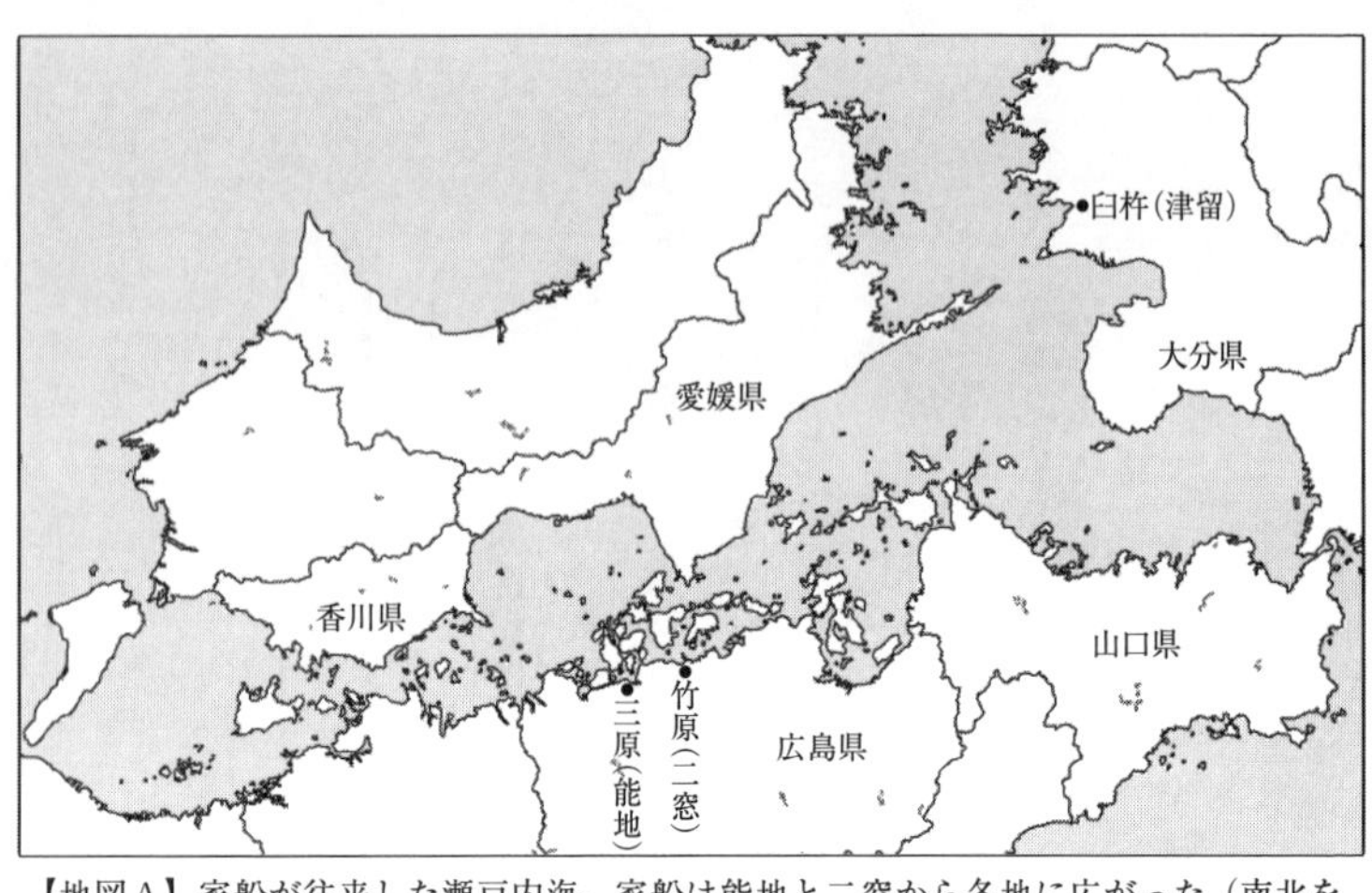

【地図A】家船が往来した瀬戸内海。家船は能地と二窓から各地に広がった（南北を逆転させている）

県の能地村の枝村が大分県南にあるといえば、一般農村の親村・枝村の関係からは考えられないことであるが、そこが広範囲に移動する「海民」たちのなせる業である【地図A】。ちなみに、能地と二窓から広がった家船の枝村は、西は豊後から東は備後（岡山県）、讃岐（香川県）にいたるまで一五〇を超えるといわれている。

さらに付け加えておきたいことがある。それは、東京や大阪などの大都市で暮らしていた「水上生活者」と「家船」との区別である。大正末年頃、大阪市の「水上生活者」の世帯数は約二五〇〇におよび、このなかには三〇〇〇人あまりの有権者の資格を有する者（選挙権を行使できないままでいる者）がいたという。彼らは、選挙権はおろかどのように働き、どのように生活しているのかの実態も昭和の初めまで明かでなかった。彼らは、港や市内四〇余の河川で船住まいをしていた。船住まいという点では、「家船」に類似した暮らしではある。しかし彼らの生業は船頭、水夫（かこ）など船を使った運搬業、行商人、砂採船などで、基本的に漁師（漁業者）ではない。また、水上労働者として全国から大阪に集まった者たち（多くは出身地、つまり国元がある）で、その起原も近世には遡らない。決定的に違うのは、彼らの船は運送会社、回漕問屋の所有する船が八三％をしめ、会社の指示で運送業に携わっている者である。つまり彼らの大部分は、運送会社と契約を結んで運送業に従事している水上労働者であった（「水上生活者の生活と労働」）。

九州北西岸の家船との違い　さきに家船は、三つの系統があるとのべた。このうち九州北西岸、すなわち肥前の瀬戸系統の家船については、東靖晋の『西海のコスモロジー』に詳しい。瀬戸内と系統は違うものの、やはり家船として廻遊しながら海上生活を営むという点、獲った魚を穀物などと交換することで糧を得ていたなど、基本的な生活様式は同じである。しかし、瀬戸内海を中心とする家船と、九州北西岸のそれとは、若干異なる点もみられる。異なる点について、いくつかみておきたい。

異なる点の第一は、漁法の違いである。瀬戸内海では打瀬網漁や一本釣りが多く、単独でも漁を営むことが出来た。したがって、最も零細な漁撈であったともいえる。それに対し、九州北西岸の家船では、潜り漁のほか、集団で行う「カズラ網」という漁が行われた。カズラ網は、すでに江戸時代から行われていた。カズラ網の詳細については、東の著書を参照いただきたいが、簡単にいえば家船一二～三艘でおこなう、一種の追い込み漁である。瀬戸内海の家船では、このような集団での漁はほとんどみられない。

異なる点のふたつ目は、九州北西岸の家船は、近世以来、漁業権を有していたことである。瀬戸内海の家船の場合は、漁業権をもたず、一般の漁民との競合を避ける沖漁が中心だった。そして漁民との衝突を避けるためにも、零細な漁でなければならなかった。臼杵の津留の漁民たちも、アジロ（網代、特定の漁場）をもたなかった。ところが、大村藩領の家船は、「領海渡世永々勝手」のお墨付、すなわち領海内の特権的漁業権を代々認められていたという。その経緯は、家船の勢力が、有馬氏に敗れ敗走する大村純伊を助けて以来だという。近世には、藩が漁業権を認める代わりに、家船は「船公役」などの負担に応じ、藩の手足となった。

このふたつ目の違いは、家船として決定的な相違点ともいえる。瀬戸内海の家船は江戸時代、人別帳には記載されたものの、土地や藩権力（領主）とのつながりは、基本的に絶っていた。その関係を絶つことで、瀬戸内海の家船は「漂海民」としての「自由」を獲得できていたからである。本来の意味で「家船」を理解しようとするとき、権力から「自由」か否かは、決定的な違いといえるのである。このことは話をすすめるに従って、浮き彫りになっていくものと思われる。

家船のくらし　さて、実際の家船の暮らしとは、どのようなものか。愛媛県佐多岬の松崎という漁村で、沖浦和光は古老から聞き取り調査をしているが、それを紹介する。ただしこれは、家船で暮らしていた人からではなく、家船を「観察」した陸の住人からの聞き取りである。

三、四艘で組になって年に二回か三回か姿を見せよったが、遠慮がちに村からあまり見えん島影に船を停めて何日か居よった。谷から水を汲んだり、網を干したり、獲った小魚や海藻を穀物や薪とカエコトしよったな。わしらとは付き合わんので知らんふりをしとったが、あの師（漁師）らは釣りの技術がすぐれとるんで、わしらも見て見ぬふりしながら、ええとこを盗み取りさせてもろうた。

それに子どもらが学校に行けんのが可愛そうじゃった。漁師には満足に字を読めん年寄りが多いが、ノージもんは全然読めんかったのう。じゃけん、子どもらは教育を受けとらんから、他の仕事に就くこともでけん。

この古老の話が、具体的にいつ頃の家船を語っているのか判然としない。しかしこの聞き取りから、家船の生活様式の概要が分かる。家船は、三～四艘が組になり、水や燃料を補給するために時おり漁村近くの島かげに「寄港」する。そして、獲った魚と穀物などを交換する。漁業権を持っている漁師を含む漁村の人びとは、家船を見て見ぬふりをした。家船は家族でほとんど海上の暮らしであるため、子どもたちは学校に通っていない。従って、「ノージもん」（能地者、家船の人びとはこう呼ばれた）は字が読めない。だからほかの職業に就くこともできない。しかし釣りの技術には長けていたので、漁村の人びとはその技術を盗ませてもらった。

子どもが学校に通っていないというので、かなり古い話、少なくとも戦前のように思われる。家船は、一般に「無籍（無戸籍）」ではないから、家族の誰か（年寄など）が陸にいれば学校に通えないことはない。しかし伝統的な家船の暮らしはこのようなものであった。もっと時代が下って戦後一九七〇年以降になれば、家船の生活空間は、畳敷きでテレビなどの家電製品もそなえられていた。家船は漁をしながら、各地を転々とする。魚が獲れたら港に寄港し、魚を米や薪と交換する。一年のうち、ほとんどは船の上の暮らしである。例えば能地の家船が、能地に帰ってくるのは、年にわずか二回であったという。二回というのは、正月と盆である。能地に帰っても家はないから、船に寝泊まりする。旅先の海で死んだら、塩漬けにされて帰ってくる習わしだった。そして能地にある善行寺で葬儀を行う。しかしむくろ（骸）は寺ではなく、海辺に埋葬されたという。

この能地の家船にくらべれば、津留の家船は陸に小さな家を構えていて、子どもたちも学校に行く条件が早くから整っていたものと思われる。

平家の落人伝説と『浮鯛抄（うきたいしょう）』

もうひとつ、広島の能地と臼杵の津留を結ぶものに平家の落人伝説がある。平家の落人伝説は、南は薩南諸島や八重山群島から、北は東北地方の岩手・山形の各県まで広い地域にわたって散在していて、全部で二〇〇ヵ所をこえるという。その多くが史料の裏付けがなく、いつのころからか語られるようになったにすぎないものである。そして瀬戸内の家船起源の集落には、必ずと言ってよいほど落人伝説が伝わる。

もともと落人伝説の残るところは、深い山間地または孤島などに多いことが知られている。山と海、いずれにしても外界から隔絶された所に落人伝説が伝わっている。それはまず、地理的に隔絶された場所である。しかし、津留地区は臼杵町の目と鼻の先にあって、地理的に隔絶された場所とはいえない。しかし津留地区は、まわりの集落と比べ、後述するように著しく特異な生活や習俗を有している。周囲の社会に対して壁がある、いや自ら壁をつくって暮らしていたといった方がよい。ここにはいわば、社会的な隔絶性が存在する。平家の落人伝説というのは、「なぜ、一般社会（地域）から離れて暮らすのか？　なぜ壁を作ってひっそりくらすのか？」という、「一般社会」の疑問に対する「答え」として語られることが多いのではないか。史実として落人の集落でなくても、何らかの理由があって外と距離をおいて暮らしているとき、平家の落人伝説で説明すれば、まわりも何となく納得する。落人伝説は、歴史的にもそのような使われ方をしてきた「物語」なのではないかと思うのである。

さらに落人伝説のある村の住民は、もともとそこに住んでいなかった。他の地域から村にやってきたいわば「流れ者」である。津留の住人も、近世のはじめに能地から来たことになっている。こうした場合も、落人伝説で説明すればそれで事足りたのではないだろうか。流れてきたから、漁村の場合は漁業権を持たない。平家の落人伝説の残る漁村には、漁業権のない貧しい村が多い。

こうした地理的に一般社会から離れた集落を一般に穏田百姓村（隠れ里）という。隔絶された場所に住む理由は、重税から逃れるため、戦乱を避けるためなどの理由が考えられる。だから隠れ里は、社会と隔絶されても憂いなく平和に暮らすことを選択した人々の避難所（アジール）でもある。津留集落の場合は地理的に隔絶されてはいないが、通婚などにおいて周囲の社会と交わりを断ってきた（通婚に関していえば、近隣とのそれを避けていたようで、遠隔地の漁村などから女の子を迎える縁組は、ままあったらしい）。近隣の人びとも、津留地区は特異な集落として、卑賤視にちかい感覚を持っていた。独特の習俗も、連綿と受けつがれてきた。おそらくそうすることが、安定した生活を維持する術だと、津留の人びとは考えていたのだ。そしてその「特異性」を平家の落人伝説で説明してきたのではないか。

面白いのは、臼杵で孤立しているようにみえる津留集落は、経済的には行商を通じて、かなりの遠隔地の農魚村とも繋がっているのである。いや、繋がることで生活が維持できるのである。だから、けっして孤立してはいない。これについては、また後述する。

ところで家船漁民は、『浮鯛抄』という巻物を大切にしてきたことが知られている。この物語は、『日本書紀』の神功皇后伝説からはじまる。家船の本拠地であった能地の沖合は浮鯛で有名だった。この付近は潮の流れが速く、特に初夏の大潮の日に、浮き袋の調節ができなくなり鯛が大量に海面に上がってくることがあるという。この大潮の日にここを通りがかった神功皇后が、船に寄ってきた鯛に酒を注ぐと、鯛は酒に酔って浮き上がった。それを能地の漁師たちがすくって神功皇后に献上した。それを賞でた神功皇后は、これから能地の漁師たちは、諸国のいずれの浦浜でも漁をしてよいと仰せられたという。これは漁業権を持たない家船の漁師たちの創作と思われるが、家船漁民の知恵でもある。『浮鯛抄』が実際にどれくらい漁業権確保に効力があったかは定かではないが、家船漁民たちはこれを大切に保管してきた。

実はこの『浮鯛抄』の後半に平家の落人伝説が出てくる。屋島から落ち延びた「平家の若女房」が、身分の卑しい男の船に乗せられて能地の浜に逃れてくる。男は能地の年老いた漁師であった。若女房は、助けてくれた漁師の子と結ばれる。そのうち彼女は漁業にもなれて、魚を「はんぼう」にいれて売り歩くようになった。しかしもともと高貴な女性だったから「人を敬うこと薄し」、つまり気位が高く愛想がなかったという。実際、家船の漁師の女房たちは、たいへん「ぶっきらぼう」なので有名だった。「ぶっきらぼう」なのは威張っているからではなく、実際は漁師言葉そのものが、荒っぽく、「ぶっきらぼう」だったからだという（沖浦『瀬戸内の被差別部落』）。

さきに「シャア」の由来についてのべた。ここでも家船の女性たちが、愛想がなく「ぶっきらぼう」だったとされることは、やはり「シャア」の由来は「洒」、すなわち「愛想がないこと」だったのかもしれない。

津留の習俗と生業

「特異風習」と結婚式　淵誠一のレポートは、津留地区の「特異風習」をいくつも紹介している。いちばんはじめに紹介されているのが祝言、すなわち結婚式についてである。結婚式には、まず「本祝言」と「野合式」の二種類があるという。「本祝言」は一般の挙式と同様、かなり費用がかかるので、結婚する双方の家が裕福である場合に行われる。そして、「白昼堂々」と行われる。これに対して「野合式」は、自然の成り行き（野合）で子どもが出来た場合、または結婚資金もあまりない家同志が夜にひそかに挙げるものである。

さて「本祝言」は、「走り祝言」ともいう。新郎も新婦も、相手の家をめがけて走ることからこう呼ばれる。祝言の日時は前もって村びとに告知される。その日村びとは「汚水」「泥汁」を肥桶（こえおけ）に準備して、新郎新婦が走る道筋で機を待つ。まず新郎は「脇婿」という同年代の友人を伴い、ともに裃（かみしも）に短刀一振の装いをする。さらにどちらが新郎か分からぬように手拭いで頬かむりをして家の門口にたつ。いよいよ周囲を見計らって、新郎と脇婿が、新婦の家をめがけて駆け出す。道筋で待ち受けていた村びとは、新郎・脇婿めがけて悪臭芬々たる汚水を浴びせかける。新郎らは汚水を浴びないよう右往左往して進む。しかし新郎らは、「濡鼠」の姿になり、ようやく新婦宅にたどり着く。だが、これでもまだ終わらない。次に群衆は新婦宅になだれ込み、今度は汚物を屋内でぶちまける。当然、そこに用意された料理も滅茶苦茶になる。こうして、「拍手喝采、満腹の祝いができた」と一同大喜びする。恐ろしいことに、この一連のプロセスはもう一度繰り返される。すなわち、新婦も同じく自宅から新郎宅まで走るのである。もちろん村びとの汚水を浴びながら。この馬鹿騒ぎは、新郎新婦が着替えて盛装するに及んでようやく終わる。宴席に着いた新郎新婦は、静粛のうちに三三九度の盃をかわし、高砂の謡をもって「走り祝言」はようやく終わる。

想像するだに、恐るべき結婚式である。料理は婚儀を祝って、皆でともに食するためではなく、汚物で汚すために用意されるのである。汚物まみれ、泥まみれになるのは、おそらく新郎新婦だけではあるまい。村びとも、集落も、新郎新婦の家の中もひどいことになる。そんな中で、「良い祝いが出来た」と気勢をあげる村びとたちが、笑顔満面、躍如しているのだ。余計な心配だが、祝儀のあと始末がたいへんなことだろう。

「女尊男卑」の風　特異風習のふたつ目は、「男尊女卑」ならぬ「女尊男卑」である。要するに津留集落は、「かかあ天下」なのである。津留集落の「女尊男卑」は、その独特の生業から生ずる。男たちは漁に出て魚を獲るが、それ以上何もしない。その魚を行商で売りさばくのは、女たちである。女たちの働きと才覚で、米や麦、現金を手にすることが出来るのである。この行商については、のちに詳述する。

だから一家の経済はもちろん、社交、金銭や物品の貸借などに関する主導権は、一切かあちゃんたちの手のうちにあった。かあちゃんの前では男たちは唯々諾々としている。男は一般に言葉少なく、女性は饒舌である。集落のなかで諍い（いさか）がおこると、まず女たちが口角泡を飛ばして口論する。場合によっては、つかみ合いになることもある。ここで男たちも加わって乱闘になる。自分の夫が形勢不利とみるや、女たちは柄杓水をあたえて気勢をそえるのだった。何と勇ましい女たちであろうか。いっぽうで男たちの影のうすいこと、うすいこと。

津留集落では、近隣の「よそ者」を集落に迎えることはあまりないが、たとえ遠くの村の私生児であっても、女の子ならば貰い受けて養育することがあった。女の子なら育てて鍛えて、良い働き手にしたのである。これも「女尊の風」の影響であった。

無知と頑固　ここはまず、「海辺（あまべ）村の津留部落」の記述の一部をそのまま紹介しよう。「又迷信の風旺である、小別天地に割拠し、他と没交渉の生活を為し来つた為、無知と頑固の然らしむる所である。義務教育実施後と雖も就学出席率極めて悪しく、出席督促にも反抗し、或は舟にて沖に逃る等、又村役場の納税督促に応ぜず、説諭も馬耳東風全く手のつけられぬ無知頑固である」。レポートの主である淵誠一は、臼杵のいわば「有識者」であり、役場＝官の側に立ち位置がある。津留の子どもたちは学校への出席率が悪く、出席督促にも応ぜず、挙げ句には船で沖に逃げて出席を拒否する。役場の納税にも応ぜず、説諭にも耳を貸さない。淵に言わせれば、津留集落の人々はまったくの「無知頑固」な人々であった。淵はその理由を「他と没交渉の生活を為し来つた為」としている。

ところで、この周囲の街や集落と「没交渉」だったというのは、広島県の鞆の浦（港町）とその西にある平の浦の関係によく似ている。平の浦は平家の落人伝説がある家船の集落である。隣接しているにもかかわらず、平の浦の住民は鞆の浦の人びとと交わらない。そして鞆の浦は港町として栄え、平の浦は貧しい家船の集落のままだった。鞆の浦の人びとは、貧しい平の浦の人びとを「平の芋食い」（芋ばかり食っている人たち）といってさげすんだ（沖浦前掲書）。臼杵町と津留集落との関係に非常によく似ている。というより、家船の集落はどこでも同じように、近隣の地域とは「没交渉」的で、貧しい村落であったがゆえに、豊かな港街の人びとからさげすまれることがあったのだろう。

右に続けて「伝染病の際にも一部落挙げて隠蔽し流行を来した事もある。無知であるだけに迷信に依て万事を片付け様とする。兵役除けの為諏訪山にある田口氏の墓（この地域の土豪で大友家の有力家臣の墓）に祈願し、病気平癒の為には婦人隊を組んで遠きを厭はず神社仏閣に参籠する」とある。兵役除けも、病気平癒も神仏にすがる津留の人々。伝染病を隠蔽して感染を拡大させるなどは、有識者である淵にとっては言語道断でさえあったろう。
さらに続けて「甚だしきは出生児の命名である。名を変更する事はその子の幸運を齎らすと信じ、一旦届出の戸籍名を再三変更する。而して凡ては通称を使用するを以て、本人は素より両親はじめ村内本名を知るもの殆どなく、公用に支障を来すこと度々である。村役場においては本名と通称を併記して用を便ずる位である」と。「甚だしき」とはじめにいっているから、子の名を度々変更することが「無知頑固」の極致と考えているのであろう。いっぽう津留の人々は、「名を変えるとその子に幸運がもたらされる」と信じていた。たびたび変名するなどは、淵にすれば役場泣かせ以外の何ものでもない。役場の方は変名することが、そもそも意味不明なうえ諸手続きも煩雑である。さらに普段は本名でなく通称を使っているため、周囲のものに本名を訊ねても知らない場合が多いから、公務に支障を来す。とうとう役場も、本名と通称の対照表を作成することになった。余計な仕事である。役場も手をやいている。

「近代国家」との確執　この「無知頑固」な津留の人びとの話を「他愛もない話」として片付けてしまってよいのだろうか。津留の人びとは、子が生まれても「出生と同時に届出するもの少く、通常半年以上を経過し、甚しきは長男出生後一ヶ月にして二男の出生を見るが如き届出をなす事あり」という状況だった。子が生まれてもすぐに出生届を出さないのだ。おそらく役場に督促されて届を出し、しぶしぶ子の戸籍をつくるのだろう。津留の人びとは、無戸籍ではない。しかし彼らは、戸籍制度に意味を見いだしていないことはまちがいない。いや、戸籍があるが故に教育、納税、兵役の義務が発生する。そのすべてを津留の人びとは忌避していたことは先にみた。諸々の「国民としての義務」は、戸籍から発することを彼らは知っていた。であればこそ、出生をすぐに届けなかったのではないか。こう考えると、津留の人びとは「国民」になることについて、積極的ではなかったといえるのではないか。

考えてみれば、教育にしても納税にしても兵役にしても、半ば廻遊生活をしながら魚を獲って行商して暮らしていた津留の人びとにとっては、それほど重要とは思われなかった。それどころか、学校も納税も兵役も生活するうえで邪魔にこそなれ、何の足しにもならなかった。家船の漁師にとって、魚を獲る技術、操船の技術、風や潮を読む技術を修得するのに最適な学齢期に、学校に行っている場合ではなかったのである。少し視点を変えれば、津留の人びとは末端で国家の統治システムに抵抗していたといえなくもない。淵はこのレポートの終盤、「(悪風の)最も度し難きは共同団結の悪用である」と述べている。官側に立つ者からは、津留の人びとが団結して行政に従わないようにみえたのかも知れない。そして、近代国家のもつ本質が、こんな小さな集落の有り様からも浮かび上がってくるのだ。

ヒョウタンカブリ　次に、祭礼に登場する津留のヒョウタンカブリとその特異な能力についてみてみたい。

祭礼とは、臼杵祇園祭である。臼杵祇園祭は、日田祇園、中津祇園とともに、大分三大祇園祭に数えられる雅な祭である。臼杵市の八坂神社の祭礼で、毎年七月中旬に行われる。地元では「祇園さま」と呼ばれて親しまれている。この祭は、寛永四年（一六二七）、四代藩主稲葉信通のときがはじまりとされる。現在でも神輿（みこし）や山車（だし）を中心に、二〇〇〇人を超える行列が練り歩く。この行列を「御渡（おわたり）」という。神を載せた神輿と従者の長い列が、八坂神社から海添（かいぞえ）まで練り歩く。その御渡の行列の中に、「ヒョウタンカブリ」という役を演じる男がいる。ヒョウタンカブリは、「瓢箪冠」とも「瓢箪被り」とも書く。文字通り、金色の瓢箪を頭に戴いている人物である。このヒョウタンカブリ、何と毎年かならず津留集落の男がつとめるという。この謂われは、次のように伝えられている。

昔、津留の人がヒョウタンを被って踊ったら神意に叶ったので、ヒョウタンの模様のついた着物を着、ヒョウタンの形をしたものを頭に被り、法螺貝を吹く。それは津留の人でなければならず、法螺貝を吹かぬと御輿がとまる。それで、ヒョウタン被りは、七日間女を犯せず、海でオギャウをとって奉仕するが、もし行を怠れば当人が肩を痛めたりする。ヒョウタンカブリは、祭のあとで家々をまわって〝ヒョウタン被りのお初穂を下さい〟といって米を集める（瀬川前掲書）

ヒョウタンカブリには、いったいどのような意味があるのだろうか。また、なぜ「津留の人でなければならず」なのであろうか。

古来、日本では、瓢箪のような中が空洞になったものには、霊がこもりやすいといわれる。そこで瓢箪を軒先に吊しておくと、そこに悪霊がこもり、家人が守られるという。いっぽう、むやみに庭に瓢箪を作ると、変事がおこるという俗信もある。この場合は、瓢箪が悪霊をよびよせるのだろう。要するに瓢箪には、悪い霊が取り憑くのである。いろんな道具が妖怪化した付喪神（つくもがみ）のひとつに、瓢箪小僧がいる。これは瓢箪に悪霊が取り憑いて妖怪となったものである。このような民俗上の瓢箪の特性から、臼杵祇園のヒョウタンカブリも、悪霊を瓢箪に封じ込めるために登場するものと考えられる。

いっぽう、ヒョウタンカブリが吹き鳴らす法螺貝にも、古くから呪術性が認められた。法螺貝は善神をよび集め、邪気を払う目的でさかんに吹き鳴らされた。臼杵祇園でも、この法螺貝の呪術性をヒョウタンカブリが発揮させているのであろう。「法螺貝を吹かぬと御輿がとまる」というが、神輿は神の乗り物である。だからヒョウタンカブリは、神輿の前で法螺貝を吹き、邪気を払っているのである。こうして清浄となった道を、神輿は進むわけである。これは、神事や祭礼における「清目」の機能と全く同様である。祭礼で清目役が、先導をつとめることがよくある。その清目役をつとめるのは、かわたなど卑賤視された人びとである。祭礼には、日頃卑賤視されている人々が、誇り高く参加する。そして最も重要な役割をになう。ヒョウタンカブリの瓢箪と法螺貝は、これとまったく同じ働きをもっているものと思われる。

家船の人びとの特異な能力　これまでみてきたように、津留集落の人びとは臼杵町の人びとからすれば「異質」な存在であった。有り体にいうならば、卑賤視されていたといっても良い。その津留の人が、臼杵祇園では最も重要な役目を果たす。ヒョウタンカブリが法螺貝を吹かねば、神輿は

【写真7】臼杵祇園祭のヒョウタンカブリ

止まるのである。神輿が止まれば、「御渡」は成り立たないのである。これは津留の人びとが、特異な能力＝霊力を有していると信じられているからにほかならない。日頃、卑賤視されている人が祭礼や正月などおめでたいときに、寿歌や芸をする、いわゆる門付け（かどづけ）に招かれる民俗もある。ヒョウタンカブリこれも、これに類するものと考えて良いだろう。貴と賤、聖と俗とは表裏一体なのである。

平成二七年（二〇一五）七月一二日、臼杵祇園の「御渡」を見に臼杵を訪ねた。【写真7】は、瓢箪を戴くヒョウタンカブリである。頭上の瓢箪は金色で、腰にさす太刀の両端も金色の瓢箪である。派手な衣装に高下駄姿、まさに「異形」というにふさわしい。御渡の行列は、ヒョウタンカブリの法螺貝の合図で動きはじめる。法螺貝の音は、御渡のあいだ中、一定の間隔で響き渡る。

ところで、このような家船の人びとの特異な能力について、別なところでも指摘されている。これはさきにあげた、九州北西部の瀬戸系家船の話である。この瀬戸系家船集団の根拠地は、長崎県西彼杵郡の瀬戸（現西海市大瀬戸町）である。さらに家船の集落は、ここの通称「向島」地区にあった。

この地方には、「イダキ」という習俗があった。これは、陸の村に病弱な子どもがいると、家船の老人に抱いてもらう。そうすると、丈夫に育つというのである。昔は、「イダキをやってもらう」といって、よくみられた習俗だったという。抱いてくれた家船の老人を「抱き親」といい、抱いてくれたお礼には、酒二〜三升を持参したという。陸の人びとからみれば、自分たちとは異なる世界をもつ家船の人びとは、「特別の力」を有すると考えられた。ここには彼らに対する「畏敬」の念をみることができる。しかし、陸の人びとの家船への眼差しは両義的なもので、常に畏敬の念と卑賤視の間を揺れていた（東前掲書）。

コレラ除け（よ）の祈祷　実は以前、筆者はこの津留集落の「特異風習」にたまたま出くわしたことがある。それは明治一二年（一八七九）に全国的にコレラが流行したときの騒動に関してである。当時、大分県の中津で発行されていた『田舎新聞（いなかしんぶん）』に次のような記事があった。北海部郡諏訪村ではコレラが入って来たので、コレラ送りのため村人が集まり、漁船数十艘を沖へ漕ぎ出し、法螺貝を吹きながら一斉に般若心経を唱えた。白装束、乱れ髪のものは、海中に飛び込み暴れ回ったりして、コレラ除けの祈祷と称した（拙稿「大分県における明治一二年のコレラ大流行と民衆」）。ここでは諏訪村となっているが、津留集落はこの当時、諏訪村に含まれていた。数十艘で沖へこぎ出し、法螺貝を吹いて般若心経をとなえたのは、津留集落の人びとに違いない。というのは、船で漕ぎ出しているることに加え、法螺貝を吹いているからである。さきにみたように、臼杵祇園祭でも津留のヒヨウタンカブリが法螺貝を吹いた。法螺貝の音は、神のもとに届くと信じられていたし、邪気を払う力もっていた。法螺貝で病源を断とうとしているのである。ただ、この新聞記事はその「特異風習」と祈祷にすがる「無知と頑固」を揶揄しているものである。

家船の漁業　家船の人びとは、海を廻遊するのだから、農耕地を所有していない。津留の人びとも、もとは農耕地をまったく持っていなかった。糧は漁業と行商で得る。また能地から移ってきたのだから、網代（あじろ）（専有漁場、沿岸の漁業権）ももたなかった。そこで「勝手次第」とされた沖合まで出て「沖どり」をしていた。しかし他の漁村の網代に触れることもあったようで、例えば北隣の大浜の漁民とのあいだにいざこざもあったりした【写真8】。

【写真8】諏訪の渡しにみえる家船。いちばん手前の屋根のある和船が家船（戦前の山内流游泳大会にて。『目で見る佐伯・津久見・臼杵の100年』郷土出版社より転載）

主な漁法は、打瀬網漁（うたせあみ）と立干網漁（たてぼしあみ）であった。打瀬漁は、潮流や帆の推進力で船を移動させて、船首と船尾からから長い桁（けた）を出して網を引く底引網漁の一種である。瀬戸内でよくみられたこの漁法は、青い海に白い帆を風に任せゆっくり移動する様が、ひとつの風物詩として語られる。しかし実際は、あまり高く売れない小魚を獲る、零細漁民の漁なのである。津留の漁民は、カレイ・ヒメイチ・コダイ

（小鯛）・チヌ（黒鯛）・エソ・カワハギ・アナゴ・貝などの「底もの」の小魚を獲っていた。もうひとつの立干網漁とは、川の河口や遠浅の海中に長方形の網を置いておいて、干潮時に網の中に残った魚を獲る漁法である。これも小魚漁である。

津留の人びとは耕地を持っていなかったので、すべての糧の源泉は漁業である。そのため漁業技術には長けていたらしく、「津留に人たちは、半農半漁の私たちに比べると漁は巧者である」と、隣村大浜村の人びとも評した。家船の漁民の技術の高さは各地で評価されており、その技術は他の漁民たちにも広く伝播したという。

余談だが、筆者は拙著『生類供養と日本人』で、実はこの津留集落を取材している。津留集落のはずれには、鯨の墓、蟹地蔵、魚の墓、貝の墓があった。いずれも戦後のもので、比較的新しいものだった。現在は明治以前のように、津留集落は漁業に依存していない。しかしこの集落の歴史は、海の恵みを除いて語ることはできない。津留の人びとは、往時をしのんで、そして集落を支えた生類に感謝してこれらの墓や地蔵を建てたのではなかったか。

漁業と行商　昭和一二年（一九三七）〜昭和一四年にかけて、柳田國男主催の海村生活調査が行われた。これに参加した民俗学者の瀬川清子は、全国各地の女性行商人の実地調査を行い『販女（ひさぎめ）』（初版は昭和一八年）を著した。この『販女』には、津留での聞き取り調査の資料が収められている。瀬川が津留を訪ねたのは、昭和一三年の一二月である。これらの資料は、戦後復刊された際に「個別資料」として同名書（未来社、一九七一年）に収載された。

これによると、「以前は、百五十戸の村に九十艘の打瀬船があった。それは三間船と云って長さが三間肩幅五尺、アカマ（和船で水のたまる船首に近いくぼみ―筆者注）四尺の船に帆を掛けた漁船で、夕方の四時五時頃に飯を食って、暗くならぬ中に潮の流れる方へ、帆にあたる風の力で一里半も網を流す。そして船にアエル（繰り込む）と赤蝦がのる。夜明けの四時頃までに二ブリもやって、沖から真直に臼杵の問屋に売りに行く。昼は魚が恐れるので休むと云ふ」とある。瀬川の聞き取りは、昭和一三年であるから、「以前は」とは、大正から昭和の初めころだろうか。船の大きさは三間というから、五メートルあまりの小さな和船である。未明に漁に出て、明け方には帰って臼杵の問屋に売りに行く。

いっぽう女たちは「夏はイシ貝（アサリ）、冬の大潮の夜は雨霰の中を牡蠣をとりに行く。潮がこまかくなると浜に行かれぬのでトトや子と船であきなひに行く。十人の子があっても、女がカミゲ（頭上運搬による行商）て養ったのだ」と、女は貝を採取し行商して子らを養った（『臼杵市史　下』）。

家船は、家族みなで船に暮らしている。しかし、子どもたちは学校に通わねばならない。広島県の能地あたりでは、学寮が造られて、子どもたちは船を離れて寮で暮らしながら学校へ通うようになる。学寮は、瀬戸内では因島・尾道・吉和・豊浜などにあった。これらはいずれも広島県であるが、このうち豊浜学寮（呉市）は今も運営されているという（五木寛之『サンカの民と被差別の世界』）。

津留の集落には、学寮はない。津留では学齢前までは船で家族と暮らし、学齢期にはいると家族と離れ、陸にいる祖父母と暮らしながら、学校へ通ったようである。これは、比較的早く「陸あがり」をしたためと考えられる。津留のある女性は、「学校に入るので船から上って村にいて祖母さんに叱られて悲しかったのを知っている。祖父母はその頃打瀬漁をしておった。弟は、三つのときから村におったので祖母さんをお母さんだと思っていた」と回想している（瀬川前掲書）。

萬弘寺（まんこうじ）の市のシャア　行商といっても、古くは「販売」ではなく「物々交換（カエコト）」だった。大分市坂ノ市にある萬弘寺では、毎年五月十八日から七日間、「萬弘寺の市」が開催される。この市では古くから物々交換（カエコト）が行われてきた。参拝者が萬弘寺の門前に集まったところで、山の産物と海の産物を交換したことに由来する。この物々交換は現在でも行われ、珍しい習俗として見物客も多い。ここに物々交換の原型が残されているのだが、シャアもこの萬弘寺の市に現れた。ここでは物々交換を「スリカエ」といった。

昭和一二年五月、萬弘寺の市に立ち寄った後藤興善は、市の様子を次のように記している。

> 自分が市場へ行つたのはもう八時を過ぎていたので、交換市も終に近く、人びとも大分帰った後だつたが、北は佐賀関、一尺屋、南はシャーで名高い津留村あたりから、夜をこめて小舟でやつて来た漁村の女房たちは、ごみごみした道路の両側にしやがんで、前に籠を置いて並んでゐた。籠の中には塩鯖や、ひぢき、昆布、薩摩芋の粉などが入つてゐる。彼女等の様子は職人づくしの絵にある物売そのま、の古風を蔵してゐる。
>
> 　一方高田あたりの山里から来た男ども━それは主に老人である━干大根や切干、生姜、藁製品、あらい竹細工などをリヤカーに積んで来てゐる。

交換の方法は海から来た女達は一定の場所に動かずにゐて、山から来た男たちが自分の品物を持ち歩き、交換しようと欲する海産物の上に置くやうにして、交換の意思表示をするのである（後藤興善『又鬼と山窩』）。

津留村のシャアをはじめ、漁村の女たちは小舟で萬弘寺近くの小港までやってきた。そして塩鯖やひじきや昆布といった海産物をならべていた。高田（たかた）は坂ノ市から七～八キロメートルほど西、大野川下流の輪中（わじゅう）集落で畑作地である。ここの男たちは、干し大根や切り干しなどの農産物のほか、藁製品や竹細工を持ってきた。ここで物々交換が成立するわけであるが、後藤は、漁村の女房たちのほうがしたたかで主導権を握っていると書いている。彼女たちは萬弘寺の市だけでなく、日頃から行商に勤しんでいるので、ここでは彼女等がカエコトをリードしているのであろう。

さらに、同じ萬弘寺の市について聞き取りをした瀬川清子は、「そこへ集まる津留の人は目立った」と書いている。彼女らはなぜ、目立ったのだろうか。大勢いたから目立ったのか、饒舌で賑やかだったので目立ったのか、言葉づかいが悪くて目立ったのか。もうひとつ、シャアは独特の恰好であった。ひとつは頭に盤帽という盥のような桶を戴いている。盤帽は盥のような形をした桶である。ふたつ目に「フタノノ前垂（二巾の前掛）」である。シャアは、暖簾のように前が二つに分かれた前掛けを付けていた。そして三つ目に腰に下げた布袋である。布袋には、ぼろぼろの（半乾燥状態の）米と粟、麦などを一緒に炊いたものが入っていた。女たちはこの袋から米や麦をつまみ出して食べる。これは、行商時の携帯食だろう。いずれにしても、シャアのおんなたちは、人目を惹いたようだった。

家船による漁業と行商は、分かちがたく結びついていた。野口武徳は、「家船の漂泊漁民の生活は、漁撈とそれを後背農村に出かけて物々交換（主として食糧）を行うという女性の労働によってなりたっていた。そこには陸上民と海上民との社会的共生がなりたち、バランスのとれた暮しがみられたのであった。このような交易形態が少なくとも日本における商業のはしりであったとも十分説明可能であろう」と述べている（「家船と糸満漁民」）。家船の女性たちの行商は、日本の商業の最も原初的な形態だったと思われる。

行商の発展と変化　行商はまず、得意先を訪ねて歩く。津留で行商をしていた老女は、「ずっと昔には女の行商の得意の決まっている地方があって私の家の得意は臼杵の野村・田井ヶ迫村であった。そこは農村なので、夏貸すと冬に、冬貸すと夏に米・麦を一四、五貫もカンゲ（頭上運搬）て帰った。遠方に行商するようになれば得意が決まらなくなる。野村・田井ヶ迫は津留から二、三里離れた村である（津留の老女）」と語っている。ここからは、特定の得意先（旦那場、得意場）を定期的に回っていた様子がわかる。「どこどこの村がうちの得意だ」という具合に、津留の女性たちはそれぞれ得意先の村をもっていた。そして、お互いにその得意先を侵害しない。この話の場合は、得意先は津留から一〇キロメートル前後の農村部であった。そして干物や塩物などの海産物を夏に得意先に置いておいて（貸す）、冬になって米や麦をもらいに行く。時間的間隔をおいての物々交換である。冬に海産物をおけば（貸せば）、夏に穀物を取りに行く。米・麦は一四～一五貫というから、五〇キログラムを超える重量である。これは米一俵の重さに相当する。これをカンゲ（頭上運搬）て持ち帰るというから驚きである。何度も「貸し」に行って、まとめて穀物を持ち帰るのかもしれない。

津留からおよそ二里以内の周辺の村々（現臼杵市下ノ江など）では行商以外に、稲刈り後に落ち穂拾いをしたりもした。落ち穂拾いをしても、農家も黙認して怒らなかった。シャアたちも、落ち穂は自分たちの財産（取り分）のように思っていたという。

女たちの行商は、臼杵町周辺だけでなく、かなりの遠隔地にもおよんだ。さきに紹介した、高群逸枝がみた「シャア」は、現在の豊後大野市だった。彼女たちの主な活躍の舞台は、大野川沿いだったという。しかし、さらに遠く、他県へも行商に出かけることがあった。南は日向の高千穂やその西方の阿蘇南郷、さらに肥後の八代や天草へも行った。「筑後の炭坑に行けば儲かる」と聞けば、そこまで足をのばした。また臼杵の対岸、愛媛県の三津浜（現松山市）や宇和島、高知県の宿毛などでも彼女らの商圏であった。

沿岸部周辺では、「ウワカタ船」（「アキナイ船」ともいう）で最寄りの港まで船で商品を運び、女たちが行商をする。山間部では、「オオセアゲ」といって、鉄道で拠点となる駅まで商品を運んで、そこから行商に出た（『臼杵市史　下』）。

臼杵の近隣ならまだしも、遠隔地では決まった得意先がない場合も多い。「この村の女は世界を歩いた」とは、やはり津留の老女の言葉であるが、肉体的にも精神的にもまことにたくましい女性たちだった。

大分や別府でも魚を売り歩いた。柳田國男の「家船」には、次のようにある。

【写真9】戦前の別府港の湯治船（『船目で見る別府・杵築・国東の100年』郷土出版社より転載）

大分や別府等の港内には、常に多数の「車」（シャアのこと—筆者注）の船が碇泊して居るのを見受けるが、彼等は漁獲物を市中に搬入して戸別に売り歩く。其様は孰れも頭上に品物を載せて居るのが特徴で、陸上生活者のように担ふとか、提げるとかする様な事は、絶対にない。之は恐らく各水上民族の共通状態である。

柳田の「家船」は、『えとのす』第六号に掲載されたものである。この雑誌の刊行年は昭和五一年（一九七六）で、もちろん柳田の没（一九六二年）後である。文章や漢字や仮名遣いからしても、戦後のものではない。柳田は大正八年（一九一九）に臼杵の家船を訪ねているから、この文章もそのとき目にしたものを書きとめたものと思われる。この頃は、大分や別府の港にはたくさんの家船がやってきて、女性たちが頭上運搬をしながら行商をする姿がみられたのである。ついでにいえば、別府に碇泊した家船は「湯治舟」【写真9】ともいわれたが、この湯治舟の多くが、津留の家船だったという。

三尺船から、動力船に変わる明治から大正頃になると、船とともに海産物以外の商品の行商をするようになった。「みかん・イリコ・昆布・柿・梨などを津久見から、または伊予の吉良・三津浜で仕入れ、春先は茶碗・ホーロク・水瓶などのヤキモンを仕入れて売り歩いた」という。ここでは、豊予海峡をまたにかけて移動しながら行商をしていることがわかる。「ヤキモン」は砥部（とべ）焼である。「ホーロク」は、焙烙で焼き物の土鍋、炒り鍋である。さらに「一度出たら少なくとも二ヵ月、正月出たら盆まで、または一〇月から三月までと、一年の半分は海の上、船のなかでくらして、村に帰らぬものであった」と、船の性能が向上した結果、これまで以上に広範囲に海の上を廻遊し、船上で過ごす時間が長くなった。

頭上運搬と盤帽（はんぼう）

もう一度、シャアを写した【写真5】をご覧いただきたい。頭上の桶は「盤帽」という。盤帽の大きさは、鯨尺（一寸＝三・八センチ）で直径一尺四寸八分というから五六センチあまり、深さは五寸四分で二〇センチあまりの盥のような浅い桶である。盤帽の一枚一枚の板をシホといって、三二枚から三三枚でひとつの桶をつくる。シホとシホの間を二ヵ所、竹釘を通しているので、なかなか壊れない。重さ五〇キロほど（米一俵）の穀物を載せても壊れないし、実際に米一俵を載せた。中には、七五キロもの荷を載せる女性もいたという。盤帽の下にしく藁の輪に布をまいたもの、つまり頭の上に置いて盤帽を安定させる道具を「カブセ」という。荷物が重くてひとりで頭上に載せられない場合は、ふたりに左右から助けられて頭上に載せたという（『臼杵市史』）。

「ハンボウはこのむらのイノチイキの道具じゃ」と津留の人びとはいう。「生きていくための道具だ」というのである。盤帽は行商の道具であるほか、台所では伏せて鮨や餅を入れ、船で出産すれば産湯を入れた。これは、いわば万能の道具であった。正月には伏せて鏡餅を据えたというから、神聖な道具でもあった。

行商の時、盤帽の中には獲った魚の干物または塩物、さらには海藻などの海産物が入っていた。そしてこれを頭上に乗せて歩く。盤帽を頭上に載せて歩くこと、物を運ぶことを津留の人びとは、「カンゲル」とか「カミゲル」という。このような頭上運搬は、現代はほとんど見られなくなったが、歴史的には珍しいものではない。さきの大原女もそうであるが、国宝の「扇面古写経」(平安時代、四天王寺蔵)にも頭上に桶を戴いた女性が描かれていることが思い出される。現在でもアフリカなどでは、女性が頭上に荷物を載せて歩いている姿を映像でみることがある。実は頭上運搬は、頭上の荷物の重量を筋肉ではなく骨格で支えるため、長時間運搬しても疲れない合理的な運搬方法である。また背筋を伸ばさないと、背中や腰の筋肉に余計な負荷がかかるため、自然と姿勢が良くなるのだという。一〇〇キロメートルに及ぶような行商の場合、特にこの運搬方法が有効だったに違いない。また、頭上運搬がよくみられたのは漁村であるが、漁村は路地が狭いためてんびん棒など荷を左右に突き出すといろんな物に突っかかる。それでこの運搬方法がとられたのである。

頭上運搬でもうひとつ思い出すのは、阿蘇神社の御田祭である。この祭では、白衣を着て神饌を運ぶ女性たち=宇奈利の行列が有名である。神饌は頭上に戴いて運ぶ。これは、まさに頭上運搬である。神饌は神に捧げる食べ物であるから神聖なものである。頭上運搬は、物を頭上に捧げ持つ恰好だから、神聖なものを運ぶ運搬方法でもあった。祭礼ではあるが、現在の日本で頭上運搬を実際にみることができるのは、この宇奈利と大原女祭の大原女ぐらいではないだろうか。

　頭上運搬は、女性の運搬方法で男性はしない。これはなぜだろうか。それは右の田植えの際の祭礼に関わるのではないだろうか。阿蘇神社の宇奈利は「オナリ」である。全国各地の田植祭でも、オナリが田神に供え物を運ぶ。オナリは神聖な女性である早乙女がつとめるのが一般的である。頭上に神への捧げものを戴いて運ぶ役目は、女性だけがつとめる。田植えをする早乙女同様、オナリも女性のみである。こうした古くからの祭礼の民俗が、「頭上運搬は女だけのもの」という意識を生んで今日まで継承されたのではないだろうか。

　なお、頭上運搬で魚を売る女性を一般には「いただき」という。「戴く」という語自体にも、「大事な物を載せる」という意味がこめられる。頭上のサカナは、漁民にとって生活の糧であり、とても大切なものであった。こうした頭上にいただいて魚を売り歩く女性の行商人は、静岡県から沖縄県までの各地でみられた。

日本近代社会と家船

家船の変遷　津留でもはじめは、まったくの「船住居（ふなずまい）」、つまり船上暮らしであったものと思われる。しかし、江戸時代中ごろからしだいに「陸（おか）あがり」がはじまる。津留もさきに紹介した『臼

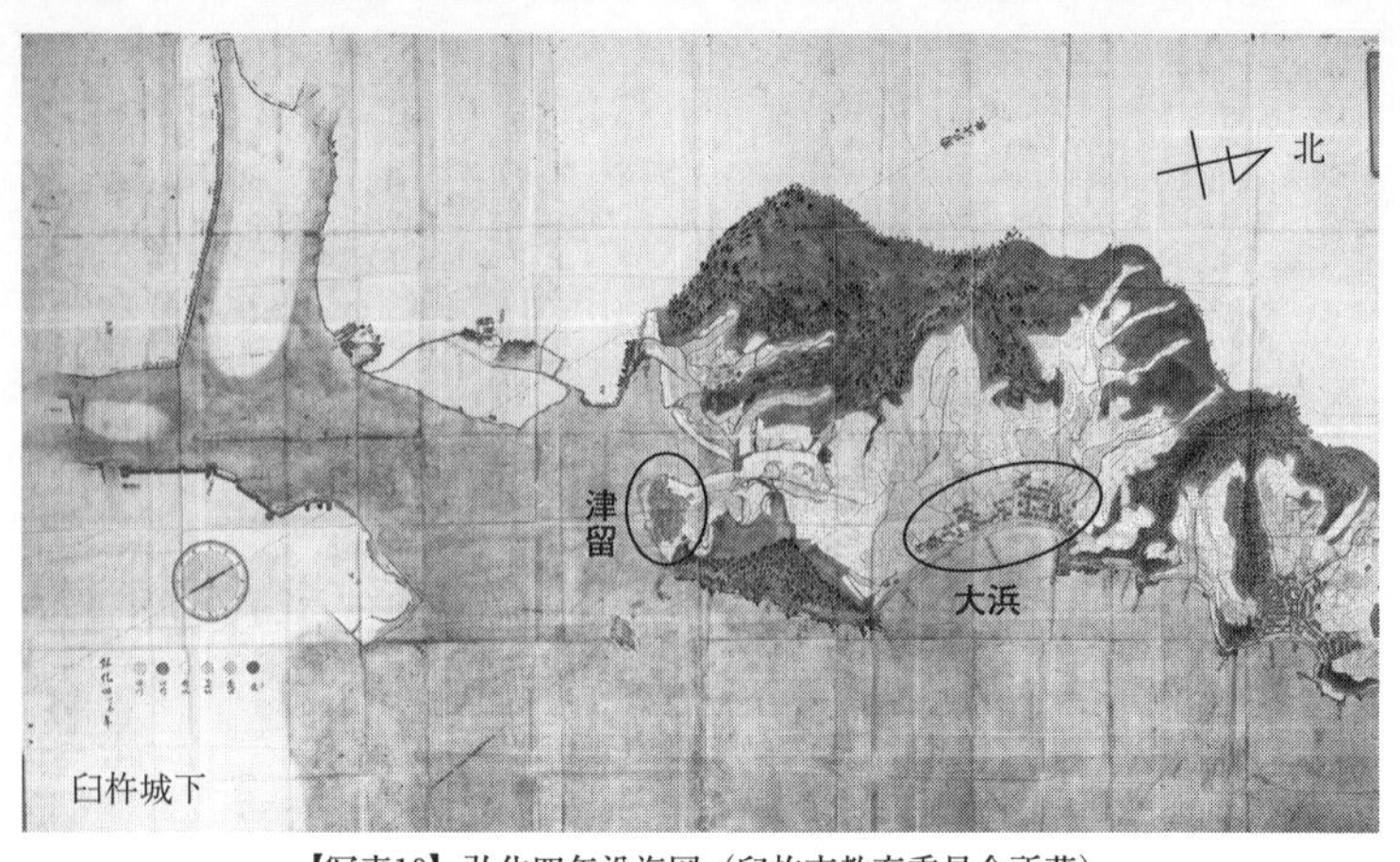

【写真10】弘化四年沿海図（臼杵市教育委員会所蔵）

杵博識誌』をみると、すでに集落を形成していることがわかる。また【写真10】は、弘化四年（一八四七）に描かれた「弘化四年臼杵沿岸絵図」（臼杵市教育委員会所蔵）である。ここには、津留の集落も詳細に描かれている。しかし一見してわかることは、他の集落との景観の違いである。例えばとなりの大浜の集落【写真11】と比較すると、津留は家屋が密集【写真12】して、集落内の街路がまったく描かれていない。絵図でもその特異性を見て取ることができる。そして現在も、津留では住宅が密集している。もともと仮小屋から発達した集落であるため、家屋がひしめき合った状態で今もあるという。仮小屋の頃の景観が、現在も残っているのである。

集落を形成してはいるが、津留の人びとは、田畑は一切持たず、農業に従事することはなかった。そして、男たちの打瀬網漁と女たちの行商がここの生業の基本だった。明治になると戸籍制度の整備と政府の定住化政策によって、全国的にも家船の「陸あがり」がすすんだ。しかし津留集落の打瀬網と行商を組み合わせた生業は、明治の頃までさほど変わらなかった。明治の終わりまでは、夫婦で家船にのって、打瀬網

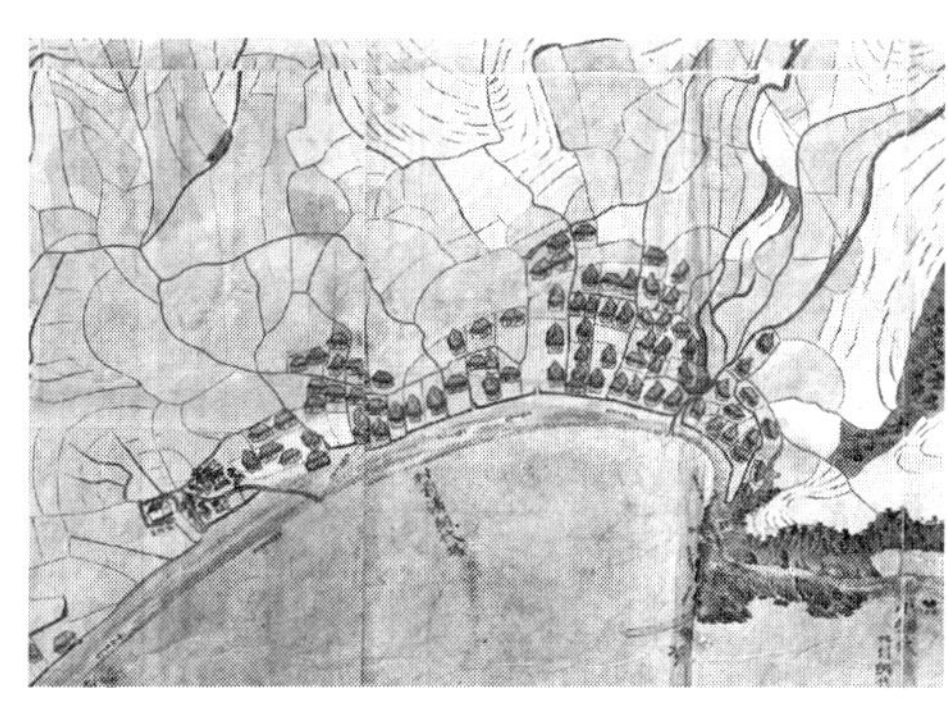

【写真11】弘化四年沿海図より大浜村を拡大した図

【写真12】弘化四年沿海図より津留村を拡大した図。家屋が密集し、街路はみられない。

漁をしながら魚を売る行商を行う者と、瀬戸内の港を回りながら各地の商品を買っては別の港に運び行商する家船とがあった。後者を「アキナイ船」といった。しかしどちらも、女たちの行商が儲けの成否を決めた。

遠隔地に船で行商にでると、一ヶ月に一度くらい帰ればよい方で、特に正月前後はかき入れ時なので、ほとんど帰ることなく各地を廻遊した。かならず津留に戻るのは、正月二五日と九月二五日で、これは天神さまの祭である。それとお盆には、集落に帰ってきた。

ところが、明治の終わりから大正の初めになると、津留の生業に大きな変化がみられるようになる。この生業の変化については、宮本常一も言及している。明治の終わり頃、イサバという小さな運搬船を持った者がいた。イサバはもともと、魚の干物を運ぶ船だった。イサバははじめ、別府や大分に干物を運んでいた。それが瀬戸内海の海上輸送が盛んになるにつれ、魚以外のものも運ぶようになった。津留のイサバにも、魚に代わって石炭が積まれるようになったという。ひとりが成功すると、ほかの者もこれにならう。頼母子(たのもし)などで借銭をしてでも船を造った。こうして昭和初め頃までには、ほとんどの者が運搬船にきりかえたという。そして津留の人びとが運搬船で成功した理由は、夫婦共稼ぎだったため、経費が節約できる上に無理な航海をしないため遭難することも少なかったからだという。運搬船のことを、この地域では「ウンチン船」ともよんだ。こうして津留集落の生業の主なものは、行商ではなく、運送業で賃銭を稼ぐ「ウンチン船」が大勢となっていくのである。

「大正三年頃から肥料—満州の豆糟・加燐酸肥料—を下関の彦島から大分や、四国の宇和島へ、石油を彦島から臼杵・宇和島へ、イリコ(干鰯)を尾道・大阪へ、和船で運ぶことをはじめた。こういう航海船は六〇年前からあった、という人もあるが、四国・九州の間の運送業がもとからあったのを津留の人が盛んに真似るようになったのが大正のはじめからだ」という(瀬川前掲書)。津久見のセメントを津留の船がさかんに運ぶようになるのも、この頃からである。昭和にはいると、船の動力化(焼玉エンジン)も進んでいくことも、「ウンチン船」を増加させた。同時に運賃船の行動範囲もさらに拡大した。

右でいう「大正三年」とは、一九一四年である。いうまでもなく、第一次世界大戦のはじまった年である。第一次世界大戦では、船による運送業が空前の活況を呈し、全国各地に「船成金(ふななりきん)」があらわれたことはよく知られている。津留の人びとも、世界戦争に便乗する形で、運送業にのりだしたのである。もはや打瀬網漁はせず、運賃船で船賃稼ぎをする。そうすると当然、カミゲテ（頭上運搬）の行商＝シャアはしだいにみられなくなる。それまで収入の多くは女たちが行商で稼いでいたが、このころから稼ぎの中心は男たちの手＝「ウンチン船」に移っていくのである。

日中戦争がはじまると（昭和一二年）、ふたたび運送業は活況を呈した。津留のひとびとは、「洋服でも着るような気持ちで盛んに家の新築をはじめ、そのために屋敷境の争いが多く、饒舌なウチヌシ（主婦）たちが役場へ出頭して猛烈に相争う」光景がみられたという（瀬川前掲書）。これまで、土地を所有することに関心をもたなかった津留の人びとが、土地に固執するようになったことは、これが本格的な「陸あがり」であることを示している。こうして、家船の質的な変化が進行した。

津留の人びとは、ウンチン船で成功し経済的に豊かになった。そして臼杵町に暮らす人々との経済格差は、縮小ないしは逆転していった。いくたびかの戦争を契機とする日本経済の変化と国民生活への影響が、こんな小さな集落にも、みごとにあらわれているのである。

戦時中に津留の運賃船は、小型の輸送船として軍に徴用された。しかしほとんどの船が戦地で失われ、多くの船乗りが戦争で犠牲になったという。

家船とシャアの終焉　すでに述べたように、船を住まいとして漁業と行商を組み合わせ、それを生業とした人びとを家船というならば、津留集落の場合、すでに昭和前期（戦前）に質的な変化をとげていた。船を使って港から港を廻って商品を運んで販売する「アキナイ船」は、本来の意味での「家船」とは違う。そう考えると、すでに明治期をもって、津留地区の家船は終焉を迎えたといえるかも知れない。しかし年間の大部分を船の上で過ごす生活はその後も続いた。戦後もほそぼそと家船家業を続けた「夫婦船」もあったようだ。

広島県では一九六〇年代に「伝統的な家船民俗は急速に失われつつある」として、家船に関する緊急調査を行った。だからこの時期が、家船の終末期だったといえるであろう。そして沖浦によれば、一九六〇年代には、頭上運搬で魚を売り歩く行商も次第に姿を消したという。そして広島県が予測したとおり、一九七〇年代には家船の大半が「陸あがり」をし、定住生活に移行した。

一九六〇〜一九七〇年代にかけては、工場用地建設のための埋め立てや、工場排水などによる海水汚染がすすんだ。公害もひどかった。漁業をとりまく自然環境は、極端に悪くなった。乱獲で魚そのものも少なくなっていった。同時にこの時期は、漁業の近代化もすすみ、遠洋漁業最盛期の時期である。打瀬船や一本釣りの零細な漁業は、完全に時代から取り残されることになった。瀬戸内は太平洋ベルトの工業地帯となり、労働力不足から家船の若年層も、第二次産業に吸収されることになったであろう。そして不安定な家船生活を嫌った子どもたちも、「陸あがり」を望んだであろう。こうしたことが、家船の「陸あがり」＝消滅に拍車をかけたのである。

竹田市出身の森和子氏（仮名、大分市在住、昭和一一年生まれ）は、敗戦間もないころ、竹田にやって来たシャアの鮮明な記憶がある。森氏の実家は豊岡村（現竹田市豊岡）で、米穀商を営んでいた。ちょうど小学校の三〜四年生ころ、臼杵のシャアはかなり頻繁に来ていたという。竹田の住人は、並んで歩くシャアを見かけると「臼杵のあま（海人）のシャアろーべえが来た」といった。「シャアろーべえ」という軽妙な呼称には、多少の蔑みのニュアンスも含まれていた。このころのシャアは、もうハンボウではなく竹製の大きな背負子に干物を入れてやって来た。その出で立ちも、すでにもんぺ姿であったという。おそらく長い戦争を経て、服装も和服からもんぺに変化したのであろう。シャアは魚の干物と米を交換した。干物の販売ではなく、あくまで交換（カエコト）である。戦後も米は統制品であったから、ここで交換する米は事実上のヤミ米である。シャアは四～五人のグループもあれば、七～八人のグループもあった。森家にきたシャアたちは、交換がおわると炊事場を借りてその場でめしを炊いた。そして、自分たちで持ってきた干物の魚を焼いて土間で食事をして帰っていった。帰るといっても、おそらく次の得意場に行ったのだろう。土間で食事をしている彼女らは、とても賑やかだった。

森氏の話で驚いたのは、竹田からも臼杵の津留に米をもって、海産物と交換に行くこともあったというのだ。米を作らないいわゆる「非農家」は、知人の農民から米を入手し、津留に持っていって干物などと交換したという。おそらく、津留のシャアと竹田のお得意さんとの間には、交換を通じた密接な関係が、戦後もつづいていたのだろう。森氏自身も、親に連れられて汽車で臼杵まで行き、津留を訪ねた経験を語ってくれた。津留集落の縁の船だまりに、小さな船がたくさん繋いであったことを記憶しているという。

このようにシャアを含め、漁村の女性たちの行商は、戦後もしばらく各地でみられた。というより、戦争が終わって極端に物資が欠乏する中、本来の家船の生業が復活したのかも知れない。しかしその後、商業の形態も大きく変化していく。高度経済成長期までは、「町の商店街」が多くの買い物客を集めた。「町の商店街」から距離のある農村には、「村の雑貨屋」はあるが、そのようなところに行商人が活躍できる余地が残されていた。しかしモータリゼーションの進展は、スーパーマーケットを一般店舗の主流に押し上げていった。大分市では最近まで、電車に乗って佐賀関や臼杵方面から大分市内に行商にくる年配の女性がいた。また現在でも、車を用いた魚の行商はみられないことはないが、もはやシャアのような形態の行商はみられなくなった。

自由な「漂海民」の世界　家船と戸籍、それに国民の義務について、さきに少し触れた。五木寛之は、広島県因島で、家船生活をしていた箱崎照幸氏から直接話を聞いている。箱崎氏は、昭和一〇年（一九三五）生まれ。箱崎氏は五木に対し、おおよそ次のように語っている。「私（箱崎氏）が子どものころ（戦前）も、所帯を持ったころ（戦後）も、税金について家船の人に対してはやかましくいわなかった。財産といえば、漁船くらい。しかし漁船を差し押さえても、管理するのがたいへんだろう」と。そして五木の推定ではあるが、箱崎氏の両親は、戦中もずっと漁に出て暮らしていたらしいのだ。つまり箱崎氏の父親は、戦争にいっていない可能性がある。しかし考えてみれば、海に漂う生活をする家船の人びとに召集令状を届けようにも届けようがなかったのではないだろうか。

海の上を常に移動しながら生活していた家船の人びとを、国家は捕捉することが難しかった。それは家船だけでなく、東京や大阪の水上生活者も同様であった。大阪市の担当者は、「その生活の労働状態を洩れなく調査することは殆ど不可能なことだと謂つてもよい」といっている。ましてや、海上を広範に移動して、盆と正月くらいにしか本籍地にもどらない家船の人びとを捕捉するのは不可能に近かった。

こうして家船の人びとは、「国民の義務」からも事実上免れることがあったのである。いい換えると彼らは、ごく最近まで国家との間に一定の距離をおいて暮らすことが可能だったのだ。ただし実際に国家と一線を画した家船は、一部であり稀なことであったろう。臼杵の津留集落の船は、戦時中、物資の輸送に動員され犠牲者も出ている。だから家船全般が、国家から自由であったわけではない。また、戸籍制度・義務教育・納税の義務・徴兵制など、近代国家の社会システムが貫徹する過程で、彼らもしだいに陸上に留め置かれるようになったこともまた確かである。さきに紹介した野口武徳は、次のようにも述べている。「いわば国家統制の傘下に巻き込まれて行く過程がそのまま家船の生活の変貌の過程であった」と。

沖浦によれば、家船の人びとは、瀬戸内海の水軍の構成員ではなかったかという。彼らは水軍が解体されたあと、陸の武士たちとの結びつきを拒み、土地との結びつきを拒み、自由な海の暮らしを選択した。家船の暮らしは、中世後期の権力（戦国大名）と手を切り自由な暮らしを選んだことによって、生まれたといってよい。近世になっても、彼らの自由を求める意志と伝統的な船上生活は、脈々と受けつがれた。そして近代においても家船の民は、海上の「自由な民」だった。そして国家とも、一定の距離をおいて暮らしていた。家船の居住空間は、まことに狭い。しかし彼らは、家船の上で身を寄せ合いながら暮らした。そして常に、家族と苦楽を共にした。船の上の暮らしは、決して豊かな生活ではなかったはずだ。われわれからみれば、それは「その日暮らし」の貧しい生活といえなくもない。しかしそれ以上のもの、もっと大切なものを彼らは家船生活において、享受していたのではなかったか。

だがもはや、わが国で家船をみることはない。

第三章

浮浪らい

――放浪するハンセン病者

ハンセン病を患った、いわゆるらい者たちも放浪した。ハンセン病は、古くは遺伝する病気だと考えられたが、実際には感染する病である。いずれにしろ、ハンセン病を発症すると、病者個人だけでなく家族ごと忌避、排除されることが多かった。在宅のらい者もいたが、家や共同体から離れたらい者は、放浪するしかなかった。こうしてハンセン病療養所が整備されるまで、放浪するらい者は日本全国にみられた（ただし、療養所によってらい者は社会から隔離された）。彼らの放浪生活とは、どのようなものだったのだろうか。彼らは、どのようにして生きたのだろうか。本章では、記録された放浪するらい者、集落を営んで生きようとしたらい者について、絶対隔離にいたる歴史とともにみてみたい。

四国を放浪するらい者

四国のカッタイ道　四国の山中には、らい者（ハンセン病患者）だけが歩く「カッタイ道」があったという。「カッタイ」は「乞丐」と書き、「キッカイ」とも読む。カッタイといえば単に乞食をこう呼ぶこともあるが、通常らい者をさすことばである。

昭和一六年（一九四二）一二月、民俗学者宮本常一は四国の山中で、ひとりの放浪するらい者に遭遇する。それは愛媛県小松から山を越えて高知県に向かう道中、西之川あたりの山中だった。そのらい者は老婆のようであったが、顔はくずれ髪は手拭いでおおっていたため、実のところ年齢も性別さえもはっきりとは分からなかった。杖をついていたが、指らしいものはなかった。宮本はそのらい者と言葉を交わす。老婆は阿波（あわ）（徳島県）から来たという。宮本の「どうしてここまで来たか」との問いに老婆は、「伊予のなにがしというところにしるべ（知人―筆者注）があるのでそこへ行きたい。こういう業病（ごうびょう）（前世の報いによる病―筆者注）で人の歩く道をまともに歩けず、こういう道を歩いてきたのだが、四国には自分のような業病の者が多く、そういう者のみの通る道があって、それを通ってきた」と答えた。宮本は、山中で突然らい者に出会ったことにも驚いたが、放浪するらい者から「らい者だけが歩く道」があることを聞いて、さらに衝撃をうけた。

その夜、宿泊させてもらった寺川（高知県本川村）の農家で宮本は、「カッタイ病」の者だけが歩く「カッタイ道」というものがあることを聞いた。そして山の中でも、彼らは人に会わないように特に不便な道を選んで歩いたのだろうと宮本は推測した。その後も宮本は、四国各地でカッタイ道について尋ねたが、手がかりがない。結局、うわさはあるが現実にそのルートを特定することはできなかった。

四国巡礼では、らい者も一般の遍路も、ふつうは同じ道を歩いていた。ではなぜ山中に、一般の道とは別にカッタイ道があるのか。もちろんそれは、らい者たちが極度に人目を避けるためにわざわざ困難な道を選んだからであろう。それともうひとつ、近世以来、土佐藩によるらい者排除政策も「カッタイ道」をらい者に辿らせた理由であろう。宮本は徳島県の祖谷(いや)の民家に泊まったとき、「昔はカッタイ道だけ歩いても四国八十八ヵ所はまわることができた。それも土佐の国の話で、ほかの国ではカッタイをそれほどきらわなかったが、土佐は殿様がきらってまともな道は通らせなかった」という話を聞いている(『山に生きる人びと』)。特に土佐藩領内において、らい者はカッタイ道を歩かねばならなかったようだ。

高群逸枝がみたらい者　さて、宮本がカッタイ道を知って衝撃を受けたのは昭和一六年(一九四一)である。これより少し前の大正七年(一九一八)、第二章でも紹介したが、高群逸枝も四国巡礼の旅をした。遍路の装束で熊本を発った。阿蘇に入ってまもなく、彼女をみた通行人は「よか所の娘でも病気ばかりは仕方がない。前世の罰だろう」とうわさした。彼女は、苦笑しながらそこを通り過ぎたが、当時は四国遍路と言えば、「業病」といわれたハンセン病者と思われたことを示している。

この旅の途上、高群もらい者に出会い、衝撃を受けている。それは、二十三番日和佐町（現徳島県美波町）付近から二十二番へむかう途上であった。高群の『娘巡礼記』には、そのシーンが次のように綴られている。

原稿を書いているところに一人のお遍路さんが来た。顔も手足も紫色に腫上（はれあが）って居る。人びとはクスクス笑った。何というこの惨（いた）ましい光景、顔をそむけずにはいられない。

業病悪疾というのはあんな人たちの事であろう。ああ一言何とか言ってあげたい。

「おまはんは国は何処ぞい」

「業病も因果だろうかいのう」

人びとはよく話しかけることが出来る。羨ましいことだ。私には何故優しい一言を掛ける勇気すら出ないのだろう。悶々しているまに機会はすぎた。とぼとぼ去りゆく人の悲しき姿よ。

私は一人庭に下りた。小さな箱庭が作ってあった。漫（まん）（曼）珠沙華（じゅしゃげ）が咲いていたり、秋は一切に満ちている。吐息して深く考えた。

世に哀しき人寂しき人の優しい清い伴侶となる事が私の生涯の使命ではないか―。

そのらい者は、顔も手も足も紫色になって腫れ上がっている。男なのか女なのか。高群は顔を背け、直視できない。何とか慰めたいと思うのだが、言葉が見つからない。周囲の人びとは、いろいろと話しかけていた。それを羨ましいと思いながらも、「業病も因果だろうかいのう」という強烈な言葉に制せられるように、ついにひと言も発することができなかった。ふたたびとぼとぼと歩きはじめるらい者の後ろ姿を、高群は空しく見送った。そして深いため息を発するのだった。その現実の前に高群はあまりにも無力だった。しかし高群は、「世に哀しき人寂しき人」に寄り添う決意をする。曼珠沙華という鮮やかな色彩を思わせる効果もあってか、この部分は『娘巡礼記』のなかでも特に印象深い。

日本史上のらい者

日本史上の「賤民」　高群逸枝と宮本常一が出会った、四国巡礼をするらい者についてみてきたが、ここでらい者が歴史上、どのように扱われてきたかを見てみたい。

らい者の問題に言及する場合、まず「賤民」という呼称とその存在形態に触れないわけにはいかない。らい者は歴史的には、賤民を構成する要素であったからである。賤民とは、各時代、世界の各地域において、「卑賤視され、他の人々の通常の交際から排除され差別された人びとをさす汎称」である。そしてその様相は、「地域と時代により、卑賤視の様態とその身分の制度化は異なっている」（『部落史用語辞典』）。

日本においては、古代律令制における良賤制の、良民に対する賤民にはじまる。賤民には、いわゆる五色の賤（陵戸・官戸・家人・私奴卑・公奴卑）や化外の民（国家の支配の埒外にある者）、それに雑戸・品部などがある。中世には、非人・屠児・河原者などがこれにあたる。古代の「賤」は「良」に対する身分的卑賤であり、中世の「賤」は中央権門（天皇・皇族や公家、寺院や神社）の「貴」に対する「賤」とされる。しかし、身分的差別が形成され身分制として制度化＝固定化されるのは、近世以降である。

近世の賤民は、もともと中世に賤視されていた人々が、新しい身分編成のもとに把握され、その一定部分が、えた（穢多）・非人の二大身分に編成されていったものであった。しかしその様態は、地域（東日本と西日本）や藩によって大きく異なり、多様性に満ちていた。近世後期、身分秩序が揺らぎはじめると、幕府や藩は身分制度を再編する必要に迫られる。それは、差別をそれまで以上に強化するという形であらわれる。例えば、混住禁止や通婚禁止の徹底などがそれである。

「えた（穢多）」と「非人」　えたは、中世・近世における賤民身分のひとつであるが、その起源については未だ不明な点も多い。少なくとも中世には、「きよめ」「河原者」ともいわれ、死牛馬の皮を剝いで皮革製品を作る職務をおこなっていた。また、石組みの技術を持って作庭をしたり、芸能を行うものもいた。彼らは京都・奈良に拠点をつくり、特定の領主に仕える者たちもいた。ただ中世においては、呼称もまちまちで、多様な活動をおこなっていた。

近世にはいり、えたはしだいに権力に把握されていく。豊臣政権における太閤検地においては、えたは「かわた」「河田」「皮多」などと記載されることが多かった。近世初期には、「穢多」「きよめ」「河原者」などの身分呼称はほとんどみられず、「かわた」としてえた（穢多）系の賤民が把握されていた。その理由は、当時、軍需品としての皮革製品の需要が大きく、その業者としてのとらえ方が一般的だったものと思われる。

「穢多」という呼称が定着していくのが、幕府が身分政策を整備しはじめる一七世紀半ばであった。「穢多」という字句自体に差別感が濃厚にみられ、差別を支配の手段にすえる意図がみられる。えた（かわた）身分は、各藩によってその存在形態は異なるが、一般的に西日本の大藩に多く（人口、人口比とも）存在した。えた身分の把握は、えた頭を置くなどして、身分組織として把握した。また、居住地を限定して把握した。領主は彼らに行刑（刑の執行）・皮革上納・掃除（きよめ）などの諸役を課し、斃牛馬（へいぎゅうば）の処理を行わせた。生活の上では、皮革業が中心であったが、農業も行うのが一般的であった。江戸時代を通じて、そして現代まで厳しい差別を受けていたことは、いうまでもない。

いっぽう非人とは、中世においては被差別民衆を包括する身分的呼称である。乞食・らい者・えたをはじめ、清目・屠者・庭者・餌取（えとり）など生業にかかわる被差別民衆、河原者・坂の者・宿（しゅく）の者など居住地にかかわる被差別民衆すべてが非人と呼ばれた。しかしさきのえた同様、中世までは多様で流動的な身分的呼称だったといえる。

しかし江戸時代になると、えたとならぶ賤民の中核的身分とされた。一般に非人とは、頭に統率された乞食の集団とその構成員をさす。この集団に含まれない非人は、野非人とよばれた。非人は、寄るべがない、縁者が全くない、帰るべき共同体を失った人々であった。それは、極度の貧困者、病人（らい者を含む）、障害者、犯罪者などであった。

ここでえたと非人の違いを簡単に述べておこう。まず第一に生業である。えたの生業は、皮革製品の製造や農業である。それに対し、非人のそれは、基本的には物貰いである。物貰い以外には、大坂や江戸などの都市での「紙くずひろい」などがある。第二にえたはえた村で生まれ、えた村でくらす。いうならば、代々えた村に生きる者たちである。それに対し非人は、一般人が貧困や疾病のため、生活困難になった者である。また、犯罪を起こした者もいる。つまり一般人は、場合によっては非人になりうる。それゆえ第三には、えたはえた以外の身分には通常はなりえない。それに対し非人には、「足洗い」といって、一般人にもどることも可能であった。

江戸時代（近世）のらい者　中世のらい者は乞丐とよばれ、非人集団の一員であった。また、時宗を開いた一遍が、多くのらい者を伴っていたことも知られている。乞丐は、「きっかい」と読み、物乞いのことである。さらに乞丐は、「かったい」とも読み（「こつがい」ともよむ）、もともと傍居（かたい）の意であり、道路の傍らで物を乞い求める乞食のことである。だが「乞丐」と書けば、古くからい者をさす場合が多かった（『ハンセン病　排除・差別・隔離の歴史』）。また非人集団のうち、「坂の者」として知られるのは、奈良坂（興福寺・春日神社の門前の坂）、京の清水坂（清水寺の門前の坂）にすむ物乞いの人びとである。奈良坂や清水坂にも、多くのらい者が各地からたどり着き、住みついていた。

さて近世においては、らい者は非人に含まれるようになることは、これまでの記述からすでにおわかりであろう。では江戸時代、らい者たちは実際にどのようにくらしていたのだろうか。この時代、個々のらい者をみれば、それは実に多様な生き方があったに違いない。ここでは、近代のらい者を語る前提としての近世のらい者をみてみたい。

鈴木則子は、近世のらい者を①近世権力がほとんど介入しなかった集団（京都・奈良・善光寺周辺のらい者）、②近世身分制下で「癩身分」と位置づけられた集団（加賀藩の物吉（ものよし）村・高鍋藩の青癩（せいらい）村など）、③集団に帰属せず旅や湯治場で生活するらい者、④在宅でくらすらい者、の四つに分けてそれぞれの実態を詳述している（「近世の癩病観の形成と展開」）。

詳細は鈴木の論考を参照いただくとして、ここでは右の②、すなわち集団＝集落を形成して生活するらい者を詳しくみてみたい。それはこの集団＝集落が、近代に入って完全に消滅することから、近世社会でのらい者の有り様をもっとも特徴づけるものと考えるからである。

この時代、らい病は遺伝する病気と思われていたため、らい者が出た家は、家族ごと村から排除されることになる。そこで村から排除された者たちは、集落を形成することになる。らい病は感染する病気である。しかし感染力は極めて弱い。遺伝ではなく感染だから、当然、らい者（感染して発症した者）が出た家にも病気でない者（感染していない者）もいる。だかららい者の集落といっても、無病の家族も、ともにそこに居住して生きていく場合があった。

しかし集落を形成することには、重大な意味がある。少なくとも、江戸時代の人々は、らい者の集落に住む者はすべてらい者とみなした。それは一般民衆（百姓や町人）も、支配者である武士たちも同様である。だから、「癩の村」にすむ者たちは、そこにくらすが故に、らい者として賤民身分に固定化されることになるのである。たとえ、感染せず無病であっても「賤民」となる。

このような例は、加賀藩（石川県）の場合がよく知られている。加賀藩の主要な賤民身分には、「皮多」・「藤内」・「非人」・「癘癩」があった。このうち、「癘癩」が癩者集団の公式の身分呼称である。石川・能美（のみ）の両郡では「癘癩」、また砺波（となみ）・射水（いみず）・新川の各郡では「物吉（ものよし）」とも呼ばれた。それぞれの郡にはらい者の集落があり、個々に頭がいて集落を統率した。彼らの役儀（仕事）は、乞食のらい者の引き取りとらい者の遺体の埋葬である。また彼らは、物吉勧進を行って糧を得た。「物吉」とは本来、「めでたい」と同じ意味の語である。京都や大阪周辺では、目出し帽のような布袋かぶったらい者が、家々を訪ね「ものよ〜し」呼ばわって、米を乞うた。こうしてらい者を「物吉」と呼ぶようになった。加賀藩では、正月ばかりでなく五節句にも、「ものよし、ものよし」といいながら家に入り酒肴を乞うたという（『部落史用語辞典』）。

鹿児島藩と高鍋藩（宮崎県）にも「青癩（せいらい）」というらい者の集落があり、一種の「身分」として位置づけられていた。そしてそこには、世襲の村を統括する「青癩頭」がいた。そして「青癩」の村は、一定の田畑を持ち、農業を営んでいたことが知られている。また、牢屋番や牢死者の遺体の片付け、罪人の捕縛などの役も負わされた。「青癩」たちは、その目印として水色の亀甲形襟掛を付けさせられ、視覚的にも差別的な扱いを受けていた。また、武士であっても癩にかかれば、「青癩村」に編入された。ただし、代人を出したり代銀を支払えば、免除されたという（宮前千雅子「前近代における癩者の存在形態について」）。

加賀の「物吉村」と鹿児島・高鍋の「青癩村」は、らい者が集落を形成し集団で生活を営む例である。ただこの場合、らい者の村が自然発生的に形成され営まれたのではない。いうまでもなく各藩が、穢多村同様に政策的にその存在を維持したのである。そして「物吉」と「青癩」は、ひとつの「身分」として扱われたのである。

いっぽう、奈良や京都、長野の善光寺門前周辺、いわゆる門前町という「小都市」にもらい者の集団があった。これは、中世以来の形を継承しながら、「周縁身分」として存在した。ここでは集団の組織があり、草鞋作りなどの手仕事に従事し、畑仕事も行ったという。また「門付（かどづけ）」勧進を行ったりもした。「門付」とは、家々の門口に立って、祝言や芸能を演じたりして、金品を乞う行為である。さきの「物吉」も門付のひとつである。また、善光寺門前のらい者たちは、行き倒れ人の遺体処理なども行ったという。

ここで重要なことは、近世のらい者たちは、勧進物貰いだけで生活をしていたのではなく、死鹿や死牛馬の処理（皮を剝ぐ仕事を含む）に従事したり、一定の土地を所持して農業を営んだり、草履の製造にもたずさわって、生産労働に従事しながら生計を立てていた人も少なくなかったことである。

こうして集団でくらす「らい者の群」のほかに、放浪するらい者があった。「旅するらい者」である。これはまた「放浪らい」とか「浮浪らい」ともよばれた。例えば、四国巡礼もこれにあたる。町田哲「近世後期阿波の倒れ遍路と村」では、行き倒れで死亡した遍路にらい者がいたことが史料で裏付けられている。四国遍路については、らい者のうち路傍で斃れた者がかなりの数にのぼったものと推測される。四国においては、らい者を「カッタイ」と呼ぶ。「カッタイ道」といえば、らい者が人知れず歩いた巡礼の道をさすことは、すでに触れた。

また群馬県の草津温泉へ湯治に向かったらい者もいた。草津温泉は古来、らい病に効能があるとされた温泉である。草津温泉には、関東ばかりでなく、かなり広範囲かららい者が治療に訪れた。しかし湯治には、宿泊費や食費がいる。それなりの蓄えがないと長期間の湯治はできない。草津温泉とらい者については後述する。そのほか、行き倒れとして記録されたらい者の記録は、各地で散見される。

最後に、在宅のらい者がいた。しかし、これについては史料も乏しく、従ってその生活実態はよくわからない。おそらくは、世間かららい者を隔離、隠蔽するために「匿った」であろうから、通常、史料は残りにくい。それでもらい者が、「穢多」「非人」「乞食」などの呼称で書き上げられている場合もみられるという（寺木伸明「近世における「らい者」の社会的地位と生活の諸側面」）。

江戸時代のらい者たちは、集落を形成し集団で生活を営んでいた人びとがいた。だが、それが一般的だったかというと、必ずしもそうはいえない。らい者たちの村と都市に流入したらい者をあわせても、数万人と推定されるらい者の中では、これが多数とは考えにくい。これまでみてきたように、集団で暮らす人々は藩の役を負ったり、手仕事やわずかの土地を耕して、さらには門付などをして自活していた。このような生業で生計を立てていたことを考えれば、彼らは「非人」の域に入れるべきかどうかは疑われるかもしれない。しかし明らかに賤民身分として固定化され、厳しい差別を受けていたことは間違いない。

また、江戸時代には放浪らいや在宅らいも存在したが、それは史料も乏しく実態もよく分からない。しかし人目に触れないようにしてひっそりと暮らす在宅のらい者、それに放浪するらい者も、かなりの数にのぼったものと思われる。

明治維新とらい者——「物吉」の解体　明治政府は近世の身分制を解体し、「四民平等」をおしすめた。それの背景には、王政復古とその趣旨に基づいた「一君万民」という思想があった。また、四民平等も移転や職業選択の自由の実施と同じく、近代化（＝西洋化・資本主義化）にとって不可欠なものであった。明治四年（一八七一）八月二八日、新政府は「賤民廃止令」（「解放令」）を発布した。これにより、「えた」「非人」の呼称もなくなり、賤民身分は「解放」された。

江戸時代のらい者集落は、藩の施策として維持されていたから、廃藩置県で藩が消滅すると次第に解体した。したがって、加賀藩の物吉村も高鍋藩の青癩村も、徐々に解体されていった。また奈良や京都の集落も、直ちにではないが、しだいに消滅した。もちろんその背景に、明治新政府の「物乞いの禁止令」など、貧困者を排除する政策があったことはいうまでもない。江戸時代にらい者が集住した京都西山光明院は、明治以後も解体されなかったというが、それでも大正期頃には解体し「消滅」へ向かったという（藤野豊「隔絶の中のハンセン病患者」）。また文明開化の波が押し寄せても、江戸時代以来の「血統による遺伝病」というハンセン病観は、補強されこそすれ、なんら変わることはなかった。したがって、らい者に対する偏見や差別はこれまで同様につづくことになる。しかし問題は、偏見や差別だけではない。政府はらい者の救済に全く無策であったから、らい者たちは社会的に放置された状態となった。それはまさに「棄民」というにふさわしかった。

そのようななかで、らい者に手をさしのべようとする外国人たちがあらわれた。彼らの多くはキリスト教の使命感に燃え、布教に熱心な宣教師たちであった。彼らは社会から捨てられ路傍に屯するらい者たちを目の当たりにして、一様に衝撃を受ける。そして明治の中頃、各地に私設の療養所が設けられる。神山（こうやま）復生病院（テスト・ウィード：静岡）・回春病院（ハンナ・リデル：熊本）・待労院（たいろういん）（ジョン・メリー・コール：熊本）・慰廃園（ケート・ヤングマンと好善社：東京）などがそれである。しかし政府は、これらの私設療養所に対し、原則的には援助をしなかった。

らい者の描写

明治期になると、らい者の置かれた不遇な状況とはかかわりなく、いろいろな変化がみられた。そのひとつが、らい者に関する描写であろう。江戸時代にもらい者を文章で描写したものがないわけではないが、明治にはいるとらい者の詳細な描写がみられるようになる。それは、医学の発展によって、医学的見地からのそれが多くなるからであろう。一例を紹介する。

爰ニ我ガ東京集治監ノ禁囚ニ文吉（年齢二十六年）ナル者アリ。去年十月中浣ヨリ周身ノ肉食変ジ満面斑腫シ尖頭膿ヲ成シ、恰モ腐敗セル橙柚ノ如ク、手足ノ五指漸ク腫脹ヲ加ヘ膿汁ヲ泌シ、悪臭粉散シテ、汚穢挙テ言フ可ラズ。日ヲ弥ルニ従ヒ眉睫ノ毛ハ悉ク脱落シ、手足ハ痿痺シテ動作ヲ鈍ラシ、眼仁ハ朦朧トシテ視力ヲ欠キ、其容貌殆ド人ヲ以テ視ル可ラザルニ至ル、実ニ一種異常ノ病ヲ発ス（『近代日本思想大系二二』）

これは、『朝野新聞』（明治一三年五月一日）に掲載された、渡辺惟精なる人物の投書の一部である。文吉という二六歳の者の症状が詳細に描かれている。意訳すれば「文吉は半年前頃から身体に異常をきたし、顔面は全体に腫れ物ができ膿を生じ、腐った橙や柚のようになっている。手足も腫れ上がり、膿がたれ臭気を発している。これは何とも、いいようがない。また眉毛やまつげは抜け落ち、手足は麻痺して動きを鈍らせている。目も朦朧としており、視力も低下している。その容貌は、見るに耐えない」というくらいになろうか。

東京集治監とは、明治はじめに徒刑・流刑・終身刑などの囚人を拘束した施設である。本来は犯罪者を収容する施設であるが、そのような施設にもらい者が収容されていたことがわかる。病状があまりにも重篤だったからであろうか。投書した渡辺惟精については不詳であるが、「我ガ東京集治監」とあることから、東京集治監の監守なのであろう。この一部抜粋した文章のタイトルは、「癩は不治の病にあらざる説」であって、この時代治療法がなかった病にも治療法があると主張する投書である。そしてらい病治療に効果をあげている、東京府内の医師後藤昌文を紹介している。後藤は愛知県の出身で、らい患者の治療を専門とする東京の起廃病院の創設者である。しかし実際には、この時期、ハンセン病に対する有効な治療法はまだ確立していない。特効薬プロミンがアメリカで開発されるのは、昭和一八年（一九四三）である。

わずかな光明と限界　右にあげた投書は、不治の病とされたらい病が「不治の病にあらざる」とされた点で、罹患（りかん）した人びとにとって大きな光明であったろう。これは明治一三年の新聞記事であった。ところがその六年も前（明治七年）に、おなじ後藤昌文の癩患者に対する医療活動と治療を促す大分県の「布達」がある。

甲第卅号癩病療治云々布達
癩病ハ極テ難症ニテ漢人モ之ヲ天刑ト称シ古来此ノ患ニ罹ルモノ多クハ不具ノ身ト為リ同宗一族ヲ辱カシメ永ク人間ノ交際ヲ断ツニ至ル豈ニ憫然ノ至リニアラスヤ然ルニ愛知県ノ医後藤昌文ナルモノ之レニ慨スル事アリ焦心苦慮スルモノ廿年遂ニ其方ヲ発明シ目今東京府下八大区三小区鳴子町ニ癩病舎ヲ設ケ遠近治ヲ乞フモノ甚タ多ク（『大分県地方史料叢書（七）県治概略Ⅱ』）

らい病は、「天刑病」とも「業病」ともよばれ、わが国では前世の報いとしてとらえられていた。らい病に罹れば「不具ノ身」となって、その家族を含め一切の「人間ノ交際」が断たれてしまう憐れむべき病であると、当時の典型的ならい病観が述べられている。しかし、後藤昌文医師がその治療法を開発したという。この布達の後半は、その治療薬を県が取り寄せて頒布するというものである。そしてこのことは、新聞を通じて広く知らされているという。ただしその薬価は、四種類でひと月三円ほどになる。三円は現在の三万円ほどであろうか。これだけの薬代を毎月負担できるらい病患者は、極めて限られていたに違いない。わずかな光明はさしたが、そこには大きな限界もあった。ここで紹介した『県治概略』（明治五年から明治一二年の大分県の布告や布達を集めた史料）にも、らい者救済に関する記事は、ふたつしかない。明治期を通じて、官側のらい者救済策はこの程度であって、基本的には自己責任（「天刑病」という呼称がそれを示す）として放置されていたというべきであろう。

らい者への眼差し　江戸時代は、ハンセン病は遺伝する病だと考えられていたことは、すでに紹介した。しかし明治になると、ハンセン病が感染する病気だという認識もあらわれる。さきほど紹介した起廃病院の後藤昌文もそのひとりである。後藤は、「癩病を発するは、必ず其血統の者に限るの説あれども、決して然るに非ず」といい、感染力は弱いが感染する可能性があると考えていた。らい病観について、遺伝説から感染説への転換のきざしである。明治中頃、こうした説は、医学の世界では徐々に広がりを見せはじめていた。しかし一方で、強く遺伝説を説く医師がいたことも事実である。

医学の世界がこのような状況にあるとき、民衆のらい病観には、遺伝説が広く普及していた。それを端的に示すのが、明治初期の「高橋お伝」ブームである。明治九年（一八七六）、高橋お伝が、殺人罪で逮捕された。この時お伝が二〇歳であったこと、お伝に殺された夫がらい者であったとされたため、民衆はお伝に好奇の目をむけた。お伝は明治一二年に斬罪となるが、ブームにのっていくつかの文芸作品が発表される。そのひとつが仮名垣魯文の『高橋阿伝夜刃譚』である。この作品の中で魯文は、ハンセン病を血統による遺伝病としている。このような文芸作品を通じて、遺伝説は民衆の中に定着する。民衆はらい者の「血統」とその「家」を恐れた。

それどころではない、被差別部落や乞食（浮浪者）のなかにハンセン病が多発するという説まで広がった。その根拠は、被差別部落が貧しく不潔であるうえ、狭い世界で血族結婚を続けてきたからだという。こうして民衆の世界には、誤った差別意識が根を下ろしていった。そして明治四〇年の「癩予防法ニ関スル件」により、半ば強制的ならい者の隔離がはじまる。そうすると、らい病の感染力が極めて弱い病気にも関わらず、隔離施設の堅固さをみた民衆は、ハンセン病に対する恐怖感をいっそう募らせる。

ハンセン病と知ったらい者は、自らの存在によって家族や親族が「癩筋」とされ、つきあいを忌避されたりすることを恐れて、自ら家を去る者たちがいた。そうしなければ、家族や親族も村や町を追われかねないのである。家を出たらい者は、放浪生活を続け、物乞いをしながら生きてゆくことを余儀なくされた。

近代の「浮浪らい」

「浮浪らい」の時代　明治政府は成立当初、ハンセン病に対しそれほど深い関心を持たなかった。その最大の理由は、コレラやチフスといった、当時流行した急性の感染症によって数万という単位の死者が、流行のたびごとに出ていたからである。それにくらべ、ハンセン病の感染者数は少なく、また即刻死につながる病気ではなかったからである。

日本近代におけるハンセン病を考えるうえで、重要なターニングポイントとなったのは、いうまでもなく「癩予防ニ関スル件」（明治四〇年（一九〇七）、法律第十一号）である。この法律の制定によって、らい者が療養所に隔離される道が開かれたのである。この法律以前の時期を大谷藤郎は、「発病した患者さんが家庭や村を追われて浮浪し、政府の無策に対して少数の宗教慈善家が救済にあたっていた明治初期の浮浪らいの時代」と規定している（『らい予防法の歴史』）。つまり明治期は、「浮浪らい」の時代だったといえるのである。

明治期が「浮浪らい」の時代だったというのは、もうひとつ理由がある。さきにみたように江戸時代のらい者は、物吉村や青癩村のように集落を営んで暮らすことが可能であった。しかし明治になって幕府や藩が消滅すると、このような集落は解体、消滅に向かった。共同体を失ったらい者たちは放浪し、神社や仏閣、温泉地などに屯するようになった。明治になって、このようならい者の集団が目立ちはじめたのである。そういう意味では、「浮浪らい」は近代の産物なのである。

ただし明治以降も、数万人におよぶらい者のうち、療養所に収容されたらい者はごくわずかであった。従って明治以降も、実際には「浮浪らい」は多数存在したから、「浮浪らい」の時代が明治で終わるわけではないことは断っておきたい。

「浮浪らい」の時代は、有効な治療法も確立されず、治療・収容施設も貧弱で、多くのらい者が放置された時代だったといってもよいだろう。患者は社会的に排除され遺棄され放置され、土蔵や納屋に閉じこめられるか、人里離れた山中や海岸に住むか、一生「巡礼の旅」を続けるしかなかった。この時期の「浮浪らい」は、約三万人におよんだという。この約三万人のうち、神社仏閣その他路傍を徘徊する「浮浪らい」が二万七〇〇〇人を超えていた（一九〇〇年内務省調査）。つまり、らい者のうちの九割が「浮浪らい」であり、「在宅らい」は一割に過ぎなかったということになる（「愛媛県に於けるらい病とその対策」）。ただ、この数字は推計の域を出ない。

この三万人近くにおよぶ「浮浪らい」の実態は、彼らがいわば「棄民」であったがゆえに、ほとんどその実態が明らかにされていない。もちろん、「棄民」たち自身の手になる資料（記録）が、ないわけではない。むしろ、書き残された手記は想像するより多いとさえいわれる。しかし、あまり一般には流布していないというのが実態で、われわれも知らないまま過ごしてきた感がぬぐえない。本章ではいくつかの資料から、「浮浪らい」とはどのような生活だったのかをみてみたいと思う。ただし「浮浪らい」とは、療養所に隔離されないハンセン病者をいうのであるから、癩予防法が制定、改正されたあとも、極端にいえば戦後にも稀に存在したことを付け加えておきたい。

「西高東低」のらい者分布　徴兵検査の結果から、ハンセン病患者の数を推定することができる。昭和二年（一九二七）の徴兵検査では、一〇〇〇人に対して一・〇九人のらい病患者がいたという。当時の日本の人口は六二〇〇万人であったから、全国には約六万二〇〇〇の患者がいることになる。しかし一般に女性より男性の有病率が高いこと、年齢別にみても徴兵適齢期の有病率が高いこと（若年層は発病前の場合が多い、高齢者群の場合はハンセン病者が一般の高齢者より速く死亡する可能性が高いのでこれまた低率となる）から、六万二〇〇〇というのは、過大な数値といわれる。一般的にはこの時期でも、四〜五万人ほどだと推定されている（山本俊一『日本らい史』）。

「ハンセン病者は九州に多い」といわれるが、その分布に地域的差異があるのだろうか。明治二六年（一八九三）～明治三四年（一九〇一）の間（ただし、日清戦争時の二七年と二八年は除く）の徴兵検査で発見されたハンセン病患者数は、年平均五五八人であったが、有病率は本州よりも四国、九州に多い。四国は本州の二倍、九州は本州の約三倍であった。四国、九州など温暖地方に患者が多いという傾向は、昭和一〇年（一九三五）の全国調査においても、同じ傾向がみてとれる。すなわち、人口一万人に対する有病率は、全国平均が二・二なのに対し、九州南部の諸県では四・〇、最も高い沖縄県は一六・五であった。

こうしたことから、有病率の地域分布は西南日本が高く、なかでも沖縄県がもっとも高いことがわかる。

四国の浮浪らい（「乞食遍路(こじきへんろ)」）　ここで再び、四国の浮浪らいの実態をみてみたい。四国巡礼が庶民の間でもさかんになったのは、宝暦から明和のころ（一七五一～一七七二）だという（前田卓『巡礼の社会学』）。そして江戸時代から、らい者をはじめとする巡礼する病人が多くいた。巡礼道の傍らには、行き倒れて果てたお遍路の墓石もよくみられるが、病の回復を祈って歩き続けたお遍路も数多くいたのだ。

ひとつだけ、江戸時代の例をあげる（年号不詳）。阿波国板野郡に裕福な質屋があった。ここのいちばん上の娘が嫁に行って間もなくらい病を発症し、実家に帰された。そのためこの家は、「癩病一家」といわれるようになった。下の娘は、このことを苦にして自ら命を絶った。実家に戻されたらい病の娘も家にいられなくなり、伯母に付き添われて四国遍路の旅に出た。そして一度も家に帰らないまま、遍路をつづけた。そして五年目に、讃岐国で死んだ。その後、伯母はひとりで阿波国に帰ってきた（山本和加子『四国遍路の民衆史』）。

この場合、やはり家自体が「癩病一家」というレッテルを貼られ、下の娘が自殺している。一家崩壊を免れるためには、らい病の娘は、四国遍路に出るしかなかった。娘は死ぬまで家に帰らぬ事を決意して家を出たのであろう。娘は伯母に付き添われて、歩き続けた。そして五年目に隣の讃岐の国で死んだ。伯母が路傍に葬ったのだろうか。この娘は、文字通り「死ぬまで遍路をつづけた」のであるが、このような例も多々あったのだろう。遍路の途中に果てた者の墓を「遍路墓」という。四国には、るいるいたる遍路墓がある。

らい者の多くは、物貰いをしながら巡礼の旅をした。「浮浪らい」の巡礼者と困窮が原因の巡礼者は、四国では「乞食遍路」ともよばれた。江戸時代以来、この乞食遍路がかなりの数になって、四国を廻遊していたことが知られている。彼らは一一月末から翌年の二月ころの冬場には、暖かい土佐湾の海岸あたり（三十二番から三十四番あたり）ですごす。冬には沿道の「接待」（「施し」のこと。詳しくは後述）もなくなり、寒さもつのる。室戸岬の二十四番から二十五番あたりの海岸は、一年中霜をみずに暮らせた。冬場はここらの海岸で、火を焚き炊事をして飢えをしのぐことができた。

春になると北上して伊予（愛媛県）に向い、七月、八月ころには今治のあたりに達する。瀬戸内側の方が土佐より経済的に豊かで、「接待」も多かったらしい。また、土佐は雨が多いが、瀬戸内は雨が少ないためにこちらへ移動する。夏が過ぎて、秋一〇月ころになると阿波国（徳島県）あたりに渡り、一一月末にはまた大挙して暖かい土佐に「帰ってくる」。おおまかにこのようなサイクルで廻遊していたのである（二年で一巡るサイクルもある）。土佐藩は、行き倒れる「乞食遍路」の始末に手をやき、しばしば取り締まりの布告を出した。土佐の海岸には、このような「乞食遍路」が、多いときは千人ちかくもいたという。らい病を患って乞食遍路になった人びとは、治癒する見込がなかったから、死ぬまで歩き続けなければならなかったのである。あのお遍路の白装束は、「死出の旅」のそれでもあった（ただし江戸時代や明治期に、現代のような遍路装束が定式化されていたわけではない）。

昭和一〇年の調査によれば、四国四県で「浮浪らい」の集合場所が三八ヶ所あり、「浮浪らい」の人数は一七八人であったという（末澤政太「四国に於ける浮浪癩患者の集団場所について」）。これは各警察署の調べによるものであるが、集合場所の多くは、海岸、川磧、堤防、堂宇、橋下などであった。

石手堤（いしで）の「楽土」　「乞食遍路」には、陰惨なイメージがつきまとうが、若干異なった印象を与える新聞記事がある。大正二年（一九一三）六月一九日の『海南新聞』は、「石手堤の露宿癩病者の天幕生活」という記事を掲載している。一部を紹介する。

石手寺を出て南の方温泉郡桑原村の遍路橋を中心にして東西の石手川堤防を物色すれば雑木や藪の陰に処々ボロ布で作った天幕が木から木にかけて張ってあるのをみるであろう。之は皆泊まる宿のない癩病者の露営なので、一夜の宿とするのみならず中には十日も二十日も滞在して居るのがあり時には大勢が落ち合ふて彼方にも此方にも天幕を張って樹々の梢を掠めて炊煙の立ちのぼって居るのを見かけることも珍しくない。彼等の内には全くの乞食もあるけれど中には郷里に相当の財産を持って居ながら郷里には居れぬから此漂白生活をして居るものもあり、米代には不足せず急ぐ旅でも目的のある旅でもないので悠々閑々石手川の水で米を磨ぎ堤で薪を拾って呑気な生活をして居るものもある。（中略）尤も天幕は警察の狩立を喰った当座は無くなるがまた何時となく何処からか集まって来て石手川上流の堤防は彼等隠遁者の楽土になっている（『近代庶民生活誌　第二十巻　病気・衛生』）。

石手寺は、愛媛県松山市にある五十一番札所である。石手寺から南へ二〇〇～三〇〇メートルほど行くと、石手川が北東から南西方向へ流れている。この石手川に架かる橋を遍路橋という。この橋の上下流の堤防の木には、あちこちに天幕が架かっていた。これがすべて浮浪らいの露営のためのテントだというのだ。彼等の中には一〇日も二〇日も滞在する者がいる。いわば、長期滞在型のお遍路だ。また「乞食遍路」もいるが、かなり財産を持っている者もいる。たとえ財産があっても、らい者は郷里では暮らせない。やはり放浪生活をするしかない。貯えのあるものは、急ぐこともなく呑気な生活をしているという。

　らい者の遍路にも、さまざまな階層の者がいたようだ。ただ、財産を持っていても故郷ではなかなか暮らせないというのが、この時代のらい者のおかれた境遇だった。石手川の浮浪らいの「集合場所」は、すでに集落化しているといえる。記事の省略した部分には、家族で廻遊している放浪らいの話もあった。いっぽう警察は、らい者たちの集落化、定住化をさせないために、定期的に「狩立」を行う。しかし、いったん追い払われても、またしばらくすると浮浪らいは集まってくる。らい者たちは、集住してお互いに助け合ったのだ。堤防に天幕が並ぶ光景は、第一章で触れた熊本県緑川沿いの「サンカ」の集落を彷彿とさせる。緑川は、「サンカ」のいわばキャンプ地だった。いっぽう、石手川上流の堤防は浮浪らい＝隠遁者（いんとん）の「楽土」だったのである。

高知県鏡川河原のらい者　石手川の記録より少しあと、昭和九年（一九三四）の記録もある。ハンセン病療養所長島愛生園（岡山県）の医師であった小川正子の『小島の春―ある女医の手記―』は、映画にもなった有名な書物である。小川正子は、長島愛生園で園長光田健輔の下で働いている医師である。したがって、ハンセン病者の絶対隔離こそが、この問題の唯一の解決手段だと信じていた医師である（光田については後述）。小川は高知県のらい者を愛生園に収容するため、また療養所の広報もかねて数名の職員と高知県を訪れた。『小島の春』には、「日本の潔められる日の近づいてくるのだ」とか「四国の癩の潔まる事を祈って」というような言葉がしきりにみられる。この本の冒頭に「土佐の秋」があるが、ここに高知県鏡川の河原に野営するらい者が、次のように描かれている。

遂に名の通りの鏡川河原に行く、ここには秋の陽のさやけき中に浮浪の健康者の天幕がいくつか

ある。その中に病者が混って二つ、一つは昨日きた許りの四国巡礼中に足を痛めて行き悩む三十歳余の結節の伝染力も最高期の女、一人は相当に病気も永くなって足が腫れて歩かれず、村役場が世話をしてここに住む結節癩、これは療養所に一日も早く安住せん事を願っていたが、女は夫も子も残して和泉より来た者「巡礼中に高かった結節もひいて神詣での効があるから是非もっと巡礼したい、そんな恐しい所に行かぬ」と頑張る。結んだ足の繃帯から浸み出ている膿！天幕の中にぎいすが鳴き露草が咲いている。この間にもあたりの健康天幕から子供たちが裸体でこの天幕に入り込む、去って振り返ると今の女がびっこひきひき川原に下りて水際に行く、その後から子供達が水泳にかついて走って行く。恐らく同じ石も踏むであろう。怪我もしようと思うと、荷物を青山さんに託して健康者の天幕に駈せ帰り、癩の伝染と幼児の危険を棕櫚箒を作っていた親達に草の中にしゃがんで話をして別れた。

【写真13】鏡川河原の浮浪らいのテント（『小島の春』より転載）

鏡川【写真13】の河原に野営しているのは、らい者ばかりではない。「浮浪の健康者」もいる。また棕櫚箒（しゅろぼうき）を作る者は、第一章であつかった「サンカ」の可能性がある。鏡川の河原は、色々な者たちの野営地だった。そのなかにらい者の天幕がふたつあった。ひとりは夫と子を残して「和泉」、つまり大阪から来た三〇過ぎの女性だった。彼女はらい病の治癒を祈願するために四国巡礼をしている。そして「神詣での効がある」と信じ切っている。もうひとりは、歩けないほど重篤で、役場が世話をして河原に住んでいるという。引用文中の「結節癩」というのは、指や手足の関節が腫れて変形する症状である。ハンセン病は発症の仕方が異なっていて、日本では伝統的に、結節型、神経型、斑紋型の三つに分類していた。らい者を収容し、隔離するために高知県にやってきた小川にとっては、この鏡川河原も感染源として気が気ではない様子が伝わってくる。小川たちは、四国巡礼には特に注意深く目を配っている。ことに、松葉杖をついた巡礼者などをみると、走って追いかけていって声をかけたりした。巡礼の浮浪らいで、長島愛生園に収容された者も、かなりの数になったと思われる。ちなみに、『小島の春』からは、高知県や岡山県の山間地域に、かなりの数の在宅のらい者がいた印象をうける。

鏡川は、高知市北方また北西方の山間から支流を集めて高知市内を東流する川である。高知市出身の作家筒井功は、この鏡川河原を月の瀬橋下流の河原と推定している。この付近には戦前、楮（こうぞ）の皮をはぐ職人の作業小屋がたくさん並んでいて、ほかにもらい者、浮浪者、廻遊する細工職人などの天幕が並んでいたという。筒井は、「そこが県内ではよく知られた非定住民やハンセン病者たちのアジール（避難所）だったことを示している」という。

鏡川のらい者については、やはり高知市出身で日本近世文学の研究者（法政大学教授）であった広末保も次のように書いている（「近代民衆の記録4流民月報」）。

当時としてはかなり大きい鏡川橋が、桟橋へ通じる田舎っぽい道と市街地をつないでいて、人通りは少なくなかった。あるとき、その橋の上を、女の乞食遍路が、ゆっくりと、というよりも、やっとの思いで箱車をひいていくのを私はみた。車には男がのっていた。その男が重症のハンセン病患者であることは一目であきらかであった。巻きつけた襤褸切れのあいだから覗いてみえる顔は黒く崩れていた。（中略）歩き続けなければならない人間の存在—、家に帰っても私は誰にも話さなかった。

広末は大正八年（一九一九）生まれである。これは子どものころの話だから、おそらく昭和にはいって間もなくの事ではなかったか。ハンセン病の乞食遍路をみかけるのは、それほど珍しくなかったとも広末は言っている。広末の家にも、らい者の物乞いがやってきた。しかし鏡川橋を渡るらい者の印象は、広末にとって強烈なものだった。この光景は、その後もことあるごとに広末の脳裏によみがえった。その後、「歩き続けなければならない人間」と定住民との交渉について、広末は「思いをいたすようになっていた」という。

放浪できたわけ　四国を放浪する浮浪らいは、お金が尽きれば食糧などを物乞いしながら旅をつづけるしかない。いや、浮浪らいだけではない。一般の遍路も、路銀がなくなれば地元の人びとのお情けにすがるしかないのだ。高群逸枝が四国を巡ったときも、連れ合いだったお爺さんは、「修行」といって何度か物乞いをしている。

さきに土佐藩の「乞食遍路」に対する厳しい対応を紹介したが、四国の民衆は浮浪らいに対して極めて寛容だった。それは、四国八十八ヵ所を巡礼する者、すなわちお遍路は、弘法大師の余光を信じて遍歴をするものと信じていたからである。弘法大師を信じ帰依する者を粗末に扱うことはできない。いや弘法大師と「同行二人」であるお遍路さんは、弘法大師そのものなのであった。だからかえって、四国の人びとは巡礼するお遍路さんに報謝（施し）するのであった。ことに四国では、身体に障害をかかえた人びとを大事にする習慣すらあった。四国の人びとは、「浮浪らい」に対しても乞われるままに恵みを与える人が多かった。そのいっぽうで、「浮浪らい」などの乞食遍路を排除しようと主張する人びともいた。

さきに紹介した広末保は、「大正末年から昭和の初期にかけて、遍路―それを土地の人々は、おへんどさんとよんだ―が毎日、何回となく家の門口に立った。そのたびに一銭銅貨をもって門口に出て、おへんどさんにあげるのが、私たち兄弟の役目であったが（当時、コーヒー一杯、五銭もしただろうか）、あまりに度重なる日は、祖母のいいつけに従って、『お通りなさいませ』といった。敬語を使って断るのである」といっている（前掲「月報」）。

また四国では、古くから「接待」が行われていた。遍路を助けるために、米・味噌・野菜などの食べ物や、わらじ・手拭などの必需品を与えてねぎらう風習である。かつて行基や空也などの聖に「布施」をささげた行為と意味あいはまったく同じである。江戸時代にはいって、一般の人々の巡礼がはじまると、「接待」という習慣が定着した。「接待」は、個人で行うこともあるが、多くは村や集落単位で経済力に応じて品々を出し合って、いわば組織的に行われた。しかし年間を通じて恒常的に「接待」を行うことは、膨大な負担となる。だからあくまで強制ではなく、貧者は負担しておらず、富者が多くを負担する。山本和加子は、「接待」を「福祉活動」と位置づけているが、富の再分配の機能もあったともいえよう。

「接待」の延長上には、「善根宿」もある。これは、遍路が雨露をしのぐための小屋であるが、これも各地に建てられていた。「善根宿」は無料であるが、次第に老朽化したため、資力のあるものは木賃宿や旅籠に宿泊した。

四国の人びとが、らい者に寛容だった理由がもうひとつある。それは四国の片田舎の人びとは、らい病をいまだに「天刑病」「業病」と考え、遺伝する病気だと信じていたからであった。逆に言えば、感染する病気という認識がなかったのである。だから、たとえば飲食店においても、らい者を招き入れることに何の抵抗もなかったという。逆説的ではあるが、これも「浮浪らい」が四国で旅をつづけることができた理由である。多くのらい者が、四国に集まった理由がここにある。四国に行っても、物乞いをして放浪する以上の生活はできない。しかし彼らは、そこへ行けば「生きて行けるかもしれない」わずかな可能性を信じたのではないか。そして石手寺のような、らい者が集住する場所は、らい者にとっての一種のアジールだったといえよう。『海南新聞』の記者は、それを「隠遁者の楽土」と表現した。

近年は、四国巡礼がしだいに観光化しつつあり、遍路に対する「お接待」も盛んになってきた。いまや各地に「お接待小屋」が設けられ、巡礼をする人びとをあたたかくもてなしている。四国の人びとのお遍路に対する寛容な態度は、信仰を基盤としながら歴史のなかで培われたものといえるであろう。

千願寺さん　四国遍路ではないが、僧侶の姿で家々の門で経を唱え、托鉢しながら放浪したらい者もいた。次項で詳しく紹介するが、らい病患者であった山田呵々子（仮名）の手記「故郷から故郷へ」（『近代庶民生活誌　第二十巻』）には、「千願寺さん」とよばれる、修行僧の姿で各地を放浪するらい者が出てくる。山田が一七歳で発病して間もない頃（大正八年頃）だった。山田の発病で、静岡市にある家は重苦しい陰鬱な日々が続いていた。そんなおり、家の外で団扇（うちわ）太鼓をたたきながら法華経をとなえる「千願寺さん」がやってきた（静岡県地方では遊行する僧、または僧形のらい者を「千願寺さん」と呼んでいたものと思われる。しかし、「千願寺」という寺院の所在やらい病との関連が分からない。もしかすると「千願寺」とは、らい者を受け入れた一遍と縁のある京都の「誓願寺」のことかもしれない）。山田の母親がおもてへ出て、心ばかりの報謝を「千願寺さん」に差し出す。戻ってきた母親は、「今きた千願寺さんもお前と同じ様な病気ではないだろうか」と声をひそめていう。顔は腫れあがり小豆色をしていて、眉毛もまつげもない、手の甲も大きく腫れあがっているというのだ。それを聞いて父親は、「千願寺の後をついて行って人家の離れた人通りのない処で呼止めて、何かよい薬はないかどうしたらよいか尋ねてこい」という。そこで山田は、町はずれまで「千願寺さん」を追った。山田は「千願寺さん」が、町はずれの神社の鳥居をくぐるのをみた。神社の境内に入ると、そこには「千願寺さん」の荷物らしき物が置かれていた。境内では「千願寺さん」が、杉の葉や枯れ枝を集めていた。「千願寺さん」は、山田がそこにいるのをみて、不安そうな表情をした。見ていると「千願寺さん」は木と木の間に縄を張り、薬缶をつるして湯を沸かしはじめた。山田が近づき、自分もらい病患者であることをそっと打ち明けると、「千顔寺さん」の警戒心もとけ、ふたりの会話がはじまる。

「千願寺さん」は、発病して以来、いろいろ悩み事が多かったこと、妻子もあって長男は一八歳で次男が一六歳だと語った。名古屋で下駄屋をしていたが、病気ですべての生活を失った。山田が病院生活のことを尋ねると、「千願寺さん」は自分がもと入院していた山梨県の慈恵病院のことを話してくれた。しかしそこは、入院料がひと月三〇円かかり、燃料の木炭も自己負担だという。そのほか入院生活をいろいろ聞いた山田は、戸惑い「あきれてしまつた」。山田にとっては、入院料が高額なうえ、束縛された生活と感じられたのだ。山田が礼をいって帰りかけると「千願寺さん」は、次のようにいって、山田を放浪の旅に誘うのだった。

「失礼ですが私と一しよにこうやって旅から旅へと歩きませんか、とても呑気なものです、家に居て倉だとか物置きなどとか二階などで苦しんで居るよりはいゝものですよ。そして又自由のきかない処へ行くよりは何のくらい呑気ですかわかりません」と。すなわち、在宅で隠れて生活して苦しむより、病院や療養所で不自由な生活を強いられるより、放浪の生活の方がよっぽど呑気に暮らせるというのである。

この「千願寺さん」は、僧体で法華経を唱え、施しを受けながら放浪するらい者だった。彼は神社などで寝泊まりしながら、各地を放浪した。病院での療養経験もあるが、費用もかさむうえに不自由な生活を強いられることに耐えられず、放浪の生活を選択した。結果的に、妻子とは縁を絶って生きることになった。彼は放浪の生活が、「とても呑気なものです」と楽観的に語る。しかしそれは、「家に隠れ住む」こと、「療養所の不自由な生活」にくらべれば、というだけである。妻子と別れての生活、見通しのない赤貧の生活はここでは何も語っていない。しかしここには、一らい者をとりまく現実と心情が端的に語られている。

「千願寺さん」の話を聞いた山田は、このあと東照宮のある久能山（静岡市）の麓にある、父親の知人の「隠居ばあさん」の「離れ」を借りて、世間に隠れ住む生活をはじめる。しかししばらくして、自分の病気から家の経済状態の悪化を知った山田は、自殺を決心して「隠居ばあさん」の離れを飛び出してしまう。大阪へ向かった彼は、しばらく放浪生活をすることになる。

浮浪らいとサンカ　放浪するらい者が、「サンカ」（本書第一章）とともに暮らして廻遊していた例もある。ともに廻遊する人びとだから、接点があっても不思議ではない。しかしその記録となると、多いとは言えない。第一章で何度か紹介した後藤興善は、昭和一〇年代に兵庫県の揖保川（いぼがわ）上流にいた「老山窩」から聞き取りを行っている。そこでは、「サンカ」集団の中に少なからず「らい病患者」がいたという事実を紹介している。少し長くなるが、後藤の「山窩談義」（『又鬼と山窩』）の一部を紹介しよう。

> 「ラコ（乞食のこと―筆者注）には癩病が多ひ」といふが、ラコはもともとこの癩病患者、片居であつたのである。

山窩は救はれない癩病患者を哀れみ、重患の者をも彼らのセブリ（粗末な仮小屋、テントのこと—筆者注）の中に置き、よくいたはつてやるといふ、漂泊者たる山窩と共に癩病患者が國中を歩きまはつてゐるといふ事実は誠に戦慄すべきことである。自分は先日この事實を厚生省の役人に報じ、注意を喚起するやうに話したのであるが、骨肉を分けた血縁者からも、社會からも捨てられて、頼るべき何ものをも失つて了つた哀れな天刑病者にとつては、山窩こそ温情の救世主なのである。

「ヤコ（山窩のこと—筆者注」）に病気はうつらないかね。」と親しくなつたケンタ君（老山窩のこと—筆者注）に聞くと、「ありやうつるもんやありへんぜ。」と力強く答へられた。（中略）因果を含められて家を出る時には、相當に金を持たされた筈だらうが、ヤコをたよつて来るラコは一文の銭も持たず、ひどくつぶれたものが多いといふ。ヤコはそれを仲間として平等に附合ふ。漂白するアナーキストの道徳性の一面はこんなところにみられるのである。

後藤にとって、サンカとらい病者がともに国中を歩き回っているという事実は、「戦慄」を覚えるに足るものであった。それは後藤が、らい病の感染が拡大するのではないかと恐れたからであった。しかし、後藤の「病気はうつらないのか」という問いに、「老山窩」は「うつりませんよ」ときっぱりと答える。「老山窩」は、らい病が感染症ではなく、遺伝する病気だと信じきっていたのかも知れない。

肉親と別れるとき、因果を含めてそれなりの生活費を手渡されたらい者は、再び故郷へは帰らぬことを決意して放浪の旅に出る。しかしそのうち持参金は尽きて、生活ができなくなる。しかしそんな放浪し困窮したらい者を、「サンカ」は受け入れ、ともに生活をしたのである。ともに排除され差別された者どうしの「共生」といえばそれまでである。しかしそこには、何かわれわれが失いかけているものをこの「老山窩」に見いだすことはできないだろうか。後藤はそれを「漂白するアナーキストの道徳性」と表現しているが、もっと根源的な「人間性の何か」をである。

ちなみに筒井功も、「サンカ」とハンセン病者がともに生活していたという事実を伝えている。それは「サンカ」からの聞き取りであるが、昭和五年頃のはなしである。栃木県矢板町（現矢板市）の仏沢というところで、ある「サンカ」家族が「テンパリ（藁小屋）を張って」過ごしていたが、そこには通称「若さん」というハンセン病者の家族も暮らしていた。「若さん」は、妻と娘と暮らしていた。「若さん」はかなり症状が進行していたが、妻と娘は発症していなかったという。「若さん」は、「ササラヤ」だったという。簓削りを生業としていた。ささらとは、細く割いた竹を束ねたもので、たわしと同様に食器類の洗浄に用いる道具である。焦げ付いた鍋の汚れを落とすのに重宝する。おそらく「若さん」がささらを造り、妻や娘がささらを売り歩いていたのだろう。放浪するらい者のなかには、このようなささやかな生業で暮らしていたものもあった。

ある放浪するらい者

山田呵々子の場合　さてここで、ひとりのらい者の遍歴を詳しくみてみよう。そのらい者は、すでに紹介した山田呵々子である。「やまだのかかし」と読むのだろうか。もちろん仮名である。彼は自身の放浪遍歴を「故郷より故郷へ」というタイトルで書き残している。それは「自叙伝の一」から「自叙伝の二十三」として、『愛生』二号（昭和七年三月）から第六巻一一・一二号（昭和一一年一二月）に掲載されたものである。現在はその全文が、南博編『近代庶民生活誌　第二〇巻』（三一書房、一九九五年）に収められている。この体験記はA五判で一二〇ページにおよぶもので、ひとりのらい者の、しかも過酷な体験を知ることができる。ただし全文にわたって、年月日があまり記載されていない。また、記憶をたどった手記としては詳細すぎる記述もあり、多分に創作が込められている可能性がある。またこの文章は、国立療養所長島愛生園（現岡山県瀬戸内市）の機関誌『愛生』に掲載されたもので、この手記が掲載された時点で『愛生』の編集兼発行人は園長の光田健輔である。そのため、「故郷から故郷へ」に関する上島敏昭による解題には、「なんらかの政治的意図があったとみるべきなのかもしれないのだが……」と、微妙な記述があることも断っておきたい。なお筆者の山田は、昭和七年に長島愛生園に入園し、昭和一二年に退園している。

草津温泉湯ノ沢（群馬）　山田の家族は、両親と妹の四人で「静岡のとある田舎」（現在の静岡市またはその周辺か）で暮らしていた。発症したのは一七歳のとき（大正八年頃か）だった。山田ははじめ自宅で療養していたが、この年の九月、親のすすめで草津温泉の湯ノ沢にいく。

草津温泉でのらい者の湯治は、かなり古くから行われていた。明治二年（一八六九）、草津温泉は大火にみまわれ、温泉施設の大半が失われた。その結果、入浴客が激減し、草津温泉は復興策を講じることを迫られた。そのひとつが、ハンセン病への効能を大々的に宣伝することだった。こうして草津温泉には、全国各地からもらい者が湯治に訪れるようになった。はじめはらい者も一般客も混浴だったが、次第にらい者は忌避されるようになっていく。明治二〇年（一八八七）、温泉を管理していた草津町は、らい者を温泉はずれの湯ノ沢地区に移転させることにした。らい者の数は、はじめは三〇～四〇名ほどであったが、一〇年後には数百名に増加したという。最盛期には、八〇〇人のらい者がいたという。この湯ノ沢では、らい者自身が旅館や商店を経営し、自治を行い町会議員も輩出した。手足が健全な者は、肉体労働もした。湯ノ沢では、らい者集団の自立した生活が成り立っていたのである。しかし湯ノ沢が、らい者にとって全くの楽天地かといえば、そうともいえない。所持金が尽きて生活の困窮から、また不治の病に対する絶望から、五〇〇～六〇〇名の患者のうち、年間二〇人前後の自殺者が出ていたという（宮本常一ほか編『日本残酷物語　1』）。

山田は、湯ノ沢に一年ほど、湯治のために滞在した。しかしそのうち、滞在費が底をつき自宅にもどることになる。湯ノ沢で湯治をするには、「ひと月の生活費がどんなに節約しても八十五円程（ママ）入るのであった」と山田はいう。かなりの貯えがないと、湯ノ沢での長期にわたる湯治は難しいことがわかる。また、湯ノ沢の現地で生業を得ることも、容易ではなかった。

久能山麓の「離れ」（静岡）　湯ノ沢を出た山田は、路銀が乏しかった。その上、らい者とわかり汽車を降ろされる羽目になる。箱根の山道をさまよい歩くなど、苦労を重ねてやっと自宅へたどり着く。すると今度は、父親の知人である「隠居ばあさん」の「離れ」を借りて暮らすことになることは、さきにも述べた。離れは、東照宮のある久能山の麓にあった。ここで七～八ヵ月暮らしたが、実家の家計の苦しさを知り、自殺を決意する。汽車で兵庫県の明石まで行き、死のうと思い海岸を歩きまわる。しかし死にきれず、やむなく静岡の実家へ帰ることにする。しかし、路銀が尽きたので愛知県の豊橋あたりから歩いて帰るのだが、食べ物もない。ついに困りはて、畑の茄子を盗んで食べたが、農家に見つかり暴行を受ける。幸い通りがかった裕福な婦人に助けられ、その婦人宅に数日滞在することになる。婦人はらい者である山田を哀れみ、またキリスト者としての善意から、静岡までの旅費を渡してくれる。大正一〇年九月のことであった。

外島（そとじま）保養院（大阪）　静岡の自宅に帰宅してしばらくすると、山田は再び、久能山麓の「離れ」に行くことになった。父親は、わが家にらい者がいることが周囲に知られると、周りから忌避されて暮らせなくなることを恐れていた。いっぽう山田は、何かと自分に気を使ってくれる母親の苦労も気の毒でならなかった。翌年春までばあさんの「離れ」で暮らしたが、「今度はどんなに苦しんでも帰ってこない事にしよう」と決意し、また「離れ」から姿を消してしまう。家族を思えば、家族から離れなければならない。らい者が置かれた過酷な現実である。

山田は、行くあてもなくふたたび大阪へ向かう。梅田に着いたが、泊まるところもなく公園で寝ていると、刑事に職務質問される。刑事は山田がらい病患者だとわかると、「病院」へ行くことを勧めた。勧められるままに手続きをしたが、このとき「尾崎某」という偽名をはじめて使った。らい者が偽名を使うことは、ままあった。当時、警察署には「癩患者調査票」があり、療養所に入る手続きが行われた。山田が入れられたのは、大阪市にあった外島保養院だった。近畿地方二府十県連合立のハンセン病療養所である（明治四二年四月開設）。この保養院があった場所は、淀川の河口付近の右岸で（現大阪市西淀川区）、海に近接する海抜〇メートル地帯である。ここは、今でこそ排水施設が整っているが、むかしは水につかりやすく湿気も多かった。らい者の療養環境としては最悪の立地条件だったといわれる。ちなみに外島保養院は、昭和九年（一九三四）九月二一日の室戸台風の際、高浪の直撃を受け施設が壊滅。一瞬にして一八七名（入所者一七三、職員三、職員家族一一。当時の入所者の約三割にあたる人数）の犠牲者を出した。

療養所内では、いうまでもなく娯楽がすくない。外島以外の療養所でもそうだが、往々にして賭博が行われることがあった。はじめは賭博に距離をおいていた山田も、しばらくして賭博に加わるようになる。しかし、賭博で大負けして借金を背負い込むと療養所にいられなくなる。こうして療養所から逃走するらい者も多かった。山田も例外ではなく、賭博に負けて、この年の一二月に療養所から逃げる羽目になる。

一二月という寒中に、保養院を囲む「堀」を泳いで渡り逃走した山田は、「都橋」に向かう。保養院で、「都橋」にはたくさんの「病友が乞食をしてゐる」と聞いたからである。ここで山田は「都橋」と書いているが、これは淀川にかかる「都島橋」の誤りだと思われる。都島橋の下にも戦前、乞食たちの集落があったことが知られている。外島保養院から逃走すれば、逃走者はまずこの橋まで行くのが「慣例」だったのだろう（ただし、大阪でらい者が特に多かったのは、大阪市と堺市の境界を流れる大和川河畔だったという）。山田が「都橋」まで行くと、以前はなしに聞いていたとおり、同じ保養院で旧知のらい者のほか、たくさんの乞食が屯していた。ここには浮浪らいたちの天幕が「五ツ六ツ張つてあつた」。ここは、らい者や物乞いの集住地であった。

山田はここにしばらく滞在するが、ここで乞食の暮らしをはじめて体験する。これまで乞食のくらしぶりは、貧しい「豚のような生活」だと想像していた山田は、乞食の食卓の意外な豊かさに驚かされるさ。そしてここで、乞食として生きる術、すなわち物乞いの仕方を学ぶ。彼らは「ボロ着物」（乞食着物）と「小ざつぱりした着物」（普段着）とを使い分けて暮らしているのであった。乞食の「仕事」（物貰い）をする時には、わざわざボロを着るのである。また彼らは、よく子どもを伴っているが、これは哀れみを誘うために連れて行くのである。同じ子どもでも「貧相な子ども」を連れているほうが、さらに実入りがよいのである。

賀茂の川原（京都）　しばらくして、大阪の仲間たちと折り合いが悪くなった山田は、次に京都へ向かう。京都の「桜島という加茂の川原」にも、放浪するらい者たちがいると聞いたからだ。京都に着き、鴨川べりのとある店で、「此の辺に癩病の乞食が居るそうですがどの辺でせう」と山田が尋ねると、あっさりと教えてくれる。京都ではよく知られた場所だったのだ。

川原にたどり着くと、そこにいるらい者の多くは、東京の療養所などから逃走してきた者たちだった。そしてここでも、贅沢な食事が出るのだった。驚いたことには、拾ってきたものか、ここの集団は新聞も読んでいる。山田はここで、一八歳の少年乞食とともに、「お貰い」(物乞い)をして暮らすことにする。物乞いの場所は、「稲荷山」とあるから、伏見稲荷の東にある稲荷山のことだろうか。さしずめここは、彼らにとって「得意場」というところか。ここでは少年が、乞食としては先輩である。だがここでふたりは、乞食を追い払う「山番」にみつかり追われそうになる。しかし、山田と山番とが同郷だということがわかり、稲荷山では奥の院より上に行けば、追い払われずに済むことを山番に教わる。

しばらく京都で物乞いをして暮らした山田だったが、「万人に赤恥をさらすのは嫌だ、虱に喰われる生活から逃れたい、風呂に入りたい、金儲けをして療養生活をしたい」と思うようになる。本音だろう。そして、らい者救済の「嘆願書」を偽造して、工場回りをすることを思いつく。いや「思いつく」というより、ほかのらい者から得た情報だったにちがいない。


「嘆願書」を手に寄付回り(東北・北海道)　仲間とわかれ、京都をあとにした山田は、いったん静岡の実家に立ち寄る。「今度はどんなに苦しんでも帰ってこない事にしよう」と決意し家を出てから、半年ほどが経っていた。しかしわずかに立ち寄っただけで、また家をあとにする。父親からもらったお金と盗んだ父親の印鑑を携えて、今度は東に向かう。神奈川県の鶴見(現横浜市鶴見区)で代書人をしている知人を訪ね、ここで「嘆願書」を偽造してもらった。「嘆願書」とは、父親を発起人とする、らい病患者への寄付金を募る書面である。熊本の本妙寺集落（らい者の集住地、後述）でも同様の「趣意書」を作成して各地で寄付金を集めていたことが知られている。だから、このような手法によるらい者の募金活動は、各地で行われていたと思われる。嘆願書を差し出された者は、らい者に早々に立ち去ってもらおうと、なにがしかの「寄付」をする。それがいちばん手っ取り早い。居座られては困るからだ。この行為は、一種のゆすりたかりといえなくもないが、底辺で生きてゆかねばならぬらい者の苦肉の策でもある。

山田は偽造嘆願書を携え、関東から東北、北海道の工場や事業所を広範に巡回して寄付金を集めた。はじめは上手くいくか心配していたが、わりと楽に寄付金が集まることがわかる。数ヶ月後、ある程度のまとまったお金を得た山田は、「草津温泉に行ってしばらく静養しよう」と思いたつ。そして温泉で静養したあとで療養所に入ろうと考えた。しかし運悪く、草津に向かう途中、東京の上野駅ですべてのお金を盗まれてしまう。無一文となった山田は、また放浪しながら静岡へ向かう。

全生病院（東京）　静岡の実家に帰った彼は、全く歓迎されなかった。それどころか父親は、同じ境遇のものがいる四国へ行って、旅暮らしでもするよう勧める。らい者が遍路として巡礼の旅をしていることは、よく知られた事実だった。父の言葉に失望した山田は、ここで父親と決定的な衝突をして、また家を飛び出す。つぎに彼は、東京の全生病院をめざした。ここでも曲折を経ながら、どうにか病院に入ることができた。

　全生病院では生活に困らないように、患者の所持金を預かって、少しずつ金券で支給する措置をとっていた。金券は、院内で物品の購入に用いるものである。しかし、これに不満を持った山田は、金庫に保管されていた金券を盗む。しかし間もなく見つかり、職員にリンチを受けたうえ、監房に入れられる。監房には数日間入れられたが、今度はこの監房からも逃亡してし、全生病院を出てしまう。

　逃走中、たまたま拾ったお金で切符を買って、目黒から汽車に乗り込んだ。そして、東海道線の汽車に潜り込むことに成功する。しかし今度は、無賃乗車が発覚し大船（現鎌倉市）で汽車を下ろされる。ここで自転車を盗んで大阪をめざすが、またもみつかって茅ヶ崎駅前の駐在所に連行される。同所に数日置かれたが、ここも逃亡する。駅で貨物列車に潜り込み、その後は食べ物を盗み食いしながら、無賃乗車を繰り返して、大阪の梅田駅までたどり着く。そして曽根崎署に行って、自分がらい病患者だということを告げて、療養所に収容してくれるよう申し出る。

　一〇日ほど仮収容所に入れられたのち、外島保養院に入る。先に述べたとおり、ここは一年半ほど前に、山田が逃走した経験を持つ療養所である。つまり彼は、再び外島保養院に舞い戻ったことになる。しかし半年ほどたつと、また賭博などで身を持ち崩し、大正一二年（一九二三）の正月に外島保養院から、再び逃走する。

　その後山田は、京都に向かう。この年、東西の本願寺では数百年に一度という大法会をやっていた。そのため、四月から五月にかけては、京都は人があふれ宿も不足する状態だった。こういうときは、乞食も書き入れ時である。山田も一日に二〇円から三〇円も、「荒稼ぎ」をしたという。しかしこうしたお金は身に付かない。乞食たちのあいだでも賭博がはやり、あっというまに蓄えを失う者があった。山田もそのひとりだった。蓄えがなくなると仮収容所にやっかいになる。しかし関西のそれは不潔であるという理由で、山田は東京に向かう。ここでもキセル乗車を繰り返す。そして、たどり着いた東京の仮収容所での生活で、山田可々子の自叙伝「故郷より故郷へ」は終わっている。

「故郷より故郷へ」は、大正八年（一九一九）頃から大正一二年まで、五年間ほどのらい者山田可々子の放浪と遍歴の記録である。彼のこの五年間の移動をもう一度たどってみると（通過地は省略）、静岡―草津―静岡―明石―静岡―大阪―京都―静岡―東北・北海道―静岡―東京―大阪―京都―東京となる。この間、療養所や仮収容所に入っている期間を除けば、物乞いなどをして放浪しているのである。彼の放浪生活は、実に広範囲におよんだが、放浪生活と療養所生活が連続していることがわかる。あるらい者のひとつの生活パターンといえよう。

療養所からの逃走　山田可々子は、わずか五年ほどの間に三度療養所から逃亡している。大阪の外島保養院が二度、東京全生病院が一度である。いいかえれば、療養所への入所と逃走＝放浪を繰り返しているのである。それはなぜなのか。

その前に、療養所からの逃走は、実際にどの程度あったのか。全国五か所の公立療養所は、明治四二年（一九〇九）に発足した。そこに収容された浮浪らい患者はどれくらいいたのか。大正五年

（一九一六）の第三七回帝国議会衆議院で、山根正次議員は次のように述べている。

本邦には東京、青森、大阪、熊本、香川二府三県にらい療養所が設けられております。しかして、どれだけここに入っているかと申しますと、一千有余人収容隔離されてあります。明治三十五年に内務省で調べましたところのらい患者と云うものが、二万五千八百四人の患者でありまする。二万五千八百四人に対して千人ばかりであると、僅かに二十五分の一と云うことになるのであります

療養所が設置されて七年以上も経過した段階でも、らい患者の収容率は「僅かに二十五分の一」、つまり四パーセントに過ぎないといっているのである。しかし実際の患者数は、二万五千人どころではないといわれる。明治後期には、公式にはおよそ四～五万人といわれたが、実際にはその倍以上の患者がいたとの推計もある。そうすると、療養所に収容されているのは、わずか一パーセント程度となるのである。収容されない人びとは、どうしていたのか。山根によれば、「家庭にあって転々この伝染病を伝えつつあるのでありまます。あるいは家を出まして乞食となり、木賃宿に泊まりましたり、神社仏閣に詣って夜を明かしたりする者もありまする」という。つまり、収容されていない多くの患者は、在宅でなければ「浮浪らい」なのである。そして先にも触れたように、らい者の九割は放浪していたものと推定される。

収容率の低さもさることながら、療養所からの逃亡も大きな問題であった。実は右の山根の建議

は、療養所からの逃亡者が多いことを問題視し、離島隔離の必要を述べたものである。それでは、いったいどれくらいの逃亡者がいたのだろうか。

大正九年（一九二〇）から大正一四年（一九二五）にかけて公表された統計でも、療養所によっては一〇～三〇パーセントという高率であったという。山根の建議の後半には「大坂と東京においてこの病舎が開けて以来、千有余人の患者がありまするが、二百人という逃亡者がいまするので」と述べていて、特に東京と大阪の療養所からの逃亡が多かったことをうかがわせる。逃亡した患者は、また「浮浪らい」となる。山根は、「これ（逃亡した患者—筆者注）がどこへ行ったか、病毒を持っていずれの所を潜り歩くか、危険千万なものである」ともいっている（山本俊一前掲書）。

このように、療養所からの逃亡者が多かった理由は何であろうか。「故郷より故郷へ」で山田は、その理由を次のように書いている。

此処に百人の患者が五十人に金があって他の五十人には一文も無いとすると両者が余病を併発して病の末に臥して居ても、金のある患者は水菓子でも飴でも喰たい物を食べる事ができるが金の無い患者にはそれが出来ない、寝て居る病人なんか子供の様な者であるから喰いたいと思つたら居ても立つてもたまらないやうに思ふ者であるのに、欲しい欲しいとおもつて居るリンゴなぞでもすぐお隣の寝台で金の有る患者が付添に皮をむいて貰つて馳走に喰いでもしたら譬へ様もないみじめさである。其の様な訳でどんなにつらい思ひをしても良いから、金を得なければならないと言ふ考へと、一つにはそうした病院内にあつて苦しみから逃る手段としての逃走である。

逃走するのには、厳密にいえば、人それぞれの理由があるだろう。束縛された生活からの逃走というのも大きな理由であろう。しかし、山田がいうのは、療養所生活も実は「金次第」というのである。療養所でも惨めな生活をしないためには、お金を持っていなければならないのだ。だから金のない者は、外へ出て金を稼がねばならない、という。療養所入所者による同様の証言は、ほかにもある。熊本の九州療養所（現合志市）のある入所者は、次のように述べている。「吾々の境遇に於ても無銭では全く安定がないのである。就中、吾々の世界に於ては特に懐の空虚ぐらい苦痛はないのである。寧ろ死に勝る苦痛である」と。

このような事情は、療養所側でも理解していたらしい。外島保養院では、作業部（製菓、農芸、養牛、精米、金工など）を設け、わずかであるが報酬を与えることで、逃走防止につとめた。九州療養所では、「作業奨励金制度」ができて、理髪をはじめ、道路修理、庭園の手入れ、裁縫、洗濯、あるいは看護の手伝いなどに対して、報酬が支払われた（天田城介「体制の歴史を描くこと—近代日本社会における乞食のエコノミー」）。

しかしこのような措置を講じてもなお、療養所からの逃亡はあとを絶たなかった。要するに、療養所の中と外とを比べたとき、外の世界のほうがずっと豊かで魅力的だったのである。療養所にらい者を隔離する意義は、この点からも大いに疑わしいといわざるをえない。

らい集落の終焉

本妙寺(ほんみょうじ)とらい者　平成二四年（二〇一二）年に政令指定都市となった熊本市西区に、日蓮宗六条門流発星山本妙寺がある。本妙寺は熊本藩初代藩主、加藤清正によって建てられた。本妙寺はもともと、清正が父忠清の冥福をいのるために大阪に開創（一五八五年）したが、清正が熊本城主となったため、慶長五年（一六〇〇）に熊本城下に移された。加藤清正は、日蓮宗の熱心な信者で、本妙寺境内には清正を祀る浄池廟や清正の銅像などがある。また本妙寺からは、清正が築城した名城熊本城がよくみえる。

さて、本妙寺には江戸時代後期ころから、全国のハンセン病者が参拝に訪れるようになった。らい者たちは、なぜ本妙寺に集まったのか。ひとつは法華経観発品第二十八に「モシマタ、コノ経（法華経）ヲ受持セン者ヲ見テ、ソノ過悪ヲ出ダサンカ、モシハ実ニモアレ、モシハ不実ニモアレ、コノ人ハ現世ニ白癩ヲ得ン」とあることから、らい者たちは日蓮宗の寺院に多く集まった。この経文は本来、法華経の受持者への批判を禁じたものであった

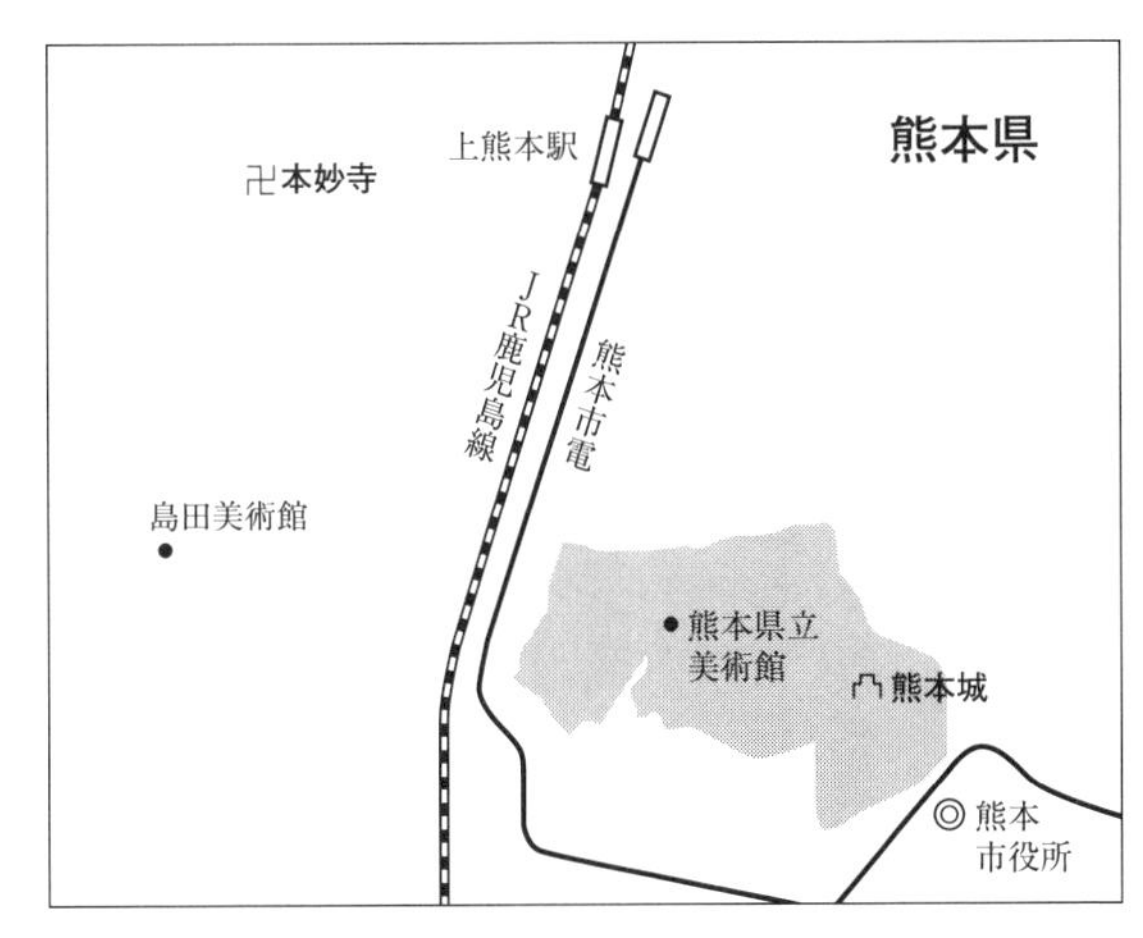

が、らい者は前世で法華経の行者をののしったがために罰せられ、現世においてらい病を患うことになったと解釈された。そのため、現世で法華経を信仰、礼賛すれば病気も治ると信じられたのである。ふたつめは、本妙寺を創建した加藤清正がらい病だったとの俗説があったこと。三つめには、本妙寺はらい病に限らず、病気平癒に御利益があると信じられていたことである。病気になると本妙寺に病気平癒を祈願し、治癒すれば願解きにまた寺を訪れる。本妙寺への病気平癒祈願の参拝者は、熊本藩内一円から訪れた。

「本妙寺癩窟」の真実　明治以降、本妙寺の周辺には、らい者たちの集住地（らい部落）が形成される。ここではこの集住地でのらい者の暮らしぶりと、この集住地が破壊される本妙寺事件（昭和一五年）までの経緯をみてみたいと思う。ただしこの問題については、『熊本県「無らい県運動」検証委員会報告書』（「無らい県運動」とは、一九三〇年代に府県別に行われた、絶対隔離＝強制収容によるらい者根絶の運動）が、管見の限り、最も詳細かつ客観的な研究と思われる。本項の記述の多くは、この報告書に依拠している。

ところで、のちにハンセン病の治療施設である回春病院を設立したハンナ・リデルが、熊本市の本妙寺に屯するらい者たちをはじめて目にしたのは、明治二三年（一八九〇）四月三日のことであった。彼女が来日して四ヵ月後、熊本に到着して二ヵ月後のことである。明治期のらい者たちのようすを書いた記録は、それほど多くないから、リデルの記録は貴重である。四月三日はちょうど桜の季節。本妙寺の参道には、桜並木があった。彼女は知人の案内で、花見のつもりで寺を訪れた。

ところが参道の光景は、彼女のその後の生涯を決めてしまうほど衝撃的なものであった。咲き誇る桜並木の下には、それとは裏腹に凄惨な光景があった。鼻が落ち、手足が曲がって萎えたらい者の群がそこにあったのである。母に抱かれながら病におかされたいたいけな幼児、団扇太鼓をたたき熱狂的な祈りをささげ、ついに昏倒するらい者。この当時、三〇〜四〇人くらいのらい者が参道にいて物乞いをしていたといわれる。彼女がいつも携えていた座右の書『日日の光』の欄外には鉛筆で、「first saw lepers（この日はじめて癩者をみた）」と書き込んでいる（『日本残酷物語 1』）。のちにリデルは、大日本衛生婦人会の講演（明治三五年）で「麗しき花の下には何者があるかと見ますれば、それはこの上もない悲惨な光景で、男、女、子供のらい病人が幾十人となく道路の両側にうずくまっていまして（中略）幼い子供に教えられて、小さい痛ましい手を出して往来の哀れみをこうております」と語ったという（熊本日日新聞編『検証 ハンセン病史』）。

イギリス国教会の伝道師ハンナ・リデルのミッションは、いうまでもなくキリスト教の伝道であった。しかし彼女はこの直後、本妙寺近くの牧崎村に臨時救護所をひらき、五年後には熊本市北東部の立田山南麓に、回春病院を開設することになる。そして、その生涯をらい者の救済にささげるのである。明治日本のらい者救済事業は、リデル同様、外国人伝道師によりはじまった。

本妙寺の集住地では、日露戦争がはじまった明治三七年（一九〇四）には、隣接する共同墓地に張られた約八〇の天幕（テント）や寺の建物の軒下などで起居する者が、一四〇人ほどいたという。リデルがはじめてらい者を目撃した頃から、一〇〇人以上らい者が増加していることになる。『菊池恵楓園五〇年史』は、この状況を「日露戦争前後にはいわゆる天幕時代の患者横行状態が出現した」と書いている。ここでも、明治期が「浮浪らいの時代」だったことが確認できる。これらがすべてらい者であったかどうかは分からないが、この人びとは参道で参拝者の袖を引き、また市街地に出て物乞いを行っていたという。特に毎月一三日と二四日の両日は、加藤清正の月命日（月忌）で参拝者が多く、従って乞食もまたこの両日は多かった。両日にはまた、市内の在宅のらい者も参拝に集まったという。日露戦争の終結に伴い、本妙寺近くにあった陸軍の軍馬厩舎十数棟が払い下げられた。この厩舎の一部には畳が敷かれ、長屋式の貸家となって、ここにらい者が居住をはじめる。こうして本妙寺界隈のらい部落が形成される。本妙寺のらい部落の形成も近代の産物であった。そして、草津湯ノ沢のそれもまた同様であった。

らい部落は四つあって、中尾丸・日朝裏・常題目付近・深刈にあった。このらい者の集住地は、「本妙寺癩窟」とも呼ばれた。「癩窟」とは、何とも陰惨なイメージを伴う言葉であるが、「本妙寺癩窟」というタイトルの記録を残したのは、潮谷総一郎である。潮谷はキリスト教系のハンセン病慈善団体「九州救らい教会」の一人であったから、特に悪意を込めて使ったのではないはずである。であれば「癩窟」という語は、当時「普通に」使用されていたと思われる。「癩窟」という語から、らい者にむけられた眼差しがみえてくるように思われる。

明治四二年（一九〇九）に、全国五か所に公立の療養所が設置されると、「患者刈込」とよばれた警察による、浮浪らいの半強制的な収容が行われるようになった。本妙寺の集住地区でも、大正一五＝昭和元年（一九二六）から昭和五年（一九三〇）の五年間で、八回の「刈込」が行われ、計七〇人のらい者が九州療養所（菊池恵楓園）に収容されたという。しかし集落は消滅することなく、各地から集まるらい者のほか、いったん療養所に収容された患者のうち、逃走者も集めて存続した。

この集住地の暮らしぶりは、どのようなものであったのか。昭和の初めころ、本妙寺周辺には大まかに四つの部落があった。ここに約四〇棟の貸家もしくは木賃宿があって、家主が五人いた【写真14】。この家主たちはいずれも、二〇年以上前に「他国」から放浪してここにやってきたらい者か、またはその子孫であった。その境遇が故に、家主たちはらい者や貧困者の生活が成り立つよう便宜をはかった。熊本にある第六師団の払下げ残飯一〇〇匁（三七五グラ）を三銭ほどで提供し、家賃も含め一日九銭で暮らせるように設定されていた。そのため、「貧困者の生計上最も暮し良き楽天地」（熊本市社会課長の談話）だったという。つまり本妙寺のらい部落は、らい者の生存が可能な、安住地だったのである。これが放浪するらい者や貧困者が、ここに集まってくる最大の理由であった。もうひとつ大きな理由がある。療養所に収容されると、らい者は家族と離れなければならなくなる。療養所では、らい病患者ではない家族とともに暮らすことが出来ないのである。ところが本妙寺集落では、家族とともに暮らすことができるので

【写真14】「本妙寺らい部落」（昭和15年、『菊池恵楓園50年史』より転載）

ある。九州療養所の入所者にとって、本妙寺集落は「あこがれの的だった」という（『熊本日日新聞社』二〇〇二年七月一九日付朝刊）。「本妙寺へ行けば、家族とともに生きて行ける」という希望を持って、らい者たちが本妙寺のらい部落に集まってきたのである。

昭和初めころの九州療養所の調査によれば、この集落でのらい者とその他の貧困者との関係も、すぐれて良好だったという。ここに住まう人びとは、らい患者をいっさい忌避せず、交際は全く自由だった。それはここの住人たちが、ハンセン病を感染症として理解していなかったからだという。また、ここの住人のほとんどが、他府県から放浪のすえ移住し安住の地にたどり着いた貧民から、らい者だったから、互いに差別意識が生じなかったともいう。本妙寺周辺に集まってきた貧者やらい者の出身府県は、朝鮮から来た者も含め、一三府県にも及んだという。九州療養所長河村正之は、「誠にこの部落は患者貧民にとり差別待遇を受けざる生活安易の別天地なり」といっている。要するに住人（らい病患者、貧困者）たちにとって、そこは一種のアジールだったのだ。だからここに住む人のあいだに差別意識が生じる余地がなかったと考えるべきであろう。

本妙寺とその周辺にいたらい者たちの暮らしぶりについて、公式な記録はそれほど多くはない。その中で、のちに長島愛生園（岡山県）に収容されたN・Yという人物のわずかな記録がある。N・Yの本籍は、沖縄県国頭郡。昭和一〇年（一九三五）一二月に星塚敬愛園（現鹿児島県鹿屋市）に入園。二年後に敬愛園を退所した。退所してからは古物商を営んでいたが、間もなく熊本市島崎町に居を移し、相愛更生会（らい者たちの互助組織、後述）に入会した。その後は、糸や針などの「小間物」の行商をしながら、寄付金集めのために「島根・広島・岡山・熊本ノ各県下ヲ流浪シ居タルモノ」という。行商と寄付金集めを兼ねて、西日本のかなり広い範囲を廻遊していたのである。なおこの記録は、N・Yが長島愛生園を逃走したときのものである（『長島は語る　岡山県ハンセン病関係資料集・前編』）。

アジール（避難所）か暗黒街か　本妙寺集落は昭和初期の最盛期には、世帯数約一五〇、人口約五〇〇〇人ほどであった。そのうちらい患者数は、一割ほどだった。だから「癩窟」とはいえ、らい者が多数をしめていたのではない。患者の職業はといえば、日雇い、物貰い、日用品菓子行商、貸屋業、托鉢など多岐に及んだ。軽症者も多く、彼らは自活していたといえる。「軽傷者ハ葬式ノ旗持チ或ハ乞食ヲナシ、家族中健康体ノ者ハ日雇稼、給仕女又ハ芸娼妓トシテ出稼シ居レリ」という記録もある（『菊池恵楓園五〇年誌』）。すくなくとも明治後半から戦中期にかけて、こうした都市雑業と乞食労働によって、らい集落や乞食集落、貧者集落の形成、維持が可能であったのである（天田前掲論文）。

そこに住む人びとにとって、本妙寺集落はアジールであっても、これを観光都市熊本市の汚点ととらえ、何とか消滅させたいと考える人びとの目には、部落は全く別なものに映る。現在の民生委員にあたる熊本市西部担当の方面委員十時英三郎は、昭和九年（一九三四）に「熊本市花園町本妙寺付近ノ調査報告」という調査レポートを作成しているが、冒頭には「熊本市花園町本妙寺付近中尾丸一帯ノ不浄地区ハ、衛生ノ上ヨリ風紀ノ上ヨリ果タ又観光都市ノ上ヨリ見テ西部方面広ク云ヘバ市政ノ上ヨリ一種ノ癌ト云フベキヲ思ヒ」とある。十時は、本妙寺部落を「不浄地区」「癌」と呼んで憚らない。十時は、この集落では患者と貧民が雑居しているため、伝染の危険性がより大きいと考えた。またこの集落は療養所に比べ「わがまま放題」ができるため、療養所からの逃走者が集まってくるのだとする。極めつけは「不潔狭隘ノ内ニ腐爛セル癩患者、盲人、ドン底生活ノ落伍者、不良者、賭博常習者等雑然トシテ入リ交ジリ居住シテ」、警察も足を踏み入れない無法地帯だという。そして一刻も早く、「不浄地区」を「浄化」すべきだと主張する（『菊池恵楓園五〇年史』）。

十時の「浄化計画」とは、集落内の住居をすべて買収して一帯を公園化し、さらに近くの山に患者収容施設を建設し患者をそこに収容する、というものであった。

十時の「浄化計画」をうけて、一九三六年に開かれた熊本市長主催の「衛生座談会」でも本妙寺集落の問題が議題にあがった。座談会に出席した当時の九州療養所の所長宮崎松記のメモが菊池恵楓園に残されている。そのメモには次のように書かれている（『検証　ハンセン病史』）。

一、皇紀二千六百（一九四〇）年を期して熊本市よりらいを根絶す。
一、らい部落並びに西洋人経営のらい病院が今なお存することは日本の国辱。

近代社会は、「衛生」をことさら強調する。不衛生（不浄）な場所は、「浄化」しなければならない。それが文明なのである。不衛生な場所を「浄化」することに、異論を唱える人は少ない。本妙寺のらい集落の破壊＝「浄化計画」は、この時期にその期日も含めて、具体化していたものと思われる。

さて、本妙寺集落は、らい病患者や貧困者が共生するアジール（避難所）なのか、十時がいうような暗黒街なのか。さまざまな事象についての人間の理解は、その人のスタンスによって異なるから、どちらも本妙寺集落の表裏という意味で真実といえるかも知れない。らい患者にすれば、ここは安心して暮らせる、そして強制収容から逃れられるアジール（避難所）であったことは疑いようがない。いっぽう十時は、「浄化計画」を策定した人物であり、少なくとも計画の正当性を述べなければならない。十時の立場にしてみれば、本妙寺集落の「不良性」「不衛生」を誇張する必要があったのである。

「事件」への伏線　らい者をふくむ本妙寺集落を消滅させた「本妙寺事件」。それには、いくつかの伏線があった。ひとつはさきの十時にみるように、集落が観光地熊本の汚点として、「浄化」へむけての気運と世論を形成する動きである。これは戦前の衛生行政を担った内務省（警察）や熊本県の立場であるが、地元新聞もこれに加担したといって良い。

ふたつ目は、昭和一二年（一九三七）に発生した、「もらい子殺し事件」である。これは本妙寺集落で、養子として育てられていた幼児が、次々に死亡していた事件である。ある老夫婦が養子として幼児を引き取り、養育費を手にした挙げ句、栄養失調に追い込み死なせるという犯罪を繰り返していたというのだ。養育していた夫婦とこれに関わったとされる二〇名が、殺人容疑などで逮捕された（二〇名のなかに、らい病患者は含まれていない）。地元紙『九州日日新聞』は、「鬼畜夫婦」としてセンセーショナルに報道した。ところが不思議なことに、この事件で老夫婦以下、関係者が起訴されたかどうかも不明だという。『熊本県警察史第二巻』(一九八二年)には、この事件の送検後の処分は「資料がなく不明」と記載されている。殺人事件に関して、その処分が最終的に「不明」などということがあり得ようか。熊本地裁にもこの事件の資料は残っていないという。しかし、処分が不明であろうがなかろうが、この事件は絶大な影響力を発揮した。本妙寺集落が「暗黒街」「無法地帯」であるという印象を、県民に徹底的にすり込む効果を持っていたのである。

三つ目は「相愛更生会」(以下、更生会と略記)とその活動に対する取り締まりである。更生会は昭和一〇年(一九三五)ころ設立された。本妙寺集落のらい病患者住民の「自治組織」である。集落に住むらい者の三分の二が会員だった。更生会は春と秋の年二回、会員が分散して全国を歩き、寄付金を集めながら廻遊した。いや国内一円はおろか、朝鮮半島へも足を運んだという。この活動を彼らは、「蹴込(けこみ)」といった。「蹴込」とは一種の「乞食用語」で、「ケコミ(マチ(ママ)又はタワシの類を携へ合力を乞ふもの)」とあり(「東京の貧民」)、もともとはマッチやタワシを売りつけて、金銭を要求するような行為をいったようだ。

集めた寄付金は、集落のらい者に分配され重症者の生活費にも充てられた。また将来は、寄付金を元手に草津温泉湯ノ沢集落をモデルにした、療養所や礼拝堂をそなえた自由療養地を開く計画もあったという。更生会は、寄付金を効果的に集めるために、趣意書や領収証もつくり、熊本県に対し寄付金募集の認可申請も行っていた。しかし、県から認可を得ることはできなかった。

そうしているうち、更生会は認可を得ないまま、熊本県知事藤岡長和の印鑑を偽造し、公認された募金活動を装って寄付金を集めはじめた。昭和一四年(一九三九)、熊本県知事を退任したばかりの藤岡の大阪府の自宅を、更生会員がたまたま訪れた。そして偽造された印鑑を使った許可書を、あろうことか藤岡自身に差し出してしまった。自分の印鑑が偽造され使用されていたことを知った藤岡は激怒し、熊本県に対し徹底した更生会の取り締まりを要請した。熊本県は要請に従って、「犯罪者集団」の巣くう本妙寺集落の破壊に向かうのである。こうしてここでもらい者たちの「自治組織」は、「犯罪者集団」に暗転する。県にしてみれば、湯ノ沢のような療養地が造られることにでもなれば、もはやらい集落の存在は恒久化することになり、どうしても更生会をつぶしておく必要があった。本妙寺事件は、もう目の前に迫っていた。

四つ目は、国立療養所への絶対隔離が進行するなか、放浪するらい者が、まだ存在すること自体許されなかった。ましてや、らい病患者の集住地が、そのまま放置されていることは論外であった。絶対隔離を完遂するためには、集住地を消滅させる必要があった。さらに、日中戦争がはじまっていて、国内の体制引き締めの意味合いもあったものと思われる。

五つめに、日中戦争後の戦時動員体制がすすむ中、さきに触れた都市雑業や乞食労働市場（周縁労働市場）が著しく縮小していったことも事件に影響したとの議論もある。労働力の戦争への総動員が進められるなか、労働者の所得は不安定化し、その結果、貧しい人びとへの「おこぼれ」が減少していったといわれる。こうして、本妙寺集落における都市雑業や乞食労働もやせ細ったという。

本妙寺事件（本妙寺集落の破壊） 様々な要因が本妙寺集落の破壊を準備するなか、更生会は「犯罪者集団」のレッテルを貼られ、社会の信頼を完全に失ったかにみえた。それにつれて、当然のこととして、更生会の活動も停滞した。そうしたなか、昭和一五（一九四〇年）に厚生省が「無らい県運動」の徹底を各府県に通達。同年五月には公立療養所長会議が開かれ、「浮浪らい部落の迅速なる解消及び各療養所の協力」という議題で議論している。そのなかで、療養所の職員だけでなく、警察の協力を要望する声が出た。ちょうど同じ頃（同年五月）、熊本県警察部長に着任した山田俊介は、本妙寺集落をめぐる種々の「負」の情勢に鑑み、集落の処分（破壊と消滅）を決意する。七月六日、厚生省、熊本県、国立療養所長島愛生園、同星塚敬愛園、九州療養所の職員・関係者が、熊本県警察部長室で会議を開き、二日後の九日を期して本妙寺集落の患者を強制収容（検束）することを決定した。決行日までの準備は、秘密裏に進められたという。

【写真15】トラックに乗せられた本妙寺集落の人びと（昭和15年7月9日、『菊池恵楓園50年史』より転載）

七月九日午前四時、非常召集がかけられ警察官、療養所職員、県職員など約二二〇人が集落を包囲した。そして各戸の戸口に患者の家を示す目印と患者の人数が書かれ、午前五時から、二二〇人が一斉に集落になだれ込んだ。患者とその家族は住まいから追いたてられ、わずかの貴重品を携えただけでトラックに乗せられた【写真15】。らい者を乗せたトラックは、九州療養所に向かった。結局、本妙寺集落での「強制収容作業」は三日間つづき、あわせて一五七人が検束された【表1】。九州療養所に収容された患者らは、その後、全国の五カ所の療養所に分散して送られた【表2】。【表2】の九州療養所の備考に「重症其ノ他ノ理由ニ依リ輸送不能ナルモノヲ収容ス」とあることから、もともと九州療養所には、ひとりも置くつもりはなかったことがわかる。これはもちろん、本妙寺集落の復活を防止するためだろう。また検束者のうち、相愛更生会の中心にいたとされる三六名は、群馬県草津にある栗生楽泉園に送られ、内九名が特別病室に入れられた。この「特別病室」は、「病室」とは名ばかりの「重監房」であった。

当時の『九州日日新聞』は、「市民の保健衛生と聖域本妙寺の浄化」との見出しで、この事件を伝えている。記事は、「健康な日本人をつくることを蝕む癩者の予防撲滅をはかる」という一文ではじまる。記事は、本妙寺という「聖域の再生」を願い、市長のことばとして「強制収容の意義」を伝えている。また記事の中では、らい者が市中に徘徊すること自体が怖ろしいことだと、読者の恐怖心を煽る文章もみられる（中村阿紀子「無癩県運動と隔離政策の中で生きてきた女性達」）。

事件後の七月二四日付で、九州療養所から厚生省予防局長あての報告書がある。その冒頭には、「熊本市本妙寺附近一帯ヲ巣窟トセル癩部落ハ、近年ニ至リ療養所逃走ノ浮浪癩全国各地ヨリ蝟集シ、常ニ出没シテ病毒ヲ散曼スルト同時ニ社会秩序ヲ紊シ、其ノ良風美俗ヲ害シ、就中相愛更生会ト称スル欺瞞的団体ヲ拵へ、会員ヲ全国ニ派遣シテ寄附金ヲ強要シ、其ノ禍害漸ク甚シキモノアリ。今般機我国癩予防上ノ最大禍根トシテ之ガ解決ハ朝野ノ翹望措カザル多年ノ懸案ニテ有之候所、愈々熟シ本省ノ周密ナル御指導並熱烈ナル御支援ト熊本県当局ノ御英断トニ依リ茲ニ根本的解決ノ

【表1】日別検束者数

	男	女	未感児	非らい	計
七月 九日	五四	四六	二五	九	一三四
七月一〇日	六	四	｜	二	一二
七月一一日	三	三	三	｜	九
その他	二	｜	｜	｜	二
計	六五	五三	二八	一一	一五七

【表2】検束者送致先および人数

送致先	男	女	未感児	計	備考
愛生園	一三	一〇	三	二六	
敬愛園	一二	九	一〇	三一	
光明園	二一	一九	四	四四	
楽泉園	一七	一〇	九	三六	
九州療養所	二	五	一	八	重症其ノ他ノ理由ニ依リ輸送不能ナルモノヲ収容ス
非らい送還	六	五	｜	一一	
引渡	｜	｜	一	一	親ノ希望ニ依リ実兄ニ引渡ス
計	七一	五八	二八	一五七	

*【表1】【表2】とも『菊池恵楓園五〇年史』より引用（一部改変）

対策成リ」とある(『菊池恵楓園五〇年史』)。こうして、「我国癩予防上ノ最大禍根」であった、らい者の「巣窟トセル癩部落」は、「相愛更生会ト称スル欺瞞的団体」もろとも消滅したのであった。

本妙寺事件、その後　ほぼ破壊し尽くされた本妙寺集落であったが、新たな集落の形成＝本妙寺らい部落の復活をみないようにするため、事件後も徹底した解体の圧力が加えられた。その主体となったのが、事件後ほぼひと月後に設立された熊本市癩予防協会であった。会長は県警察部長が就き、県・市・警察・九州療養所・県医師会・本妙寺などの関係者が役員や会員となった。協会は三万円の寄付を集め、これを事業費として患者の家屋の焼却、土地の売却を行った。この時の私財の売却代金は、患者に送付されたとされる。しかし患者たちの手に渡ったのは、おとな一人八〇銭、子ども一人四〇銭の、雀の涙に等しい見舞金だけだったという。これは、事実上の私財没収事件であった。こうみてくると、熊本市癩予防協会とは、らい病の「予防」というより、新たな本妙寺集落の形成を「予防」するための組織であった。こうして本妙寺らい集落は跡形もなく消滅し、本妙寺周辺の「浄化」が完了した。そして再び、らい集落が形成されることはなかった。

ところで、本妙寺事件は国家が犯した違法行為という指摘がある。当時の「らい予防法」(旧法)では、療養所に強制収容できるのは「浮浪らい」だけであった。本妙寺集落のらい者たちは、住居を構えていたのであるから、「浮浪らい」ではない。従って、本妙寺集落のらい者たちは強制収容の対象とはならないのである(『検証・ハンセン病史』)。しかし当局が、そのことを知らないはずはない。さきにあげた十時の報告書には、強制収容に際し留意する点として、「現在ノ癩患者ハ可及的浮浪者トシテ収容セラレシコト」とある。「可及的」とは、「なるべく」「できるだけ」という意味であるから、本妙寺のらい者は「浮浪らいとして収容」すべきだといっているのである。これはまさに「確信犯」というべきである。本妙寺事件は、法律の拡大解釈、恣意的な解釈、そして「浄化」してらい者を「隠蔽」することこそが、「公衆衛生」=「公共の利益」との「信念」がもたらした、横暴きわまりない事件であったといえる。そして大方の一般市民も、事件に目をつぶった。いや、本妙寺の周辺が「浄化」されることに異を唱える市民はいなかった、というべきか。もちろん、国家権力に抵抗すること自体が、困難な時代でもあったが。

集落の処分に主導的な役割を果たした九州療養所の宮崎松記所長はのちに、厚生省予防局長あての手紙に「最高八十二歳の老人から最低生まれたての赤ん坊までの百鬼夜行の老若男女を留置したる光景は見るものにて御座候」と書き送ったという(『検証・ハンセン病史』)。本妙寺らい集落を処分する側、とりわけ絶対隔離が唯一の解決の方法と考える者にとって、浮浪らいたちは、徘徊しながら感染を拡大する「百鬼」、すなわち化け物でしかなかった。

復活の動き　さきに、本妙寺のらい部落は、「ふたたび形成されなかった」と書いた。しかし、全国各地に分散収容された本妙寺のらい者たちの間では、集落の復活をめざす動きはあったようだ。各療養所では、らい集落の復活を阻止するべく、特に本妙寺集落からの収容者を厳重に監視した。長島愛生園の「本妙寺収容患者の動静報告」という文書がある(『長島は語る』)。この報告書は、長島愛生園から厚生省予防局長と熊本県警察部長に宛てたものである。愛生園には事件後、四三名の本妙寺からの収容者があった（四四名という資料もある）が、事件からわずか半年後の昭和一六年一月までに、何と一九名が逃走している。これに退園者を含めると二四名に達し、残っている者は一九名だったという。旧本妙寺部落の収容者の半分以上が、外に出ているのである。もちろん愛生園では、逃亡や退所を極力阻止しようとした。しかしその結果がこれである。

この事態を重くみた愛生園では、逃走が本妙寺らい集落の再興にあるとみて、次のような「結論」でしめくくっている。「彼等（逃走者のこと─筆者注）に於て本妙寺癩部落再現を策謀するは必定と認められ、甚だ憂慮すべき事態にて、一方現在に於ても他の患者の動揺禁じがたく、（中略）皇元二千六百年の画期的一大記念事業として完遂せられし本妙寺癩部落浄化の聖業が一年を経ずして崩壊せられんとすることを思ひ、各療養所協心戮力事を未然に防ぐは勿論にして」と、療養所側の狼狽ぶりがみてとれる。「動揺」しているのは園に収容されている他のらい患者たちではなく、園長をトップに本妙寺のらい者たちを抑えきれない愛生園の管理職たちである。

ところで、相愛更生会の会長だった中村理登治は大分県出身だった。元警察官で法律にも詳しかったという。彼は本妙寺事件の後年、「わしは本妙寺の患者集落を確固たる形態にし、療養所などには入れられまいとあらゆる努力をした」と語っている。更生会に集った患者たちは、中村をトップに本妙寺集落で自活する道を模索していたのである。この中村の言葉こそが、「本妙寺集落の真実」を端的に表現しているように思う。中村のいう「確固たる形態」とは、らい者たちが、家族で自由に安心して暮らせる、自治的な「自由療養地」をさしている。ちなみに中村は、その晩年を大分県の別府市で過ごしたという。

近代社会とらい者　近世においても、四国の乞食遍路にみられるように、放浪する「浮浪らい」は存在した。いっぽう近世においては、物吉村や青癩村のように、らい者自身の共同体も存在した。幕藩体制が崩壊し、明治政府が成立。しかし、明治政府はらい者の救済に無関心であった。こうして大量の「浮浪らい」があらわれ、「浮浪らいの時代」が現出した。明治期にあって、らい者の積極的な救済に動いたのは、日本にやってきたキリスト教の伝道師たちであった。かれらの活動を過小評価してはならないが、そこで治療を受けた者の数は、患者全体からすればごくわずかだった。

「浮浪らい」を収容、隔離するために明治四〇年に「癩予防法ニ関スル件」が出され、五カ所の公立療養所が造られたが、その収容能力もわずかなものだった。しかし、隔離が開始された意味は大きい。この段階では隔離のみが目的ではなく、「浮浪らい」の治療＝救済の目的もあった。しかし療養所の生活環境や生活水準は、「外の世界」より劣悪であったために、療養所からの逃亡が続出した。

満州事変がはじまる昭和六年（一九三一）には、「癩予防法ニ関スル件」は改正され、「癩予防法」（旧法）が成立する。この法律によって、浮浪らいだけでなく、すべてのハンセン病者への絶対隔離が開始される。昭和一一年（一九三六）には、内務省がハンセン病「二十年根絶計画」を決定。これに基づいて各県で、「無癩県運動」が展開される。各府県は競って家庭や地域で療養しているらい者を捜索し、隔離施設に送り込んでいった（ただし、らい患者を「検挙」し、「強制的」に療養所に収容する法的根拠はなかった）。この頃になると、国や県の要職にある者たちの間では、「浮浪らい」の存在そのものが、「国辱」であると認識されるようになる。

ナチスドイツは優生思想（進化論を曲解し、優れた者だけが生き残る、または生き残ればよいとする思想）にもとづいて、第二次世界大戦中にユダヤ人だけでなく、ロマ（非定住民、かつてジプシーともいわれた）や障がい者も虐殺した。日本も国際的な孤立からドイツに接近する過程で、ドイツの優生思想の影響をうける。そして障がい者、各種中毒患者、ハンセン病者の「断種」（男女を問わない不妊手術）が実施される。

戦後、日本国憲法によって、基本的人権の保障が国民主権、平和主義とともに三大原則として掲げられた。ところが、国によるらい者の隔離は戦後も継続する。昭和二三年（一九四八）ころから、第二次無癩県運動が展開する。その最中、昭和二六年（一九五一）には、絶対隔離を主導した光田健輔が文化勲章を授与される。光田の影響力は戦後も温存され、いやその権威はいっそう高められ、光田に異を唱える官僚は少なかったという。

昭和二八年（一九五三）年には、「らい予防法」（新法）が成立、隔離はさらに強化され、らい者の人権は一貫して踏みにじられる。絶対隔離を批判する国際的な圧力にも、日本政府は「屈しなかった」。戦前と戦後の、変わらぬらい者への仕打ちを貫くものは、あの優生思想である。すでに昭和一八年（一九四三）に特効薬プロミンがアメリカで開発されていたが、その導入と使用も日本では遅れた。そして戦後も日本人は、ハンセン病を恐ろしい感染症と思い込まされ続けた。

こうした状況を変えたのは、ほかでもない隔離施設にくらす入所者自身の運動であった。入所者の訴えを受け、九州弁護士連合会など法曹界が動きはじめる。一九八〇年代になるとマスコミもこの問題を大きく取り上げるようになる。そして気の遠くなるような、入所者と周囲の支援者の地道な運動が、ついに「らい予防法」を廃止させた。平成八年（一九九六）のことであった。しかしこれは、あくまでも法律の廃止でしかなく、らい者の人権回復はさらに数年を待たねばならなかった。隔離が人権侵害だとした熊本地裁の判決は、平成一三年（二〇〇一）のことであった。

第四章

ふたりの〈紀州〉

——放浪する乞食たち

乞食もまた、放浪し物乞いをしながら生きてゆく。近世において乞食は、非人身分であったが、近代になると、身分としての「非人」は解体される。いっぽう、資本主義の成立によって、新たな貧富の格差が生じ、都市を中心に生活困窮者＝貧困層が増加し、いわゆる「貧民窟」が形成される。

明治の文豪国木田独歩は、若き日に大分県佐伯市（当時佐伯町）に英語の教師として招かれた。佐伯に滞在したのはわずかな期間だったが、佐伯を題材にして、のちに「源をぢ」を世に送った。この作品の中に、〈紀州〉という若い乞食が登場する。その後、独歩の作品や文章には、何度もこの乞食の名前がみえる。実はこの〈紀州〉、実在の人物だった。

また戦前、貧困者（乞食）救済の社会事業をおこなった清水精一は、約三年半にわたり乞食集団と生活をともにして、集団の内側から乞食をみつめた。奇しくも清水のリポートにも〈紀州〉という名の乞食が登場する。ふたりの〈紀州〉を糸口に、乞食と日本の近代社会について考えてみたい。

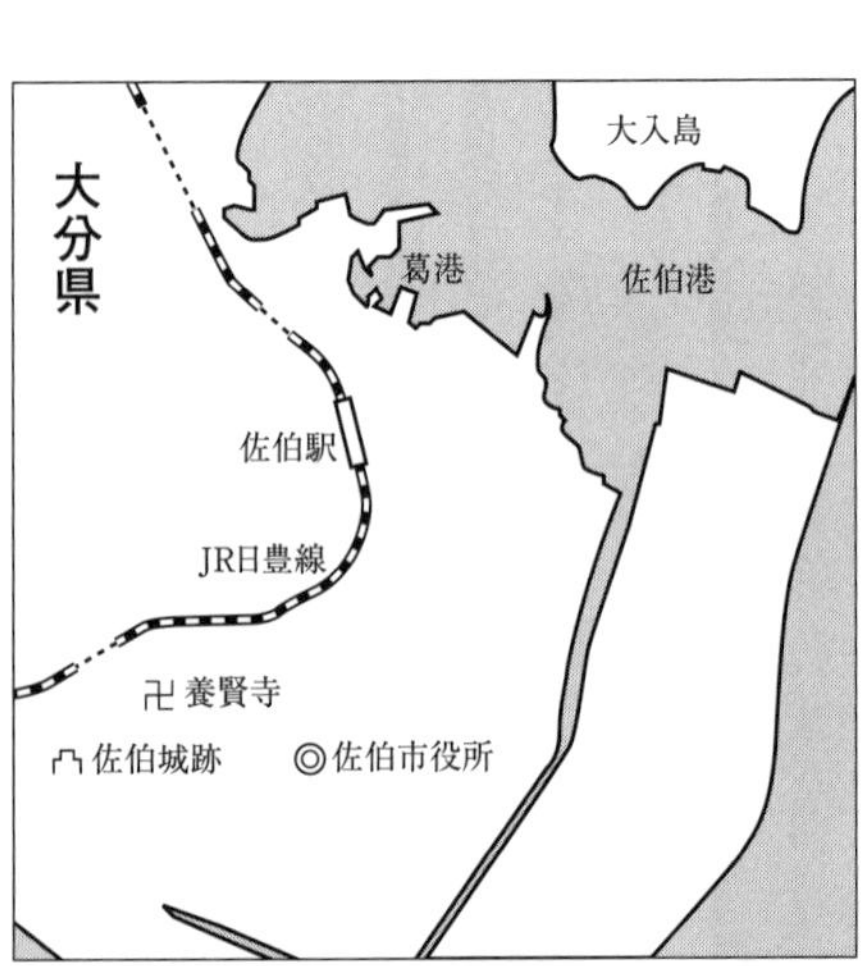

佐伯町の〈紀州乞食〉

「源をぢ」のあらすじ　乞食〈紀州〉は、国木田独歩の「源をぢ」に登場する。そこで話の前提として、まず「源をぢ」のあらすじを紹介しておこう（本章では、作品を「源をぢ」、人物を〈源叔父〉〈紀州〉と表記する）。

【写真16】源をぢと紀州の像（佐伯港（旧葛港）前の港ロマンパーク）

「源をぢ」は、佐伯を舞台にした国木田独歩の短編である。「源をぢ」の物語は、都から来た青年教師の目を通して描かれる。青年教師は、もちろん独歩自身である。

主人公〈源叔父〉（池田源太郎）は、渡し船の船頭である。葛港と対岸の大入島とを行き来して人を運んだ【写真16】。櫓を漕ぎながらの〈源叔父〉の流暢な船歌は、佐伯の人で知らぬ者がないほどだった。しかし彼は愛妻に先立たれ、その後ただひとりの息子も水難で亡くしてしまう。家族を失ってからの〈源叔父〉は、船を漕ぎながら歌うこともなく、人と会話することもなくなった。

そんなおり、〈源叔父〉は佐伯の街にいた乞食〈紀州〉をわが子として引き取ることにした。〈紀州〉は年のころ一五、六歳。その数年前、母に連れられて日向国の方（南）から佐伯にやってきたが、まもなく母に捨てられた。〈源叔父〉は、家族を失った自らの境遇と〈紀州〉のそれとを重ねるのだった。

〈紀州〉は、ほとんど人と話すこともなく、目はうつろで表情もなく、生きる屍のような乞食だった。人から名を問われれば、「紀州」とだけ答える。いつしか街の人びとも、彼を「紀州」と呼ぶようになった。そんな人間だったから、街の人は、〈源叔父〉が〈紀州〉を引き取ったことを知って驚き、また嘲笑した。

〈源叔父〉は、引き取った〈紀州〉を親身になって世話をする。それは、〈紀州〉の人間性回復のためでもあった。しかし、ふたりの生活は、それほど長くは続かなかった。ある日〈源叔父〉が仕事から帰ると〈紀州〉がいなかった。血眼になって探して、このときは〈紀州〉をみつけて家に連れ帰った。それらかしばらくして、〈源叔父〉が体調を崩し寝込むことがあった。それは嵐の夜だった。寝ていた〈源叔父〉が目を覚ますと、再び〈紀州〉がいなくなっていた。このときも〈源叔父〉は、必死で〈紀州〉を探し回った。しかし見つからない。さらにこの嵐で、唯一の生業の手段だった船が壊れてしまった。失意の〈源叔父〉は、家の傍らの松の枝に縊（くび）れて果てる。


「源をぢ」のなかの〈紀州〉　「源をぢ」は、上・中・下の三段構成になっている。その中段に〈紀州〉がはじめてあらわれる。それは、次のような文章である。

祭の日などに舞台据ゑらるべき広辻あり、貧しき家の子ら血色なき顔を曝して戯れず、懐手して立てるもあり。ここに来かかりし乞食あり。子供の一人、「紀州、紀州。」と呼びしが、ふり向きもせで行き過ぎんとす。うち見には十五、六と思はる。蓬なす頭髪は首を覆ひ、顔の長きがうへに頬肉こけたれば頷の骨尖れり。眼の光濁り、瞳動くこと遅く、いづこともなく見詰むるまなざし鈍し。纏ひしは袷一枚、裾は短く襤褸下り、濡れしままわづかに脛を隠せり。脇よりは蟋蟀(きりぎりす)の足めきたる肘現はれつ、わなわなと震ひつつ行けり。

現代語に換えてみると、街の広辻に現れた乞食〈紀州〉は、子どもが呼びかけても振り向きもしない。見た目の年齢は、一五〜六歳と思われる。蓬(よもぎ)のようなくしゃくしゃの頭髪は首を覆い、顔が長いうえに頬肉がこけているので頤(あご)の骨が尖っている。眼球は濁っていて、瞳の動きも遅い。どこを見ているか分からない眼差しも鈍っている。着ているものは袷(あわせ)(裏を付けて仕立てた着物)一枚だけ。裾は短く襤褸(ぼろ)(ボロボロに破れた衣服)がたれ下がって、濡れたままの衣服がわずかに脛(すね)を隠している。脇からは、蟋蟀(きりぎりす)の足のような細い肘がみえる。〈紀州〉はわなわなと震えながら去っていった。

作品では、この日は「大空曇りて雪降らんとす。雪はこの地にまれなり。その日の寒さ推して知らる」ということになっている。雪が降りそうにもかかわらず、〈紀州〉はボロの袷一枚で、脛がみえるほど短い。「わなわなと震ひつつ」とは、〈紀州〉は寒さに絶えかねて震えているのである。

このあと、行き過ぎようとする乞食を、〈源叔父〉が呼び止める。


源をぢは袂を探りて竹の皮包みを取り出し、握り飯一つ摘みて紀州の前に突き出せば、乞食は懐より椀を出してこれを受けぬ。与へし者も言葉なく、受けし者も言葉なく、互ひに嬉しとも哀れとも思はぬやうなり。


そして〈紀州〉は、振り向きもせず去っていく。表情もなく言葉もない。

〈紀州〉が佐伯の街にやってきたのは、〈源叔父〉のひとり息子、幸助が溺れて死んだ年の秋のことだった。ある女乞食が日向国の方からやってきて、佐伯の街に足を止めた。女乞食は、八歳くらいの男の子を連れていた。この子が〈紀州〉である。母親はこの男の子を連れて家々の門に立てば、貰い物が多かったという。佐伯の人は恵み深さは、他国にはないほどだった。だから子の行く末にも良かろうと思われた。ところが翌年の春、母親は子を残したまま行方をくらました。のちに母親に似た女が、太宰府の鳥居の脇で、袖乞いをしていたという。これは、太宰府天満宮に詣でた人の後日談である。

母親に捨てられた〈紀州〉は、母を慕ってしばらく泣き暮らした。街の人びとは不憫に思ったが、引き取って育てようという者はいなかった。佐伯の街の人びとは〈紀州〉を「もの忘れする子なりとも言ひ、白痴なりとも言ひ、不潔なりとも言ひ、盗みすとも言ふ」。人びとの〈紀州〉に対する見方は様々だったが、どれも良いものはない。

戯れに「いろは」教ふれば「いろは」を覚え、戯れに読本教ふればその一節、二節を暗誦し、子供らの歌聞きてまた歌ひ、笑ひ語り戯れて、世の常の子と変はらざりき。げに変はらず見えたり。生国を「紀州なり。」と童の言うがままに「紀州」と呼びなされて、果ては佐伯町附属の品物のやうに取り扱はれつ、街に遊ぶ子はこの童とともに育ちぬ。かくて、彼が心は人々の知らぬ間に滅び、人々は彼と、朝日照り炊煙棚引き、親子あり夫婦あり、兄弟あり朋友あり、涙ある世界に同居せりと思へる間、彼はいつしか無人の島にその寂しき巣を移し、ここにその心を葬りたり。

天涯孤独の〈紀州〉は、こうして人間の心を失っていったのだと、「源をぢ」には描かれている。

豊後の国佐伯（さいき）　ここで、佐伯と国木田独歩について簡単に説明しておきたい。佐伯は江戸時代、毛利氏二万石の小さな藩であった。初代藩主は、秀吉の家臣であった毛利高政である。はじめは栂（とが）牟礼（むれ）城という山城を居城としたが、のちに八幡山（城山）に新たに佐伯城を築き、城下町を整備した。城下町は番匠川（ばんじょうがわ）河口のデルタ（三角州）にあり低平で、海に向かって開いている。大分県の県南、佐賀関以南はリアス海岸で起伏に富み、天然の良港が多い。ただし平地（後背地）が狭いため、それほど大きな都市はない。佐伯藩も小さな漁村が点在しており、「佐伯の殿様浦でもつ」といわれるほど、漁業は藩財政の柱であった。なかでも鰯を加工した干鰯は品質が良く、大坂でも高値で取引された。また祖母・傾山系に連なる山間地の面積も広大で、林業や製紙業なども盛んであった。

城下町が開かれたところは、もともと塩屋村と呼ばれた地域で、古くは製塩が盛んに行われていた。そこはまた「塩屋千軒」ともいわれ、塩屋村の由来もそこにあるという。城下町はその後、内町と船頭町の二つに整理される。その結果、城のすぐ東に武家町、その東に内町、南の番匠川沿いに船頭町という体裁の城下町ができあがる。さらに内町と船頭町とあわせて両町と称せられ、藩の行政単位の一つであった。両町を中心とする城下町には、文化七年（一八一〇）の人口調査によると、二一九戸、一〇〇四人（このときの領内人口は、五万二四八〇人）。これに藩士三三九戸、一七六二人を加えた約二七〇〇人あまりの人々が生活していた。両町に住む町人たちは藩が有力町人の中から任命する町代（町政の責任者）によって支配された。城下への出入りは、城下入口番所と呼ばれる。陸路では角石（佐伯市西谷）、海路では鼻面（番匠川河口右岸）、松ヶ鼻（佐伯市蟹田）、中江（佐伯市長島）、中野（佐伯市臼坪）の五か所で厳しく監視された。

中興の祖といわれる八代藩主毛利高標は、安永六年（一七七七）、校舎を新築して藩校四教堂を設け、久留米藩から松下筑陰を招聘して儒官とした。のちに中島米華らが儒官となっている。生徒数は多いときで三〇〇人ほど。他藩からの来学者もあった。

学者大名といわれた毛利高標は、書物の収集家としても知られていた。天明元年（一七八一）、高標は城内に三棟の御書物倉を建設し、書庫ならびに御書物奉行所として、収集した書物の保管場所とした。こうしてできた文庫が、のちに「佐伯文庫」と名付けられた。佐伯文庫の蔵書の大部分は漢籍であり、儒教の四書五経をはじめ、歴史書・詩文・仏典・医学書・数学書・天文・生物学と実に多岐にわたるものであった。また、オランダ語やフランス語で書かれた植物書や医学書・世界地図など西洋の本も含まれていたという。しかも、質的にも価値の高いものばかりであった。こうした蔵書が、約八万冊にも及んだ。高標の死後、佐伯文庫は引き続き管理されたが、文政七年（一八二四）、一〇代藩主高翰の時に、二万冊余りが幕府に献上される。献上の理由は諸説あるが、「佐伯文庫」の膨大な蔵書とその質の高さは、幕府のそれを凌ぐほどであったことは間違いない。こうして、佐伯藩の学問の礎が築かれた。こうした学問的風土で育って明治期以降活躍した人物に、矢野文雄（龍渓）や藤田茂吉がいる。

明治期の佐伯町　明治期の佐伯町については、独歩自身が「豊後の国佐伯」で紹介している。

豊後の地、山険にして渓流多し。いはゆる山水の勝に富む。佐伯はその一小市、人口五千と称す。もと城下なり。（中略）ここは別天地なり。国道の通ずるあるなく、また航舟の要路に当たらず。山多く、すでに水田に乏しく、地瘦せて物産少なし。

明治二二年（一八八九）、町村制の施行とともに、佐伯町が成立。独歩は、明治二六年に佐伯に来たから、その時分はすでに佐伯町であった。しかし、この頃の佐伯町は、旧藩時代の面影を色濃く残していた。「佐伯」の読みは、はじめ「さえき」であったらしいが、のちに正式に「さいき」に改められた（大正五年）。独歩がいうように、豊後国（大分県）は平地が少なく起伏に富む。大分県のいちばん南にある現在の佐伯市は、海はリアス海岸で海岸線が長いが、いっぽう祖母・傾山系に連なる山間地もまた広く険しい。

リアスの入り江には波穏やかな漁港が点在し、海の幸に富む。独歩の時代には、リアス（汐入、小さな入り江）の湾の奥にある集落に行くには、背後の山（峠）を越えねばならなかったから、陸路では不便な地が多かった。漁港とその集落をこの地域では「浦」というが、浦と浦を結ぶ海沿いの道路は、昔はなかった。戦後になってやっと、車が通れる道路が浦まで来たという所もけっこう多い。浦と浦は直線距離で近くとも、隔絶されていた。いや「隔絶」は言い過ぎかも知れない。船で浦々を行き来するのは容易だが、それぞれの浦は自立していたから、近いけれども行き来はあまりなかった。だから現在でも、浦ごとにわずかに言葉や習慣が違うという。

リアスの海には山がせまり、山間地は険しい。また独歩がいうように、現在でも水田に乏しい。山間地では古くは紙漉（かみすき）や炭焼き、鹿や猪の狩猟がさかんに行われていた。だから必ずしも「物産に乏しい」とはいえないのだが、漁業が盛んな反面、農業生産力は低かった。ちなみに、佐伯町に市制が施行されるのは、昭和一六年（一九四一）のことである。

国木田独歩と佐伯　国木田独歩は、明治四年（一八七一）、千葉県銚子でうまれた。父専八は、司法省の役人で中国地方の各地を転任した。そのため独歩は、五歳から一六歳まで山口、萩、広島、岩国などで過ごした。山口中学に進んだが、明治二〇年（一八八七）、学制改革のため退学し上京。東京専門学校（現早稲田大学）に入学した。しばらくして、文学を志すようになるとともに、キリスト教にも惹かれようになる。明治二四年（一八九一）年、尊敬する植村正久から洗礼を受けたが、この年東京専門学校を退学した。その後、少年期を過ごした山口に身を寄せ数年間過ごす。明治二六年（一八九三）、徳富蘇峰に就職の斡旋を依頼した。蘇峰の知人でジャーナリストの矢野文雄（龍渓）から紹介のあった、大分県佐伯町の鶴谷（つるや）学館に英語の教師として赴任することになる（一〇月）。このとき独歩は、満二二歳。矢野文雄が佐伯出身であることは、すでに述べた。

鶴谷学館での独歩は、英語教育に熱心であった。しかし、旧態依然たる佐伯町では、クリスチャンを嫌う生徒や教師も多かったようだ。独歩は、翌年六月には退職、七月に佐伯を離れて上京した。佐伯には、一年足らずの滞在だった。しかしこの間、独歩は佐伯の自然や文化に親しんだ。市内の城山や近くの元越山（もとごえやま）などに登山に出かけ、また佐伯の海に遊んだ。そうしてのちに、佐伯を舞台とした小説「源をぢ」が生まれるが、これは独歩の小説家としてのデビュー作である。独歩が、佐伯の自然や文化や人びとから受けた影響は、たいへん大きかった。

独歩の〈紀州〉へのこだわり　『定本国木田独歩全集（増補版）』全一〇巻には、乞食紀州が独歩の作品や日記、創作ノートなどに七度も登場する。そのうち「予が作品と事實」（全集第一巻）では、自らの作品が実際の人物や事件にヒントを得て成ったものが多いと断った上で、「源をぢ」について、次のように説明している。

処女作の　◎源叔父（「武蔵野」に在り）は源叔父其人も「紀州」と稱する乞食の少年も實在の人物である。余が豊後の佐伯町に居た時分常に接近せるのみならず言葉も交はし其の身の上に就き深く同情を持ちしことある人物である。而して此一編中に記述したる此両人それ〴〵の身の上の事も事實である。けれども此両人を結びつけたのは余の想で、これを結びつけて初めて此一編が作品となったのである。

独歩は、〈源叔父〉も〈紀州〉もともに実在の人物で、それぞれの境遇もまた事実であるといっている。ただし、ふたりに直接の接点はなく、小説「源をぢ」でふたりを結びつけたのは「余の想」（私の考え、想像―筆者注）だとしている。つまりふたりは実在の人物で境遇も事実であるが、小説はあくまで独歩の創作なのである。

〈源叔父〉のモデルについては、高原嘉次郎という現在の佐伯市西上浦小福良出身の老船頭であったといわれる（岩崎文人「『源おぢ』論」）。しかし老船頭の名は、嘉次郎であって「源」さんではなかった。ところが乞食の方は、みずから「紀州」と名乗り、町の人から「紀州」とよばれた実在の少年だった。

それにしても独歩は、なぜここまで〈紀州〉にこだわったのだろうか。〈紀州〉の年齢が一五～六歳ならば、二一歳だった独歩とも、それほどの開きはない。また、独歩の六歳下の弟収二は〈紀州〉とほぼ同じ年齢である。その人の境遇とはいえ、自分たちと〈紀州〉のあいだのあまりの違いに、独歩は恐れさえ感じていたのかもしれない。ただ本章の目的は、独歩の作品をもとに文学論を展開することではない。ここでは、独歩にとって〈紀州〉の存在が、如何に大きかったことを示すために、次の『全集』第七巻の日記明治三〇年一月の文章を紹介しておこう。

あゝわれ彼の紀州乞食を思へば愈々人生の不可思議なるを感ず。世の政治家をして其の功名心を弄せしめよ。世の文人をして其の空文をたのしましめよ。願はくはたゞ吾をして何時も何時も心浮世の波に迷はんとする時、彼の紀州を忍ばしめよ。あゝ憐れの霊。今如何にしたる。あゝ人の子よ。今如何にしたる。あゝ神よ彼の人の上をめぐみ給へ。あゝ憐れの少年よ。人生とは何ぞや。あゝ人生の目的は如何。あゝ彼の乞食を思へば此間の意味の一段に深きを覚ゆ。

独歩が〈紀州〉にこだわった心情、理由が伝わってくるように思えるが、これ以上の説明は蛇足というものであろう（この文章のあと、独歩のもとを去った妻信子の身の上にも言及している）。

「豊後の国佐伯」のなかの〈紀州〉「源をぢ」は小説であるが、独歩の「豊後の国佐伯」は『国民新聞』に掲載された、佐伯を紹介する小品で、小説ではない。このなかで独歩は、「二　乞食」で〈紀州〉を次のように書いている。

余が始めて此乞食を街頭に見たる時は、之れ地獄の垣を脱け出でし者かと傍らの人に語りき。

人間も零落すれば斯く迄に零落するものかと、命運の恐ろしき力を感じたり。

彼の年齢を人に問へば、或る少年は十五歳なりと答へ、或る少年は十八歳なりと答へぬ。されど余は彼の年齢を推測する能はず、彼には年といふもの無かる可しと感じぬ。

名を紀州と稱す、彼れに問ふに汝の生國如何と言へば『紀州』と答ふるが故なり。佐伯の市人は一口に彼を紀州と呼び、或時は嘲けり、或時は與へ、或時は憐れみ、或時は打ちぬ。

余は彼の怒りたるを見ず、笑ひたるを見ず、泣けるを見ざりき。

破れ傘を腋に抱き、腐りたる草履を垢に黒き足にはき、痩せて枯木の如き手に握りて、何とも知れざる物を口に運びつゝ行く彼を見たり。雨降る日却て傘を持たずして、軒端に影のごとく立つ彼を見たり。夜更けて古城市眠り、月光昔の如く街に満ちし或時、余彼を淋しき橋の上に見き。彼は只だ茫然として立ち、見るともなしに月を眺めたり。天地孤獨とは彼の事ならめと思ひやりし時は、涙なきを得ざりき。


この文章は、「源をぢ」の中の〈紀州〉の姿にほぼ重なる。従って、「源をぢ」もほぼ忠実に〈紀州〉を写していると思われる。そして独歩の文章力は、読むものの想像力をかきたてる。特に橋の上から呆然として月を眺める〈紀州〉の姿は、独歩のみならず読者にも涙させる。

〈紀州〉の実像　小野茂樹の『若き日の国木田独歩』には、「紀州乞食のこと」という一文がある。書き出しは、「『源叔父』の他の主人公『紀州乞食』は、現在の佐伯の人の中にもなお明瞭な記憶をもつ人のある印象的な乞食である」とある。あとで述べるが、〈紀州〉が死んだのは明治四〇年(一九〇七)頃であるから、小野のこの本が出版される半世紀ほど前のことである。死して半世紀たってもなお〈紀州〉は、佐伯の多くの人に「明瞭な記憶」として残っているという。独歩だけでなく、佐伯の人々にとっても〈紀州〉は特別だったのだ。小野の「紀州乞食のこと」から、〈紀州〉の実像を探ってみたい。

小野は、「乞食と云ってもこの乞食は食を乞うのではなくて、塵捨て場から塵捨て場へと食をあさってあるくのである」といっている。ひと口に乞食といっても、色々なタイプがある。詳しくは後述するが、大きく分けて乞食には物乞いをする乞食と食い物をあさる乞食とがある。〈紀州〉は後者だというのだ。また放浪しつづける乞食、放浪の末に都市の貧民街に暮らす乞食、特定の村や町に住みつく乞食があるが、〈紀州〉は三番目のタイプの乞食である。ただし、「住みつく」といっても家や小屋があって暮らしているとは限らない。〈紀州〉もまた、佐伯の街のあちこちを転々としていた。

〈紀州〉は本名を野嶋松之助といった。生国が紀州だから「紀州」と名乗ったという。しかし〈紀州〉の生国を確かめる術は、いまはもうない。ところで、乞食などの非定住者が、生国の旧国名を「仮の名」にした例は多く、これは中世の非人以来の伝統であるという。それは江戸時代を経て、近代の「乞食」「非定住型被差別民」の社会にも受けつがれていたという(筒井前掲書)。〈紀州〉が本名ではなく、生国の旧国名で自らの名を語ったのも偶然ではないだろう。それまでの乞食としてのしきたりを踏襲した可能性が高い。

それにしても、紀州和歌山と豊後大分は、あまりにも距離的に遠いように思われる。〈紀州〉は南の日向国の方から、母に連れられて佐伯町にたどり着いたという。〈紀州〉は「親譲りの乞食」、つまり「代々の乞食」だったのだが、いったいどのような経路で紀州から豊後に立ち至ったのか。

ところが、海を広範囲に移動する漁民たちの側に立ってふたつの国をみれば、紀州と豊後の関係は古くからかなり濃密である。江戸時代には、紀州の漁民が佐伯の沖合で操業していた。また佐伯市の南端に位置する旧蒲江(かまえ)町の蒲江浦は、紀州から移り住んできた七軒の漁民が開いたというい伝えがある。ただしこの漁民たちは、四国の南、土佐の海伝いに蒲江にやってきたという（「七軒株の物語」）。本書第二章で扱った家船のもともとの根拠地も紀州だったというから、紀州と豊後は瀬戸内海でつながっていた。だから〈紀州〉の生国が紀州で豊後までたどり着き、その生国をもって自らを「紀州」だと答えたとしても、あながち不思議ではないのである。

〈紀州〉は、はじめから暗愚な子どもではなかったともいう。却って小さい頃は、漢字で自分の名前を書き、算数もいくらか出来たという。〈紀州〉の人格が変わったのは、母に捨てられ、佐伯の町の人々のなぶり者にされてからだ、と小野はいう。

佐伯在住で、戦時下の昭和一七年（一九四二）に第二代佐伯市長となる阿南卓（若い頃文学者を志す、早稲田大学卒、『佐伯新聞』主宰）は、「鳥の行方」という作品の中で〈紀州〉の様子を次のように書いている。

一見十五六の穢い乞食で、瘦せこけた額に髪の毛が眼のあたりまで生ひ被さり、その顔も手足も垢で薄黒く染まり、指の爪は画に見る仙人のように伸びて、青黒い爪垢がつまっていた。一度着たら脱ぐ事を知らぬ彼の着物は、夏冬通した袷と単物の重ね着で、たいてい四五枚重ねているが、皆町の慈善家に貰ったもので、永く着ている肌に近いものほど汚れもひどく、破れもひどく裾はちぎれてぼろが下っていた。そして締りのない口許や、とろりとした瞳が、何よりも明白に彼の暗愚を象徴していた。

阿南は明治一九年うまれであるから、独歩が佐伯に来た時分は、今でいう小学校低学年だった。〈紀州〉が死んだ明治四〇年頃は、ちょうど二〇歳頃である。〈紀州〉の年齢からは、一〇歳ほど下であったろうか。従って、佐伯の町で〈紀州〉を間近で見てきた人物である。毛髪や垢にまみれた皮膚の色、爪などの記述はリアルである。また〈紀州〉の衣服は、町の「慈善家」から貰ったものだということがわかる。小野によれば、阿南の「鳥の行方」は、独歩が佐伯を去ったあとの、〈紀州〉の後日談ともいえるもので、独歩に贈るつもりで書かれたものだという（ただ独歩が病床にあったため、手渡すことはできなかった）。

こうしてみてくると、独歩の「源をぢ」に描かれた〈紀州〉像と阿南のそれとに大きな差はない。独歩の〈紀州〉像は、独歩という作家のフィルターを通してはいるが、きわめて実像に近かったといえるだろう。

〈紀州〉の最期　〈紀州〉が死んだのは、明治四〇年頃だという。年齢は、三二～三三歳くらいだった。この年齢になっても、〈紀州〉は一七～一八歳くらいにしか見えなかったという。当日は風邪でも患ったのか、〈紀州〉は池船橋のたもとに茣蓙か菰のような物にくるまって寝ていた。その〈紀州〉に子どもが火をかけた。みるみるうちに〈紀州〉は火だるまになった。町の人々が火傷を負った〈紀州〉を抱えて、本町の御手洗病院に運び込んだ。しかし〈紀州〉は、二～三日後に息を引き取った。なんと残酷な事件だろうか。哀れに思った町の篤志家らが、養賢寺の裏の墓地に「行路病者俗称紀州の墓」という墓標を建てて弔ったという。また現場近くの小学校では、校長が子どもたちをあつめて訓話をした。

いっぽう、〈紀州〉に火をつけたのは近くにいた船頭または荷揚げ人足だったという説もある（以上、佐伯独歩会副会長大野寿一氏のご教示による）。この事件は明らかな殺人事件であるにもかかわらず、警察が〈紀州〉に火をかけた人物を特定した形跡はない。従って、犯人を逮捕して事件が決着したということもない。〈紀州〉乞食は、町の単なる付属物で「非人」でしかなかったからのか。また後述するように、戦前の法律では、「住所不定、無職」で「徘徊」すれば、「軽犯罪」となる。だから〈紀州〉は、犯罪者であったから、立件されなかったのか。

ただこの事件は、佐伯の人びとには〈紀州〉の存在とともに強烈な記憶となった。そしてその記憶とは、「暗部」としてのそれである。独歩とその作品を通じて、ことさら佐伯の「暗部」をあぶり出すことに対する反発があることも、独歩についての講演会で聞いたことがある。

近代社会になっても、乞食狩りやサンカ狩り事件は、各地で起こった。多くの場合、それは「街の浄化」のためであって、罪に問われることがなかったケースがほとんどである。すでに述べた熊本の本妙寺事件も、後述する別府の的ヶ浜事件も、「加害者」は処罰されてはいない。戦前、廻遊・放浪する人、つまり非定住の人々は、半ば犯罪者として扱われてきたのである。

現在も、路上生活者が襲われるという事件は、頻繁におきている。最近のケースでは、二〇一四年一二月ころから、福岡市中央区の舞鶴公園でホームレスのテント小屋が焼かれるという事件が連続しておこった。福岡県警は連続放火事件として、まもなく捜査を開始した。一〇数年前にも横浜で、少年たち数人がホームレスの人を襲って殺害したという衝撃的な事件もあった。貧困者が再生産され、救済されず、挙げ句に「浄化」のため市民に襲われる。このような負の連鎖は、近代以降、一向に解消しない、されない。なぜだろうか。

ところで国木田独歩は、明治四一年に肺結核で亡くなっている。三六歳の若さだった。〈紀州〉事件が明治四〇年ならば、独歩は〈紀州〉の最期を知り得た可能性はある。しかしこれは、今のところ知るよしがない。無惨な〈紀州〉の最期を、病床にあった独歩は知らなかった、と信じたい。

清水精一ともうひとりの〈乞食紀州〉

清水精一と行乞生活　乞食に関する資料や著作を調べてきたが、「名を残した乞食」はそれほど多くない。にもかかわらず、もうひとり〈紀州〉という名の乞食が筆者の印象に残っている。もうひとりの〈紀州〉とは、清水精一の『サンカとともに大地に生きる』のなかの〈紀州〉である。本書はもともと、昭和九年（一九三四）に『大地に生きる』として出版された著作の復刻版である。本書は、清水精一の人生行路を著述した、いわば自伝である。清水は三年半にわたり、大阪の「サンカ乞食」たちと生活を共にした。その生活ぶりを詳述しているため、本書はサンカ乞食を知る資料として、谷川健一編『サンカとマタギ　日本民俗文化資料集成一』などに抄録されている。〈紀州〉について述べる前に、まず清水精一が如何なる人物か、簡単に紹介しておきたい。

清水精一は、明治二一年（一八八八）に大阪府島上郡高槻村（現高槻市）に生まれた。清水の生家は、かなりの小作地を有する地主であった。一四歳（旧制中学の生徒）のときに小作争議を目にした清水は、人と人（生命と生命）がいがみ合うのをみて、はじめて「人生に対する疑問」を持ったという。明治三九年（一九〇六）頃に京都帝国大学法科大学に入学、河上肇から経済学を学ぶ。周知のように、河上は社会主義の立場から当時の貧困問題を研究した経済学者であった。その後清水は、明治四三年（一九一〇）ころに京都帝国大学文科大学に再入学して、今度は西田幾多郎に哲学を学ぶ。西田もまた著名な哲学者で、『善の研究』を著して京都大学哲学科の礎を築いた。このふたりとの出会いは、その後の清水の生き方に多大な影響を与えたようである。

大学を出た清水は、大正元年（一九一二）頃に父親の命で実業界に入った。父親も出資した会社だった。創業者のひとりとして清水は、「人類の共存共栄」を掲げたが、彼の理想主義に賛同する役員は少なかった。小作争議以来、ふたたび「人生に対する疑問」に直面した清水は、それまでの生活をなげうって修行の道を選ぶ。ここからほぼ一〇年にわたる修行と放浪の生活がはじまる。

まず、臨済宗天龍寺での生活が約三年間。その後大正四年（一九一五）頃、禅寺での修行を止め、丹波、若狭、山城三国の境界付近の山中で、独居生活に入る。大正六年（一九一七）頃に山を降りる。次に比叡山に行き、断食修行ののち、今度は大阪にあった貧民窟（現浪速区）で一年ほど生活する。大正七年（一九一八）頃に清水は、大阪市阿倍野の密柑山にいた「サンカ乞食」の群の中に入り、約三年半をともに過ごした。大正一一年（一九二二）に、今でいえば貧困者（乞食）の授産事業所ともいうべき同朋園を立ち上げ、以後同園を拠点に活動を続ける。

禅寺や山中での修行はよいとして、清水はなぜ乞食と共同生活をするようになったのか。この点について、清水自身の言葉を引用しよう。それは、清水が山から下りて、人間をみて懐かしさを感じているときだった。彼は「大きな力」に導かれたという。

しかしよく人間の巷をみつめて、一番心を引かれたのは、路頭に坐している乞食であった。それは素直に人天の供養に生きながら、泥べたに土下坐している謙虚な相に打たれたからである。不思議にも大きな力は私をして乞食の群れに行乞させた。

さらに清水は、「僧堂生活、深山の山林独坐、乞食の群れの行乞生活は、大地に生きるまでの過程であった」ともいっている。行乞生活を経て、はじめて清水は「大地に生きる」ことができたのであるが、それでは「大地に生きる」とは、如何なる意味か。それは、「昔の聖者のように経済機構の埒外に生きるのでなくて、経済機構の中に生きつつ平凡なる一求道者として一百姓として、皆の人達と共に重荷を背負いながら大地に生きる」ことだと清水はいう。
また「乞食の群れにて」のなかでは、「土」にこだわって次のようにもいう。

都会人は土を知らない。また近代の農村人も真の自然である土のこころを知らない。農業者なども今では農はむしろ金儲けの一手段だと考えている。都会人も農村人も等しく土から離れて行く。土から離れることは自然から離れることである。土のこころをこころとする生活、それは人間のこころの故郷に還ることではなかろうか。

ここでは、「大地に生きる」とは「土のこころをこころとする生活」だといい換えている。

乞食の生活様式　清水が活写した乞食の生活様式について、かいつまんで紹介しよう。
まずは住居の有無の状況から、乞食は三つの種類からなっているという。第一は木賃宿、借家住居をもっていて収入を得ている者。第二は、天幕生活をしている者。第三は、全くの自然生活で木の蔭で起居し、大空と大地を家にしている者である。清水が共同生活をおくったのは、第二と第三を合わせたような集団だった。
天幕は穢い布を幾重にも合わせたもので、広さは小さいものは一〇畳ほど、大きいものは二〇畳ほどになる。平均的な天幕は、一二畳ほどでそこに一〇人から一七～八人ほどが寝る。狭いところにずいぶん密集しているわけだが、彼らはその密集生活を好むという。小屋の中央には炉を切って自在鉤で鍋を上下できるようにしている。鍋は食物の煮炊きから洗面まで、何にでも使う。風呂は穴を掘り下げて、そこに袋状になった油紙をつり下げて水を汲む。そこへ焼き石を入れる。いうまでもなく露天風呂で、清水はこれを「自然の景色をそのまま鑑賞している」という。

飯は布で炊く。まず米を八時間ほど布に包んで水に浸しておく。それを河海辺なら洲になっているところを五寸くらい掘り下げ、布に包んだ状態で埋める。その上で火を焚く。砂が適度な水分を含んでいるため、「すこぶる美味い」御飯ができるという。河海辺でなければ、水に浸した古い蓆（むしろ）に包んで、簡単な竈（かまど）を造って焚く。ただし普段は鍋で煮ているが、非常時（乞食狩りなど）にはこの方法を用いる。清水はこの方法を「物理的」で「妙を得ている」といい、複雑な器具を多く用いる一般の生活より「価値がある」という。ちなみにこの炊飯方法は、「サンカ」やらい者など、廻遊や放浪をつづける人びとも共有しているものである。

乞食の病と娯楽　自然に身を任せる生活は、病気や事故による生命の危険性は当然高まる。清水は、「乞食は平素は決して病まないが、その代わり病めば必ず死ぬといってもよい」と、あっさり書いている。

平素は腐った物を食っても中毒しないほどの抵抗力を持っている。子どもたちも裸体ですごすが風邪をひかない。病気や発熱したときは、草根、木皮で治療し、トカゲなどの小動物を煎じて飲む。こうした治療法は代々伝えられている。季節的に起こりやすい病気には、春夏秋冬の植物が薬になる。産婦には経験者が対処し、子どもがけがをすれば母親が唾液で治療する。

清水は、「乞食は病めば死ぬと観念しているのであって、病気に対する焦燥的気分がすこぶる少ない。一種の悟りである」という乞食たちの態度にいたく感心している。そして、ここでも乞食と近代人を対置してみせる。「近代人ほどすべてのものに対して焦燥的であり恐怖的なものはないと思う」し、「現代人は医者に頼りすぎている」。しかし、「乞食が病気したときなどは、存外平気である」、「生死を自然に託して悠々と病んでいる乞食の人達は尊くさえ感じられる」と。

乞食にも娯楽はある。もちろん、一般人に比べればささやかな娯楽である。まずは、飲酒と食べ物である。これは本能を満たす唯一の娯楽である。貰いの少ないときは腐った物を食うほかないが、貰いの多かった時は御馳走をして大いに飲む。都会には乞食相手の商売もあり、貰いの少ないときは「残飯屋」に買いに行く。

娯楽のふたつ目は、賭博である。しかし、乞食集団内での賭博は賭博にならないという。乞食の集団も差異があるから一概には言えないが、大家族的である集団では、物資は共有であるから、勝っても負けても賭けた物が集団内にとどまって移動するだけである。また芝居や活動写真も好む。お金さえあれば、ちょっとした着物に着替えて芝居をみにゆく。しかし、営業者が嫌がってみせてくれないことも多い。

乞食が驚くほど上手なのは、自然的音楽であるという。代表的なものは、尺八、篠笛、横笛などである。人間にとって、舞踊と音楽とは、古くからその生活と調和した。「乞食も夏の晩はよく踊る。笛や太鼓代りや篠笛などで囃して夜の更けるのを忘れる場合もある。したがって笛などの楽器の如きものは皆各々が上手に製造するのである」。

乞食集団の「政治と経済」 「乞食の集団の生命というべきものは、政治と経済である」と、清水はいう。これは、どういうことなのか。ここでは、乞食の「集団」としての特徴をみてみたい。

清水が寝食をともにした乞食の集団を、清水は「サンカ乞食」の集団だったという。筆者の考えでは、「サンカ」と「乞食」には共通点もあるが、基本的には別ものとして理解している。その最大の違いは、「サンカ」とよばれる人びとは、もともと籠や笊などの竹製品や棕櫚箒（しゅろぼうき）などをつくって、食糧その他と交換、ないしは販売をする。それに加え、川漁などによって生計をたてる人びとであって、基本的に生業をもって自立的に生活をしている人びとである。この人びとは、一定の範囲を季節的に廻遊している場合が多い。いっぽう、「乞食」と呼ばれる人びとは、物乞いが主な生活の手段である。つまり、生産活動をしない。また「乞食」は、放浪しているものもあるが、近代のそれは多くが都市に住みついている。清水が属した集団は、生産活動を行っていないこと、廻遊してないことから、「サンカ」というより「乞食」である。礫川全次（こいしかわ）も「解説」のなかで、「ここで清水が使っている『サンカ』（山窩）という言葉だが、これは典型的なサンカ、すなわち、『箕直しや川漁業を生業とする漂泊民』というイメージからは、かなり遠い」と述べている。「かなり遠い」というより、別ものと考えた方がよい。そうしないと、「サンカ」の実像が見えなくなる（この点については、第一章を参照のこと）。

この密柑山（ミカン山）の集団は、宮本常一の『山に生きる人びと』にも登場し、地元では「乞食の村」などとよばれたが、宮本は「サンカ」の集団だと教えられたという。しかし当時、大阪などの大都市には、芸能民・行商人・被差別民・零細職人・らい者・精神疾患者・貧困者・棄て児など、きわめて雑多な人びとが集住する場所がいくつかあり、密柑山もこうした所だったと考えられる。ここに暮らす集団は、やはり「サンカ」というより乞食というべきだろう。

清水が属した集団は、三〇〇人ほどだった。かなりの大集団だ。まず乞食集団の「政治」とは、チャンという集団の長（頭）を中心とする乞食の組織の編成と運営である。清水はそれを「立憲共和国のようになっているのであって、決して専制政治ではない」という。チャンは大統領にあたり、その下に代議士格の者たちがいて、合議によって集団の運営が決定されるという。そこで何が決定されるのか。もっとも重要だったのは他の集団との折衝だったという。つまり、縄張り関係の調整、協定である。また他集団からの防御も重要事項だった。

「経済」では、全く私有を許さなかった訳ではなかったが、日々稼いできたものは「私のもの」にはしない。また各家族の持ち物の使用権も共有しあっている。その日に貰ってきたものは、必ず「お母あ」（チャンの妻）に渡す。「お母あ」はその日の収入で翌日の会計を概算して処分する。必要なものは集団でまとめ買いする。食糧その他は、乞食を得意とする商人から購入する。

要するに「政治と経済」とは、乞食集団が生活していくための相互扶助を最優先にした集団運営のことである。ここで暮らす乞食個人や個々の家族の生活は、この自立的な団体と徹底した相互扶助と財産の共有によって保障されていたのである。清水はのちに「乞食論」という論文の中で、「之は要するところ経済組織が共産主義であることから、一層鞏固に結合するのであって、原始生活と全く同様である。故に乞食は生活が保障されてゐる、即ち共産制であるから團體によって生活は保障されてゐるから、全く自己に對して極めて所有慾が少ないのである」と述べている。清水は、乞食集団の生活に原始共産制をみている。こうして彼らは、生きるために集団を組織し、生きるために自立的自治的な集団の運営方法を編み出した。この様な集団は、アジールを超えてコミューン（共同体）と呼ぶにふさわしいかもしれない。こうして乞食たちは、社会の最底辺でしっかり生きていた。

乞食になった理由　面白いことに清水は、自分の周囲にいた乞食六〇人についていくつかの調査を行っている。まず「乞食となりしその動機」であるが、賭博一五人、らい病二人、飲酒癖一五人、「父母による理由（主として少年）」五人、精神病者二人、親譲り二一人となっている。最も多いのが親譲りの二一人で全体の三分の一をしめる。要するに貧困の連鎖が断ち切れずに、親と同じように子も乞食になるケースである。賭博と飲酒癖による者も多く、それぞれ四分の一をしめる。「父母による理由」とは（主として少年）とあることから、親に捨てられた子どもらであろう。棄て児であるが、現代風にいえばネグレクト（育児放棄）か。明治二八年に刊行された足達憲忠「乞児悪化の現状」は、「乞児」、すなわち子どもの乞食の多くが、「父兄に捨てられ頼るべき所なき者」か「継子の追放に遭ひし者」だったという。そのほか、ハンセン病二人、精神疾患が二人いる。あらためていうまでもないことだが、ここに社会の歪みを見ないわけにはいかない。

年齢別には、未成年五人、二〇歳台四人、三〇歳台六人、四〇歳台四人、五〇歳台一〇人、六〇歳台八人、七〇歳以上二人となっている。一見してわかるように、六〇人の調査であるがここでは三九人にしかならない。はっきりした年齢が分からない者がいたからではないか。このことは、後述する「無戸籍」にもかかわることである。

また、男女比では未成年では女の子が多いのにもかかわらず、成人では男女比は三対一で男性が圧倒的に多い。清水は、「二〇歳以上の女は乞食になるより淫売婦になるものが多数を占めている」からだという。乞食に男性が多く、しかも五〇歳台が最も多いことは、現代の路上生活者の傾向にも共通する。

これらのデータにどれほど信憑性があるか。それは確かめようもないのであるが、当時の社会状況から見て、決して現実からかけ離れたものとは思えない。むしろ、乞食集団の内実を知る重要な資料というべきだろう。

清水は、乞食を生みだす状況について、江戸時代との違いにも触れている。近代になって、乞食が減少したようにみえるが、決してそうではない。確かに地方では乞食が少なくなったが、都会ではむしろ増加している、というのである。その理由を清水ははっきりと述べてはいない。しかし要は、都市貧民が増加しているということであろう。また農村の貧困層も、都市に集まるのである。近世から近代への社会の構造的変化の中で、都市は貧困層を引き寄せ（Pull 要因）、相対的に人口過剰となった農村は、貧困層を押し出す（Push 要因）状況がみられることに清水は気づいているのである。社会の構造的変化とは、つまり資本主義社会の成立である。

天皇と戸籍　もうひとつ清水は、乞食にむかって面白い問いを発している。それは、「お婆さん、お前は日本には天皇陛下が御坐し給うが知っているかね」というものである。老婆は、即座に「そんなもの知らないよ」と平然と答えた。清水は、驚いた。そして「社会的常識がないことは驚くべきものである」「日本の国土に生きておりながら、畏（かしこ）くも上御（かみ）一人のお坐し給うことをしらない。何としたことであろう」と思う。そして清水は、老婆に天皇の存在について説明するが、なかなか理解してくれない。結局老婆は、「チャンのようなものか」という理解に落ち着く。清水は、天皇と乞食仲間の頭（チャン）とを混同することは許されないと思いながらも、「乞食は厳密に言えば国民と言えないのかも知れない、国籍をもっておらぬから」と考える。国籍を持たないとは、無戸籍という意味である（戦前においては、「無戸籍」を「無国籍」と書く用例は多い）。清水の周囲にいた乞食の多くが、無戸籍であったという。この世界では、出生届が出されず、それゆえ無戸籍であるという意味での「私生児」も多かった。そういう状況であったから、乞食たちには「忠という思想、またそうした観念は無い」のだ、と清水はみる。

　また清水は、親子の関係についても尋ねた。そして、親に対する「孝」という意識も彼らには欠如しているという。一般社会にいた清水にとって、「常に親孝行は君に対する忠と共に子供の時分から教えられたもの」、すなわち当時の社会では最も重んずべき国民道徳（忠孝）が、ここではまったく無価値なのである。言い換えれば、乞食として生きる人びとは、国家の埒外にあるのである。乞食暮らしの彼らはまた、国家の必要性を些かも感じていない。

　このエピソードは、国や天皇に対する忠という徳目はおろか、親への孝という徳目も、自然発生的に生まれて育つわけではないことを示している。言い換えれば、忠や孝という儒教道徳は、学校教育や軍隊など近代国家のシステムの中ではじめて国民に注入され、定着していったのである。

この点、教育を受けた「教養ある浮浪者」たちが、強く天皇を尊崇していることと対照的である。昭和三年～四年に東京の宿泊所でくらす浮浪者の日記には、自らの境遇が社会矛盾によるものであると知りながら、臣民であることに誇りをもっている浮浪者の心情が綴られている（臼井清造編「浮浪者の日記」）。

乞食が生きていける理由　「乞食の群れにて」の最後に書かれている話は、特に印象深い。それは清水が、乞食の群に身を投じたときの話である。それはある年の二月、厳寒の夜のことであった。一人の老婆に「早う寝んかい」と促された清水は、皆が寝る様子をみていた。するとまず、六畳敷ほどの薄っぺらい襤褸を出してくる。次に皆が全員一糸まとわぬ姿になる。そしてさっきの大きな風呂敷のようなものの中に入ってしまう。敷き布団は用いない。皆が素っ裸のまま、一枚の襤褸に包まれて寝る。ここでも清水は驚いた。

そして清水は、素っ裸になって皆と一緒に寝ることができなかった。しかし皆は、「よいお月さんだなあ」などと空を眺め、月を鑑賞しているのである。その悠々さにも、清水は驚いた。寒さでひと晩じゅう眠れなかった清水は、翌日、老婆と次のような会話を交わす。

「若（清水のこと―筆者注）、なんで寝られなかったのだい」と尋ねるのである。私は、「冷たくてね」。そうすると老婆は、「お前はまだ生身のほんの温かいことを知らないね」というのである。

さらに、「若、まだお前は若いから無理もないが、わしらは生身の温かいことを味わわねば駄目だぞ」と言ってくれるのである。「お前は昨夜冷たいから寝られなかったと言う。一体人間というものは冷たいものか温かいものかどうだ」「それは人間の冷とうなる時は死ぬ時だ」。すると「お前は生きているね」「生きていればこそ話しているじゃないか」「それじゃなぜ冷たいって言うのかい」。私は何も言えないのである。

この老婆の言葉を清水は、「お前は昨夜着物を着て寝たが、お前の着物には嘘偽や傲慢や、また虚栄、そうした不純な着物を着過ぎている。その着物を脱ぎ捨てて、生まれたままの裸体になることが大切だと云ってくれるようである」と解釈した。そして、「何ら隔てなく裸体と裸体と触れ合う、そこにこそ真の温かい世界と朗らかさが味わえるものである。吾々乞食の世界は社会人からは侮蔑と圧迫を受けている。そうした中にも生きて行けるのは、せめて仲間同志が温かく触れ合って行けばこそである。隔てなくその温かい世界こそ一切の生命が成育されるであろう」と、乞食が乞食として、過酷な境遇の中でも生きて行ける理由を述べている。さらに「私はいろいろな先輩や学者の講演や話もたびたび聞いたのであった。しかしこうまで人世(ママ)の指針となるべきものは初めてであった。しかも乞食の老婆の口から聞こうとは思わなんだ」と述べている。

このくだりは、清水のみならず、筆者自身も打ちのめされるような衝撃を受けずにはいられなかった。もちろん、ここでもまたわれわれは、清水というフィルターを通して乞食の群の実態や老婆の言葉を受け取っているのである。しかし、社会の最底辺で懸命に生きている人びとの言葉として、肝に銘じて良いのではないか。そうすると、最底辺で生きる人びとをみる目も、これまでと違ってくるだろう。

青天人――もうひとりの〈乞食紀州〉

「もうひとりの〈乞食紀州〉」について述べるまえに、「乞食の群れ」の話が少し長くなった。「乞食の群れにて」のあとに〈乞食紀州〉について書いた「青天人」がある。清水は、〈乞食紀州〉のことを「青天人」といっている。「青天」とは、文字通り「あおぞら」のことで、同様の語に「翠空」「蒼穹」「碧天」などがある。だから、「青天人」とは「青空のもとで生きる人」という意味となり、家を持たない乞食をさす語として清水は使っているのだろう。もうひとつ「青天」には、「明白で、包みかくすところがないこと」という意味もあり、「青天人」は「清廉潔白な人」という意味にもなる。ただ、「紀州は生来の青天人ではなかった」という記述があることから、前者が第一義だと考えて良かろう。

さて、「青天人」は、「乞食紀州の前身は明かではない」という文章からはじまる。しかしその言動などから、〈紀州〉は「相当の家で生まれたらしい」と思われた。清水と〈紀州〉は、清水が密柑山で乞食の群に身を投じて以来、七年間をともに過ごしたという。清水の密柑山での生活は約三年半であるから、のちに〈紀州〉も密柑山を下りて、清水が設立した同朋園で三年以上過ごしたことになる。

ここで大事なことは、この〈紀州〉は、自らの意志で乞食をしているらしいことである。「相当の家で生まれた」らしい〈紀州〉は、何らかの子細があり、「俗世間」との間に距離をおいて生きている。少なくとも清水の文章からは、そう感じられる。単に家が没落し、食い詰めたためにここにいるのではない。何か犯罪を犯したのかもしれないが、その子細を清水は穿鑿しなかった。同じく裕福な地主の家に生まれた清水と境遇が似ている。さきに触れたように、清水の場合は乞食の「泥べたに土下坐している謙虚な相に打たれ」て、乞食集団に身を投じたのであるが、〈紀州〉もまた隠遁者または求道者の風が見え隠れする。乞食集団のなかには、こうした者も含まれていたのである。

清水が〈紀州〉に一目を置くのはまず、彼が一切物乞いをしなかったことにある。〈紀州〉は、いつも食べ物を拾って歩き、拾った物しか口にしない。果物の腐ったものやバナナの皮、みかんの皮、パン片などを拾って食べるのである。偶然ではあるが、あの佐伯町の〈紀州乞食〉と同じである。大阪の街では、「拾って食うのに忙しいくらいだ」と〈紀州〉は放言する。そして人が食い物をくれようとすると、〈紀州〉は「ほかの乞食にやってくれ」といって拒否する。

〈紀州〉も初めは、物乞いをしていた。しかし、「いつの間にやら貰うための乞食になり、乞うための技巧が生まれて来て困る。それが怖ろしくなって来たので」、拾って食べることにしたという。この乞食の物乞いの「技巧」については、第三章で少し触れた。らい者であった山田呵々子が、大阪や京都で物乞いをしたときの話である。物乞いでは、「如何に憐れみを乞うか」で稼ぎが違ってくる。そのために極力みずぼらしい服装をしたり、貧相で痩せた子どもを伴う（そのために痩せた子どもが乞食間で高値で売買されていた）。さらに身体の不具合を誇張するなどの「技巧」が必要になる。〈紀州〉は、「技巧」を凝らして物乞いをするような、「人としての生き方」を嫌ったのだろう。乞食にもプライドがある。読者の中には、「乞食がプライドを持ってどうする」と思う人もあろうが、〈紀州〉にとってはそれこそが、自らの人間性を保持するために必要なことではなかったかと思うのである。清水はまた、「拾うものには捨てることがない。腐るべきものを生かして生きてゆく紀州の道（生きざま—筆者注）」にも感心している。

〈紀州〉はまた、決して屋根の下では寝なかったともいう。いつも大空を戴いて、土の上でそのまま寝るのだった。そして、「この大きな空を味わえ。土の温かいことを味得せよ」と清水にいうのだった。ある冬の朝、〈紀州〉はいつものように裸身のまま土の上に寝ていた。蓆（むしろ）を被っていたが、みるとそれに霜がついている。「紀州冷たいことはないかい」と問う清水に、「大地が冷たいなどと言うているものにどうして大地の温かみが解るかい」と〈紀州〉は答えた。「大空を帽子に、大地を蒲団に敷く」、これが〈紀州〉の生き方だった。

〈紀州〉はまた、生水が好きであった。普段は生水しか飲まない。いつも生水をがぶがぶと飲む。お茶やお湯は口にしなかった。〈紀州〉は清水に「若、人間も生水の味わいを知らねばまだ駄目だ」といっていた。現代人は、一時的な刺激を得ようと色々な飲み物を求めて飲むようになった。そして、「今の人間は水の味を忘れている」。しかしこれは、「今の人間はそうした真物を見失って」いることにほかならないのである。

さきに触れたように、清水は三年半乞食の群で過ごしたあと、同朋園を設立した。密柑山にいた約三〇〇人の乞食たちのうち、七〇人ほどが清水に賛同して山を降りた。大阪市は、清水の要請に応え、同朋園の人びとを衛生掃除人夫（糞尿汲み取り人）として採用した。この時、清水の構想、提案にいちばん初めに賛成してくれたのが、〈紀州〉だった。〈紀州〉は、乞食仲間からも信頼が厚かった。そして、「紀州は皆の者に働く人間になることを命を籠めて勧めてくれ」、自らも率先して山を降りた。〈紀州〉は、過去の種々の事情から、乞食としてひとりで生きる道を選んだのであるが、それにただ甘んじていた人ではなかった。

〈紀州〉の最期の様子を清水は、「生死を自然に託して眠るが如く往生した紀州の大往生は立派なものであった」という。〈紀州〉は、「私（清水―筆者注）の胸に抱かれながら、若、永い間世話になった」といった。これが、〈紀州〉の最後の言葉であった。

ふたりの〈紀州〉の対照的な死

ふたりの乞食〈紀州〉の最期は、実に対照的である。佐伯町の〈紀州〉は、焼かれて死んだ。その死に方は無惨としかいいようがないが、こんな死に方でなくともいずれ誰にも看取られることもなく、死んでいったに違いない。野垂れ死にというやつである。しかしもうひとりの〈紀州〉は、しばらくともに暮らした清水に看取られて、静かな最期を迎えた。この違いは、どこにあるのか。

佐伯町の〈紀州〉は天涯孤独で、物を与えてくれる人はいたが信頼できる人はひとりもいなかった。話す相手もなかった。いっぽう、ふたりめの〈紀州〉は、乞食集団の中で暮らし、他の乞食仲間からの信頼もあった。乞食の集団とはいえ、こちらの〈紀州〉は、それなりの健全な人間関係を築き、下層社会を仲間とともに生きていた。等しく「乞食」とよばれたふたりの〈紀州〉から、乞食といえども生きていくための条件があったことを教えられた。

乞食と近代日本

乞食たちの近世から近代　浮浪らいについてのべた第三章で、日本史上の「非人」についてはすでに触れた。らい者をはじめ、廃疾者（病人、障害者）は「非人」であるが、乞食もまた「非人」の中核を構成する。

江戸時代、「非人」であった乞食たちは、非人頭に統率される組織を持っていた。「非人」は、行刑役、目明し役、掃除役などの「非人役」をつとめた。非人頭は乞食のほか、乞胸（編笠をかぶり、路傍・門口で大道芸をして金品を乞う乞食）など雑業にたずさわる貧民を統括していた。非人頭に統率されない乞食、すなわち非人人別帳に記載されない乞食は、「野非人」とよばれた。江戸幕府は、無宿・浮浪人たちは「人返し」する（生まれた村に返す）か、非人頭に統率させた組織に吸収して秩序の安定をはかった。しかし、収奪の強化や商品経済、貨幣経済の浸透、それにうちつづく凶作などにより農村は疲弊し、農民層は分解していった。それに従い、都市に流入する貧民は、増加の一途をたどった。これはまた社会不安を増幅し、一揆や打ちこわしなどの要因ともなった。幕府や諸藩、それに都市の裕福な商人たちは、一時的な救済小屋や人足寄場をつくって救済をはかろうとするが、有効な対策を見いだし得なかった。そうしているうち、幕府は瓦解する。

明治政府は、賊徒への警戒や社会不安の要因を除去するため、厳しく都市貧民や浮浪者を取り締まった。いっぽうで、天皇の恩恵を宣伝するという側面からは、貧民救済にも注意を払う。例えば、一八七四年（明治七）には「恤救規則」が出された。しかしこれは、あくまで「人民相互ノ情誼（じょうぎ）」に任せるもので、政府はできるだけ直接の負担をしない方針であった。

東京府では、救育所を設置して乞食・浮浪者のすべてを収容しようとした（明治二年）。救育所は、三田・麹町・高輪の三ヵ所に設けられ、当初、五五〇〇人あまりを収容した。しかし間もなく、救育所は養育院に改められ事業は大幅に縮小された（明治五年）。その結果、収容者は二四〇人ほどに激減した。以後、東京府における救貧事業は、民間の慈善事業にゆだねる部分を拡大していこうとする。

この養育院をめぐっては、東京府会でも廃止か存続かをめぐって議論になっている。その中で、民権派の議員たちは、減税と引き替えに養育院の廃院を主張した。その際、貧窮に陥るのは色々な理由があっても、やはり自身の怠惰が最大の原因だとして廃院を主張している。同時に都市下層民衆に対して、「汚い」「火災の原因」「怠惰」という冷たい見方が広がり、同情や救済よりも「排除すべき」との認識が定着していく（中嶋久人「『都市下層社会』の成立―東京―」）。

乞食へのまなざし　明治になって、文明開化論者の側からの乞食へのまなざしは厳しい。福山藩の蘭方医であった窪田次郎（明治三年に福山藩医院教授、同四年には官を辞して、民会活動、啓蒙活動を展開）は、明治四年（一八七一）、「乞食の処遇に関する建言」を福山藩庁に提出したが、その冒頭は次のようなものである。

謹て案ずるに、天地之間無用之者段々有之候中にも、五穀野菜等に生候虫は、無用而已ならず、其害も甚だしく、人も亦其害を知り之を除き候術相尽候処、此虫よりも数等甚き者有之、人は万物之霊とも申候に、人の形を受て人之道を行わず、人の益を考ず、教化に背き、風俗を乱り、只他人之膏血を吸て農工商之業外に横行仕候乞食と申大悪虫は、却て愛隣仕候風俗如何成事歟（『日本近代思想大系二二』）。

窪田は、乞食とは穀物や野菜につく寄生虫よりもたちが悪く、ただ「他人之膏血」を吸う「大悪虫」ではないか、というのである。そして、窪田の乞食対策は明解である。乞食に一切の施しをしなければそのうち消滅する、というのである。ただ窪田が、二〇年前から乞食の数が増加していること、その一因に税額が増えたこと、そしてペリー来航以来の「事変」も大きく影響していること、このまま放っておけば今後も乞食が増加すると予測している点などは、注目に値する。

このような建言をうけて、実際に厳しい乞食取締令を出した府県がある。大阪では「乞食取締りに関する心得書」が出されたが、そこには「一、自今町村ニ於テ厳重申合せ置、乞食徘徊イタシ候ヲ見受候ハバ速ニ可追払。若緩ガセニシテ其町村徘徊罷在候歟、又ハ食物等与フルモノ於有之ハ見当リ次第其町村へ可引渡候」と、厳しい「お達」がでている（ただし、これは「心得書」の一部『日本近代思想大系二二』）。

乞食について、明治初年から前期の政府官僚や識者のおおかたの見解は、「自カラ招ク」ものだとして、乞食に陥る原因や責任をその個人に求めていた。そのため政府の貧民の恤救政策は、あくまで天皇の恩恵を示すために行われていたに過ぎない。

帝都の乞食　さきに大分県佐伯町の〈紀州〉、大阪密柑山の〈紀州〉から、乞食の生活実態を垣間見てきた。ここでは、「帝都東京」の乞食について少しみておきたい。帝都東京の乞食と貧民窟、それに浮浪者こそは、日本の近代化に即して形成された象徴的な存在と思うからである。

帝都東京の乞食について書いた文献は、かなりの数にのぼる。なかでも、石角春之助の『近代日本の乞食』（原題『乞食裏譚』昭和四年）は、浅草を中心に東京の乞食の生活実態を詳細に著述している。しかし本書では、比較的コンパクトながら、客観的データも豊富な、吉田英雄「帝都に於ける乞食の研究（上）」に拠って東京のそれをみてみたい。

まず吉田は、乞食を次のように定義する。「茲に乞食とは『自己又は自己が法律上又は事実上扶養する者のために、表面上又は実際上の窮乏を理由として金銭又は物質の施与を乞う者』」とし、具体的には、「不具、廃疾、老衰、寡鰥（かかん）（妻のない男―筆者注）、孤独を訴へ、又は自己の扶養する家族多く或は幼弱にして生活窮迫し、これが扶養し難きを理由として哀憐を乞ふ者」で、乞食を生活の手段とする「偽乞食」も含まれるとする。少々難解な定義であるが、要は生活のほぼすべての糧を「施与」（施し）によって得ている者である。この定義によって吉田が意図するのは、「乞食」と日雇い労働をしながらも住所の定まらない「浮浪者」との区別であろう。このように定義すると、昭和初めの東京の乞食数は、一六〇、一七〇〜二〇〇人くらいと推定する。意外に少ない。しかしこれは「純粋な乞食」の数であって、「浮浪者」をふくめたいわゆる「貧困層」は、この数十倍にもなることだろう。

東京の乞食、その実態　吉田は、大正一四年（一九二五）のデータを分析している。この年の乞食数は、一五八であった。これらの乞食について、聞き取りによって様々な角度から分析している。まず、中心市街地では、浅草公園、新宿駅周辺が多く、東京府下では三河島（日暮里）の火葬場付近が多いという。性別は、男が八〇％をこえるが、これは「女はどん底へ落ちても貞操を売物にすれば乞食にまで成下がらなくとも済む」からだという。年齢別では、四一〜五〇歳が二二・七八％、三一〜四〇歳が一四・五六％、六一〜七〇歳が一三・九二％となっている。前職業については、商業が二七人（一七・一％）、工業が二四（一五・二％）、農業が一三人（八・二％）、交通業が九人（五・七％）となっていて、全体の三分の二はかつて何らかの「有職者」であった。つまり、三分の二はずっと乞食だったのではないということになる。この前職業の状況からは、やはり戦後恐慌以来の不況（第一次大戦以降の不況）の影響を考えざるを得ない。

吉田は、戸籍の有無についても調べている。一五八人中、無籍者は二一人で、全体の一三・三パーセントが戸籍を有していなかった。「本籍の有無不詳」も一六人おり、合わせると三七人（二三・四％）になる。何と乞食の約四分の一は、無籍者の可能性があるのだ。住居については、家を有するもの（木賃宿に泊まるもの、借家を含む自宅のあるもの、掘立小屋に住むもの）が八三人、他の七五人はゴミ捨場、空き地、墓場などで寝起きしている。ゴミ置き場は、ゴミの中に食物ほかのものを漁るために住むのであるが、悪臭さえ「空腹を満たす様な気がする」と乞食たちは答えたという。ただ、さすがに夏場は、ゴミ捨て場の乞食の数は減少するという。「家なき者の現住所」について触れた部分で吉田は、「人と云ふ人に見離されしまつた時、最後に人間を親切に引き取つて呉れる者は大地であらう」といっている。「大地」といえば、あのふたりめの〈紀州〉のことばを思い出す。

浅草の乞食たち　先に触れたように、帝都東京でもっとも乞食が多かったのが浅草である。外国人観光客が多い現在の浅草からは、想像もできないかもしれない。しかし浅草は、もともと江戸の場末であり、えた頭弾左衛門が君臨した街である。戦前はまだ、そんな江戸時代以来の浅草が生きていた。昭和初期の浅草の乞食世界については、おそらく石角春之助の『近代日本の乞食』がもっとも詳しいと思われる。石角は猥雑だが活気のある浅草をこよなく愛し、昭和四年に『乞食裏譚』を著した。興味のある方には、一読をすすめたい。ただここでは、草間八十雄の「最近に於ける浅草公園の浮浪者と其の内面観」を参考に、浅草の乞食たちを一瞥したい。

昭和の初め、浅草公園には二〇〇人余りの乞食を含む浮浪者たちが徘徊していた。浅草の浅草寺周辺には、いつも五カ所に乞食が出ていた。五カ所とは、観音堂階段下二カ所、御堂西口階段下、仁王門横の不動尊門前、粟島神社境内である（堂宇の名称は現在と異なっているものがある）。この五カ所は、いわば乞食が出没する定位置で、ここに現れる乞食は、俗に「ケンタ」と呼ばれる乞食集団である。この五カ所に常時現れる乞食の数は、だいたい一五人から二五人である。あまり乞食の数が多くなると、警察官に追い払われるため、人数を調整していた。つまり、人数を調節する統率者がいたわけである。「ケンタ」は実際には三〇～四〇人いて、これを「カジヤ」とか「大隈」とよばれた乞食頭が統率した。「ケンタ」は申し合わせで、午前に物乞いに出る者と午後に出る者とがある。「ケンタ」の稼ぎは、一人平日一時間に二五銭ほどだったという。本堂西口階段下では、その倍の五〇銭ほどになったという。日曜祭日は、さらにこの倍になったという。当時の一円（一円は一〇〇銭）は、白米基準で現在の二〇〇〇円ほどであるから、四時間出たとすれば、一人平均一日二〇〇〇円ほどの収入であった。意外に稼ぎがよいことに驚かされる。これだけの稼ぎがあれば、「乞食は三日するとやめられぬ」ということばも、あながち嘘ではないように思われる。特に戦前の劣悪な労働環境をみれば、なおさらである。ただ、この点については、後述する。

浅草寺の参拝客は、仏の慈愛と慈悲に触れたあと、帰りに乞食の群をみれば銅貨の一～二枚を与える気持ちになるのだという。またおみくじを引いて、吉や大吉を引き当てると、惜しげもなく金を与える者もいる。浅草寺など神社仏閣に、乞食が多いわけがここにある。ところで、「ケンタ」の多くは家持であった。といっても、荒川堤下のみの蟲小屋、日暮里三河島の貧民窟、そのほか木賃宿である。しかし少なくとも「ケンタ」は、野宿はしていない。つまり、浮浪者ではないのである。「ケンタ」は、この各所から浅草に通いながら、物乞いをしたのであった。

「ケンタ」の下には、「ツブ」という乞食たちもいた。これは、「ケンタ」のように定まった貰い場所を持たずに、あちこちを流れ歩いて「一銭二銭と合力をもとめるもの」たちである。定まった貰い場がないから、収入も不安定で家もない乞食であった。

さらに「ヒロイ」という最下層の乞食がいた。これは乞食の中でも「能力に劣る者たち」で、食い物のかすを拾って食って歩く者たちである。草間は、「惨憺極まる生活状態にあるもので、此種の乞食の多くは、低脳(ママ)で精神異常者であるから、乞食の中の最劣等者である」という。さらに浅草には、これらの乞食から「稼ぎ」を掠め取る「タカリ」といわれる「不良団」もいた。草間の調査では、浅草に「ケンタ」三〇人、「ツブ」三〇人、「ヒロイ」二〇人、合計八〇人ほどの乞食がいたという。

乞食・浮浪者をめぐる法令　ところで戦前の法令では、乞食や浮浪者はどのように扱われていたのだろうか。明治四一年（一九〇八）に公布された警察犯処罰令（以下、処罰令と略記）という法令がある。これは今日の軽犯罪法にあたる。この法令の解釈をめぐって、村上又一の『警察犯処罰令研究』という研究書がある。

これによれば、処罰令第一條第三號の条文には、「一定の住居又ハ生業ナクシテ諸方ニ徘徊スル者」とある。「一定の住居又ハ生業ナク」とは、現在の「住所不定、無職」にあたる。この状況で「徘徊」すれば、「軽犯罪」となるのである。とすれば、まさに乞食は、これに該当する。しかし日本国憲法下にある我々の感覚からすると、「住所不定、無職」である者が、「徘徊」することのどこが犯罪なのか、疑問に思う。これについて本書は、「蓋し之等は所謂浮浪の徒にして犯罪に陥る階梯と見るべく、又産業を厭い懶惰放浪の生活に堕落する者であつて此の徒の簇生することは、健全なる国家社会を毒するなるが故に之が防遏は必然の要求である」と答えている。国家、社会にとって、「百害あって一利無し」というわけである。ところでこの法令によって、実際にどれくらいの処分者がいたのか。大正一一年（一九二二）の統計によれば、警視庁管内で男性九五三九人、女性二七一人が処分されている。かなりの数にのぼる。ただ著者の村上は、この法令の濫用を批判している。それはなぜかというと、この法令が乞食の取り締まりそのものよりも、「あやしい者」たちを「別件逮捕」する道具として利用されていたからである。

次に処罰令第二條第三號によれば、「乞丐ヲ為シ又ハ為サシメタル者」も「軽犯罪」となる。「乞丐ヲ為シ」とは、「路上通行人又は各戸に就き生活上に必要なる金品の施與を求むる行為」である。「乞丐ヲ」「為サシメ」とは、「自己の家族なると否とを問はず乞丐を為すべきことを命じ或は勧誘して之を為さしめ或は監督の地位にあるものが其の被監督者の乞丐行為を為すことを知つて制止せざる場合なりと解す」とされる。この条文では、あきらかに「乞食行為」そのものが、犯罪とされているのである。ここでは、少なくとも戦前の日本の法体系の中では、「乞食」自体が違法な行為であり存在だったということに注目しておきたい。ただし、この法令で処分された者は、大正一一年警視庁管内でわずか一人である。著者は、「彼等乞丐輩の各個に付て見ると一點同情を寄す價値なきものもあるが一面に於ては眞に同情に堪へない憐むべき者が多数あるのである。之等に對し警察犯處罰令を適用して厳重なる取締を行つて見た所が致方はないと云ふことにもなろう」と、乞食にたいする同情の念を吐露している。また、「生存競争の劇烈を加ふるに従て乞丐は一層其の数を増すと見ねばならぬ」と、乞食が社会の歪みから生まれ、今後も増加するだろうと予測していることは注目される。
村上又一は最後に、貧困の様々な要因をあげている。そこでは貧困者個人のもつ資質、要因とともに、「外因」もあげている。「外因」のなかの「不良なる産業状態」には、「1貨幣価値の変化　2商業界の変動　3悪税　4不時の災害　5労働者に対する抑圧　6労働需給の停滞」の六つがあるが、これは極めて的確な指摘である。しかし、これら貧困の要因がわかっていながら、国家が政策として、その要因を根本的に取り除くことはなかった。

日本近現代の下層社会　いうまでもなく乞食は、社会の最底辺に生きる人びとである。この乞食をはじめとする、近代日本の「下層社会」に関する調査や研究は、それなりの蓄積がある。さきの清水の著書も、そうした成果のひとつであり今や重要な資料ともなっている。そしてこのような調査や研究のほとんどが、乞食になる個人的な資質や理由とともに、近代資本主義社会のもつ構造的な問題が下層社会を生みだしていることも指摘している。右の村上の著書も同様であった。
このような指摘に従って、乞食などの貧困層を救済する社会的な努力は行われてきたのであろう。しかし今日まで、貧困が解消されることはなかった。一九世紀から二〇世紀初頭の日本では、いわば「自由放任主義」のもと格差が驚くほど拡大し、膨大な貧困層が生みだされた。横山源之助は、日清・日露の二つの戦争を契機に、東京に「襤褸（らんる）の世界」（＝スラム）がいくつも出現したことを指摘している（「貧街十五年間の移動」）。この二つの戦争の時期に日本資本主義が成立したことに付随する現象だろう。

また、第一次世界大戦時の「大戦景気」を謳歌したあと、戦後恐慌をかわきりに不況が長期化した。この時期にもまた、大量の浮浪者が生みだされた。そのようなスラムに生きる乞食や浮浪者たちを社会は救済するどころか、蔑み遠ざけた。時には「乞食狩り」と称して、「街の浄化」のために彼らを追い払った。

戦後の混乱期をへて、「福祉国家」をめざしたわが国では、格差は一時縮小したようにみえた。少なくともそのころは、「完全雇用」が政治家の「公約」だった（今はこの語が死語になったとさえ思うことがある）。しかし、大都市でも農村でも貧困層がなくなることはなかった。東京の山谷や大阪の釜ヶ崎には、多くの貧困層が滞留した。高度経済成長で存立の基盤を破壊されたわが国の農村からは、大量の出稼ぎ者が都市に向かった。一九六〇年代には、出稼ぎ先で行方不明になった「父親探し」が社会問題にもなった。豊かさの陰で、流民や棄民は再生産されつづけた。働き手を都会に出した農村も、一向に豊かにはならなかった。

一九七三年の石油危機以降、日本は「低成長」の時代にはいった。不況で所得がのびない中、物価があがる「スタグフレーション」は、国民生活を直撃した。その後、新自由主義に基づく諸政策が遂行された一九八〇年代以降は、一時、バブル経済による異常な好景気がみられた。しかし九〇年代に入って間もなくバブルがはじけると、長い間日本経済は停滞を余儀なくされ、大量の貧困層が生みだされた。この間、格差は拡大しつづける。さらに二〇〇八年のリーマンショックの余波による「派遣切り」によって、大量の失業者が生みだされた。失業者の群は、「年越し派遣村」によって可視化され、社会に大きな衝撃を与えた。しかしこうした貧困層＝失業者は、いまもなお「ホームレス（路上生活者）」となって都市を彷徨っている。

厚生労働省の「ホームレスの実態に関する全国調査（概数調査）結果について」によれば、平成二七年調査では全国で六五四一人のホームレスが確認されている。しかし現実には、こんな数字ではないだろう。都道府県別人数では、大阪、東京、神奈川の順となっている。これらの人びとの多くは、公園、河川敷、駅舎、路上で起居の場所として日常生活を営んでいる。


「蒸発」と放浪への願望　社会の歪みによる貧困層の形成、その中で最底辺の「乞食のみじめな生活」として私たちはそれをみがちである。いっぽうで、人はなぜか放浪の生活に惹かれることも確かである。ひとむかし前、「蒸発」が流行語になったことがある。一九六〇年代後半から七〇年代のことである。「蒸発」とは、人が突然行方不明になることをいうのであるが、一九六〇年代には集団就職で上京した若者の失踪事件が相次いだ。この社会現象は、映画や流行歌などでも取りあげられ、「蒸発」は時の流行語となったのである。昭和四九年（一九七四）の警察白書では、約九〇〇〇人もの「蒸発者」が報告されている。これらの「蒸発者」は、事情やその後の生活も様々であったのだろう。借金逃れもかなりいたに違いない。しかし当時、「色々なしがらみから解放されたい」という願望から「蒸発」した者もいた。

戦後、私たちの生活は、確かに豊かで便利になった。しかし学校でも職場でも、競争や長時間の労働、勉学に追いまくられる。生活の豊かさの代償として、私たちは余裕や自他への寛容さを失ってきた。「あそび」が許されない社会になったような気がする。そうした日常に決別したいと、ときに思うことがあるのは、筆者ばかりではあるまい。貧しくても、気ままな放浪をしてみたい。これは誰しもが一度は抱く、「甘美な願望」ではあるまいか。

「乞食は三日するとやめられぬ」　むかしから、「乞食は三日するとやめられぬ」という言葉がある。通常は、「乞食はなにもしなくても食ってゆけるから、三日も経験すれば楽でやめられない」というように解釈されている。しかし、冒頭で紹介した佐伯町の〈紀州〉をみれば、ひとりで乞食として生きていくことは、そのあわれな最期をみれば、やはり過酷だというほうかない。

いっぽう、ふたり目の〈紀州〉とともに過ごした清水精一は、乞食たちとの集団生活において、乞食というより人間そのものに対する理解を深めているように思う。そして、自身のその後の生き方をこの経験から得ている。筆者も乞食集団の暮らしに「人間回帰」への可能性すら感じた。また清水の三年半の経験を通して、私たちも近代社会のあり方そのものを再考すべき示唆をいくつも与えられたような気もする。

礫川全次は、「乞食は三日するとやめられぬ」という言葉を「乞食の生活は確かに苦しいが、人びとの善意に触れ人生の真実に近付くなど、その苦しさを上回る収穫がある」というように解釈している。そして乞食や物貰いという行為の意義を次の三つに整理している。それは第一に、柳田国男の説を援用して、「モラフ」という行為は食物を与えまた貰うものがいて成り立ち、そのさきに「共食」が成立することに意義をみいだすことができるのであって、けっして卑劣下賤の行為ではなかったという。「共食」は、与える者から貰う者（与えられる者）が歓待されることを意味する。

だから乞食や物貰いは、俗人が想像するほどつらいものではなく、恥ずべき行為でもなかった。第二に、物貰いや乞食を歓待する心情は、単に親切や同情という感情を超えた心意である。それは「共食」をいう行為を通じて、人類としての共同性を確認することであるという。第三に、財産や地位や名誉、家族など共同体内における価値を放棄することを窮極の理想とする宗教（仏教、キリスト教など）があることにも注目すべきであるという（『浮浪と乞食の民俗学』）。つまり、全ての価値を捨てきって乞食となることではじめて、ものごとの真理に近づけるのだというのである。

この乞食や物貰いの三つの意義は、言葉や表現は違えども、清水精一が乞食集団で得た境地に通ずるものがある、と筆者は考える。すなわち清水は、彼の持つ全ての価値を振り捨てて乞食集団に入った。そうすることで、人と共同体の本来の価値、その存在意義について理解を深めている。あの老婆ともうひとりの〈紀州〉の言葉をもう一度思い出してもらいたい。そこには、人が人として生きてゆける理由と、人間社会のなかにおける真の価値とは何なのかが、語られてはいなかっただろうか。このことによって人は、放浪生活に惹かれるように思われる。

戦前の過酷な労働環境　礫川は、乞食という存在や物乞いという行為に積極的な意味を見いだしていて、これもまた非常に示唆に富む。しかし、「乞食は三日するとやめられぬ」という言葉を解釈する上で、乞食よりも過酷な労働環境が存在したことを忘れるわけにはいかない。本書で扱っている廻遊民、放浪民の話の大部分は、戦前のものである。戦前のわが国の労働環境は、「乞食以下」の生活を強いるものがいくつもあった。

細井和喜蔵『女工哀史』は、大正末の大正一四年（一九二五）に著されたルポルタージュである。この時期、すでに資本主義が確立したとはいえ、わが国ではまだ繊維業が中心的な産業で、この業種では約八割が女工であった。日本資本主義を支えたこれらの女工は、長時間労働、無権利状態で働かされた。さらに差別的待遇のまま、低賃金労働を強いられた。彼女らは、人身売買に等しい前借りや年季にしばられていた。また、彼女らが住まわされ管理された寄宿舎の生活は、「奴隷的拘束」の典型だった。寄宿舎生活は、外出制限はもちろん読書制限や風紀制限で徹底的に自由を束縛されていた。食べ物や飲み物にまで干渉がおよび、私信の自由もない。書いた手紙は本人が投函することができない。工場側が、内容をチェックするためである。親から来た手紙は、事務所で開封しなければ読めない。

籠の鳥より　監獄よりも　寄宿ずまいは　なお辛い……。
寄宿流れて　工場が焼けて　門番コレラで　死ねばよい……。

これは、よく知られた『女工哀史』に収められている女工小歌である。女工として生きることは、監獄に入れられるより辛い。工場も寄宿舎も、焼けてなくなればよい。さきに紹介した、大阪の密柑山の乞食生活より辛いかも知れないのだ。女工たちが生きた時代と密柑山の乞食たちのそれは、時期的にほぼ重なる。

工場での生活が、如何に過酷であるか。紡績会社における労働時間は、工場法発布（一九一一年）

以前は、紡績一二時間、織布一四時間であった。工場法後は、紡績一一時間、織布一二時間となった。しかし実際には、これに加え「夜業」（深夜勤務）があり、長時間労働は容易に解消されなかった。中には、一八時間労働などという、およそ考えられない長時間労働を強いられる現場もあった。こうなってくると当然、過労死や過労自殺が増加する。「過労死」ということば自体は、戦後のしかも近年になって（一九八八年頃）使われるようになったことばである。しかし戦前の日本では、いま以上に過労死や過労自殺が多かったという。

労働時間の長さだけではない。衛生状態の悪い工場や寄宿舎では、女工たちが次々に結核などの病気におかされた。世界遺産になった、あの富岡製糸場では、官営時代の二〇年間に、判明しただけで五六名の女工が死亡している。明治末年頃の女工の死亡率は、二・三％におよび、これは一般女性（一二歳から三五歳）の三倍にのぼるという。当時日本の繊維産業に働く若い女性が七二万人であったから、毎年一万六五〇〇人が死亡していたことになる。一般女性の死亡率から勘案すると、約一万人が「工場の犠牲者」だったことになる。そのほかにも戦前は、労働者虐使事件もおこり、まさに監禁して死ぬまで働かせるような「暗黒工場」もあった。こうしてすでに明治三〇年代には、資本主義に特徴的な雇用関係と搾取関係が一般化し、過重労働と貧困問題が深刻化していた（森岡孝二『雇用身分社会』）。

最下層の都市貧民のなかには娼婦、屑拾い、乞食などがいたわけであるが、これらの人びとはこのような社会体制からドロップ・アウト、ないし逃走した人びとだといえよう。半ば監禁され、生命の危険すらある「暗黒工場」から逃走したとき、彼らにどのような行き場があるだろうか。そこが貧民窟や乞食の群の中であったとき、そこは「暗黒工場」よりはましな世界だと思うこともあっただろう。「乞食は三日するとやめられぬ」とは、このような過酷な労働環境よりも、「まだましな世界がある」という意味で使われたことばでもあったのではないだろうか。

いま、路上に生きる人びと　深刻なことは、戦前の過酷な労働環境が、いま再び現れていることである。森岡孝二は、派遣労働によって戦前の働き方が復活したと指摘する。そして政府は、「貧困の解消」を怠り、格差はいまや「身分」化したという。子どもの貧困率は一三％をうわまわり、七人にひとりが貧困のうちに暮らしている。にもかかわらず、国会の答弁を聞けば「それはひとつの指標でしかなく、貧困化が進行しているとは言い難い」という。この国の最高責任者の答弁である。貧困は、放置されているのである。

乞食は消滅したのか。一〇年以上前、東京の上野公園を訪ねたとき、東京芸術大学近くの森にブルーシートの小屋が乱立している光景には驚かされた。さらに、その時になるとたくさんの人びとが森から出てきて、無言で整然と並ぶ。炊き出しの光景である。これが、先進国日本の現実なのだと思った。

「路上文学賞」という文学賞がある。二〇一五年で第四回を迎えた。路上生活者が書いた文学作品を対象とした賞だ。この年の受賞作は、川岸生男「ネコと二人の男と多摩川」である。〈選評〉によれば、受賞者は「初めてこのような文章を書いたとのこと、とても生き生きとした文章に魅了されました。臨場感のある細かな描写が、『多摩川村』での生活を読ませます」とある。わずかな量の文章だが、確かに読ませる。そして、何ともいいようのない読後感に苛まれる。

それはよいとして、なによりこの作品から、「多摩川村」での路上生活者たちの暮らしぶりがよくわかる。この「村」には、約四〇〇人ばかりが暮らしているという。彼らの多くは、空き缶拾いをしていて、それを売って暮らしている。アルミ缶一個で二円ほどだという。一〇〇個集めて二〇〇円、五〇〇〇個集めて一〇〇〇〇円である。一日一〇時間集めてまわるという人もざらである。彼らは働いており、物乞いはしていないわけだから、彼らは乞食ではない。しかし窮極のワーキングプアであり、何より「路上生活者」である。

この国には、生活保護をはじめ社会保障制度があるから、もう、乞食は発生しないはずだ。だからいまや、乞食は「消滅した」はずである。しかし、多摩川の川べりには、「多摩川村」がある。

第五章

別府と的ヶ浜事件

——都市型下層社会の形成とその隠蔽

明治の初め、別府は小さな農漁村だった。その別府に港が築かれ、大阪との間に船の定期便が設けられると、街は急速に拡大した。大正から昭和になると、別府は熱海をはるかにしのぐわが国最大の温泉観光都市に成長した。別府には温泉客ばかりではなく、新たに商売をはじめようと各地から人があつまった。別府は成長し続ける魅惑の温泉都市となった。

その別府（当時別府町）で大正一一年（一九二二）三月二五日、的ヶ浜海岸に集住していた貧民の集落（警察は「乞食小屋」または「非人小屋」ともいっていた）が焼き払われた。火をかけたのは、なんと別府警察署の警察官たちだった。この人権蹂躙事件は、大分県だけでなく、全国各地の新聞紙上で大々的に報道され、ときの帝国議会でも問題になった。折しも、全国水平社が結成されて間もない時期で、水平社も調査に乗り出した。

焼け出されたのは、「サンカ」、らい病患者、竹細工職人ほか、貧しい人びとであった。これまで本書で扱った人びとが、奇しくもこの的ヶ浜事件にいっせいに登場するのである。いったい、別府という街は、どのような街だったのか。ここになぜ貧しい人びとが集住していたのか。また、的ヶ浜事件とは、どのような事件だったのか。

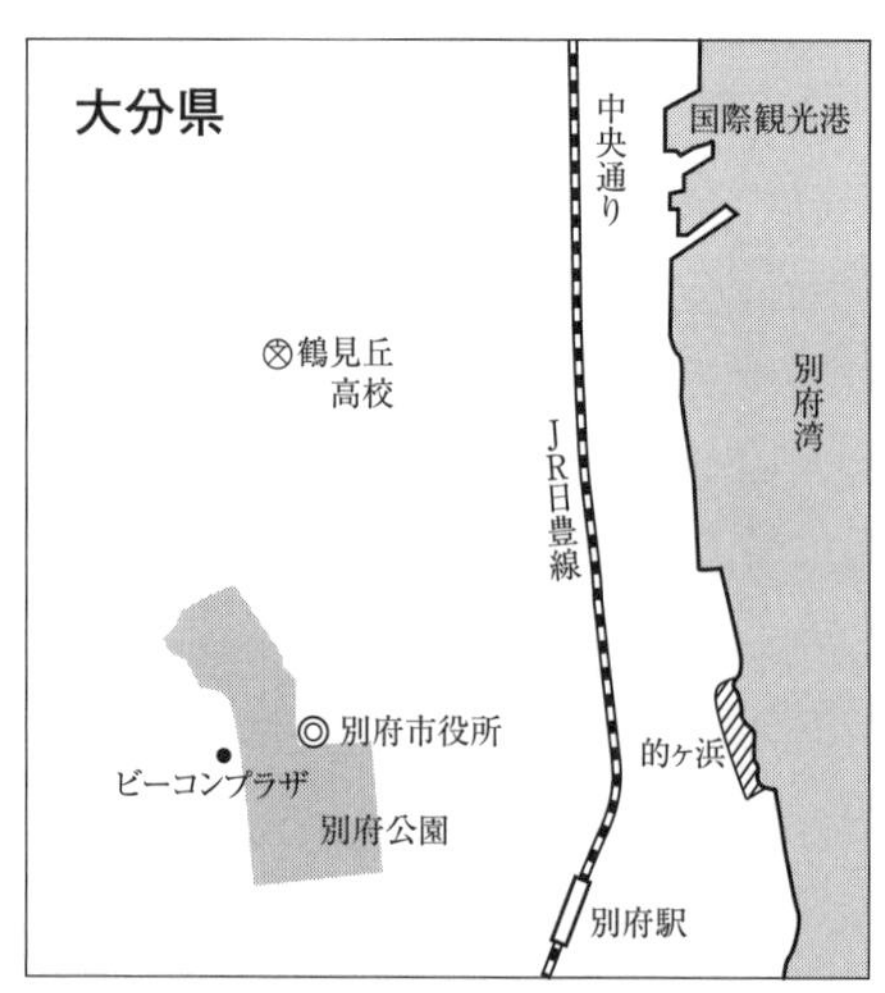

魅惑の街、別府

別府の都市化　明治三九年（一九〇六）、別府町と浜脇町が合併し、「大別府町」が誕生した。明治四三年（一九一〇）の別府町の戸数は三五七一戸、人口一五一九一人であった。その後、大正一三年（一九二四）には、市制が施行される。市制施行前後の人口をみると、大正九年（一九二〇）が二万八六四七人、大正一四年（一九二五）が三万七五二九人、そして昭和五年（一九三〇）が四万三〇七四となっている。この間、わずか一〇年間に人口は、一・五倍になっているのである（『大分県史　近代篇Ⅲ』）。一九三〇年の大分市の人口は五万七二九四で、県都に迫る勢いで人口が増加した。

ちなみに、この年の別府市とほぼ同じ人口規模の都市として、福島市（約四万五〇〇〇人）、千葉市（約四万九〇〇〇人）、鳥取市（約三万七〇〇〇人）、松江市（約四万四〇〇〇人）、山口市（約三万二〇〇〇人）、佐賀市（約四万六〇〇〇人）などがあげられる（古城俊秀監修・松田法子著『絵はがきの別府』）。いうまでもなく、これらの都市はそれぞれの県庁所在地である。このことから考えても、当時の別府市を単なる「地方の小都市」とするイメージは、払拭すべきであろう。

ちなみに昭和一〇年（一九三五）の別府市の人口は、六万二三四六人で大分市をぬき、県下最大の都市となっている（『別府市誌』）。

別府〈瀬戸内海航路〉大阪　別府発展の要因は、いくつもあげられる。その中で筆頭にあげるべきは、別府が大阪と海路で結ばれていたことだろう。筆者は熊本県の出身だが、熊本に暮らしているときには、熊本から大阪や神戸に船で行くという発想はあまりなかった。しかし大分にきて、瀬戸内海を経由した大阪との近さを実感した。しかもフェリーのいわゆる雑魚寝の二等船室ならば、別府・大阪をきわめて廉価で往復できる（最安値は往復で一万円ほど）。

江戸時代は、別府といえども鄙びた温泉地に過ぎなかった。もちろん、温泉旅館などもごくわずかであった。別府が急速に発展する礎となったのは、何といっても港の整備である。明治二年（一八六九）、別府築港の請願が承認されたが、築港を手がけたのは当時日田県知事であった松方正義（のち総理大臣）である。この当時、別府は日田県の管轄下にあった。一八七一年には防波堤が完成し、一八七三年には早くも大阪との瀬戸内海航路もひらかれた。この年から、大阪・別府間の定期便が就航した。別府は大分県だけでなく、九州の東の玄関口となったのである。また別府は、大阪や神戸、さらには京都を含めた関西地方を、その後背地として発展することになる。

大正九年（一九二〇）の別府港桟橋の竣工は、別府のさらなる発展の画期となる。この桟橋は、大阪商船が建設したもので、これにより一七〇〇トン級の大型船の接岸が可能になった。これによって、別府を訪れる関西からの観光客が一段と増加した。

瀬戸内海航路にくらべるとずっと遅れたのが、鉄道の開通である（ただし、大分市と別府を結ぶ通称別大電車は、明治三三年（一九〇〇）に開通している）。明治四四年（一九一一）年念願の鉄道が、県都大分まで開通（のちの日豊本線）、別府駅は同年七月に開業した。海路に加え、陸路別府をめざす観光客も一気に増加した。

増える入浴客と温泉旅館　道路の整備と別大電車の開通、海運など交通機関の発達とあいまって、温泉の人工掘削成功が、別府のいっそうの発展をもたらした。明治二二年（一八八九）、神澤（かんざわ）又市郎が初めて人工掘削を行ったといわれる。これによって内湯をもつ旅館が増加したのである。明治三九年（一九〇六）、別府浜脇両町合併による新別府町の発足は、温泉行政を確立させ、木賃宿、旅館が簇生することになった。明治一〇年（一八七七）ころの入湯客は、年間約二万人程度であったが、三〇年後の一九〇七年には四一万人、鉄道が開通した明治四四年（一九一一）には五四万人と、観光客は着実に増加した。

明治九年（一八七六）の別府の宿数は一四二軒であった。うち別府、鉄輪（かんなわ）、浜脇で一〇〇軒を超えていた。明治初めの温泉宿は、数人が泊まれる程度の小規模なものであった。ずっと時代は下って、昭和八年（一九三三）の旅館数は二四七軒で、全国第二位の熱海温泉の六四軒を大きく上回っていた。旅館数からみても当時の別府温泉は、わが国最大の温泉都市として君臨していたのである。ただこの二四七軒というのも、比較的大規模な旅館で、別府にあった旅館の一部に過ぎない。大正末年に、すでに旅館の総数は四〇〇軒を超えていたという。

別府の旅館業を特徴づけるのは、「木賃（きちん）」宿が多いことである。大正元年（一九一二）のデータによれば、旅館二九〇軒のうち二三四軒が「木賃」宿で、旅籠が五六軒だったという。一般に明治以降の「木賃」といえば、都市の「貧民宿」というイメージがあるが、別府の木賃は旅籠との料金設定の違いによる区分だという。別府の木賃宿は、部屋代を基本に、食事、布団、蚊帳、炭、薪、浴衣など、滞在中に利用した物の料金を加算していく形態の宿をいう。

芸妓、娼妓の街　別府には江戸時代以来、芸妓（芸子）がいたという。明治二〇年頃になると、貸座敷＝遊郭が営業しはじめている。明治期以降、別府の流川にはかなりの数の芸妓や娼妓がいた。そして芸妓と娼妓の境界は、あいまいである。

『別府温泉繁盛記』には、「別府の別天地はさらに流川という別天地がある。狭斜の地で、化粧のものが控えている。ここに一条の細い溝のような川がある。例の湯気を立てて海のなかへ流れ込む川であるが、昔は遊治郎がこの川端で名残を惜しんだので名残川といい始め、それが転化して流川となったという説がある。浜脇の方にもまたおなじような遊郭があっていずれも普通の民家や木賃の間に点在している」とある。時期によって人数は変化したであろうが、別府には五〇軒の遊郭と約二〇〇人の遊女がいたという。彼女らの多くは、色々な理由から下層社会におちたあと、抱え主に借金と契約書のヒモでつながれ、肉体が朽ちるまで働かされた。彼女らには、自殺の自由さえなかったという（『大分県の百年』）。これもまた、魅惑の街別府の現実であった。

しかしこれが単なる過去の話かといえば、そうでないところにこの国の深刻さがある。流川には現在も、いわゆる「特殊浴場」などの「性風俗店」が軒を連ねる。現在日本は、性風俗産業での性的搾取、外国人「技能実習制度」などでの強制労働など、人身取引（暴力や脅迫、金銭などで弱い立場にある人を支配し働かせる行為）根絶の最低基準を満たさない国のひとつとして批判されている。過去の話でないというのは、このような意味からである。

別府にはまた、明治末年の明治四五年（一九一二）に、小倉衛戍病院別府分院（のちの陸軍病院）が田の湯に設置された。温泉治療の効果が、軍部にも認められたのである。大正一四年（一九二五）には、海軍病院が亀川に設立されることになる。このように別府は、「軍隊の街」でもあった。

別府の風物詩、湯治船　明治以来、別府の港には、春になると湯治船が多数やってきた。湯治船は、別府周辺の港の風物詩ともなった。湯治船とは、文字通り船に寝泊まりしながら湯治をする人びとの和船のことである。しかし寝泊まりできる和船など、この当時、めったにないだろう。湯治だけを目的とした船ではあるまい。また、湯治客を乗せて運賃や宿泊料を取る業者でもなかろう。湯治船に乗っているのは、どんな人びとであったのか。

船に寝泊まりするといえば、思い出してもらえるだろう。そう、湯治船の多くは第二章であつかった家船なのである（第二章でもわずかにふれた）。『絵はがきの別府』では、湯治船は「伊予方面からたくさん渡ってきた」といい、別府と愛媛県の濃厚な関係を論じている。しかし愛媛だけでなく、瀬戸内の家船の多くが別府にやって来たと思われる。もちろん、臼杵市津留の家船もやってきた。津留の家船は、大分や別府の港でよくみられたというが、家船の女性たちは行商も兼ねていた。

余談だが、明治一二年（一八七九）年には、コレラが全国的に大流行する。大分県も例外ではなかった。この年の大分県におけるコレラの流行は、別府からはじまっている。そして別府における被害は、凄惨な状況にたちいたる。実は別府にコレラ菌を運んできたのは、この家船、すなわち湯治船ではないかと推定されている。

油屋熊八・吉野作造・織田作之助・柳原白蓮　ここでは、別府にゆかりのある数名の人物を通して、別府という街の魅力をそれぞれ違った角度からみてみたい。

大正から昭和初期にかけて、別府観光を大々的に宣伝して別府の知名度をさらに引きあげた功労者に油屋熊八(あぶらやくまはち)がいる。彼は愛媛県宇和島(うわじま)市出身で、明治四三年（一九一〇）に別府に亀の井旅館を開業した。別府の「民衆外務大臣」を自称する彼は、奇抜なアイディアと私財を投じて別府観光を全国にアピールした。彼が富士山頂に「山は富士、海は瀬戸内、湯は別府」という標柱をたてたことは有名である。また、昭和三年（一九二八）には亀の井遊覧自動車株式会社を設立。わが国ではじめてバスガイドを観光業に導入した。バスガイドは、油屋がつくった七五調の美文で、別府の「地獄」を案内してまわった。こうして観光バスによる「別府地獄巡り」が定着した。油屋はまた、別府を拠点として、周辺地域を含む総合的な観光開発をおこなった。湯布院を「別府の奥座敷」として位置づけ観光開発をはじめたのも彼である。彼の構想は、別府を中心に耶馬渓(やばけい)・久住・阿蘇、そして長崎県の雲仙にまで広がった。油屋はまさに「大分県観光開発の恩人」であり、その発想は今なお学ぶべきことが多い。

大正一三年（一九二四）四月一日、別府市は市制を施行する。当時の人口は三万六〇〇〇人余りで、明治一五年（一八八二）年当時の約六倍であった。この別府で大正九年（一九二〇）から太平洋戦争開始前まで毎年、別府夏期大学が開催された。これは大分県教育会が、財団法人別府夏期大学を設立して運営したものである。別府が選ばれたのは、すでに温泉観光都市として全国的に有名であったことと、旅館などの受け入れ態勢が整っていたからである。講師には、おもに東京帝国大学・京都帝国大学・九州帝国大学などから研究者が招かれた。

的ヶ浜事件がおきた一九二二年の第三回別府夏期大学には、大正デモクラシーの理論的指導者である吉野作造が招かれ、四日間にわたって講演を行った。吉野の講演を聞こうと申込者が殺到し、会場の小学校の容量を超えたため聴講を断られる者まででた。この時の演題は、「時事問題の学術的解説」であった。また入場できた者のうち数十人は入口付近で立ったまま聴講したという。温泉保養都市として順調に発展した別府には、こうした文教都市としての側面もあった。

何度もドラマ化（映画化）された『夫婦善哉』（一九四〇年）については、説明の必要はないかも知れないが、少しだけ触れておきたい。『夫婦善哉』は、織田作之助の短編小説で、五作目の小説である。大正から昭和にかけての大阪を舞台に、人気芸者でしっかり者の女蝶子と安化粧問屋の若旦那で優柔不断な男柳吉が駆け落ちして、生きてゆく内縁夫婦の物語。ふたりは何度も商売に失敗し、夫婦喧嘩を重ねながらも一緒に生きてゆく。この『夫婦善哉』の続編原稿が、平成一九年（二〇〇七）に発見されたという。驚くことにこの続編では、柳吉と蝶子は、なんと別府で暮らしていたのである。「柳吉はいつの間に調べたのか、狭い市（まち）だがさすがに日本一の温泉地だけあって理髪店がなんと百六十軒もある。なお市全体がまるで銭湯同様ゆえ顔剃の道具などいくらでも売れる……」。続編の一節である。柳吉は別府という温泉都市に目を付け、剃刀など顔剃りの道具や理髪店向けの化粧品などを売ろうと、別府にやって来たのである。

この続編には、具体的なモデルがいた。織田作之助の姉山市千代とその夫寅次である。この夫婦は、昭和九年（一九三四）に大阪から別府にやってきて、流川通りで化粧品店を開き、のちには割烹料理店や旅館を営んだという。

このように観光客や浴客にからんだ商売が、別府にはいくらでもあった。少し目先の利く者なら、そんなに大きな元手がなくとも、商売がはじめられる。別府は、そんな魅力、可能性を秘めた都市だった。

別府は「相場師の町」でもあった。近代の観光事業は、一種の投機事業でもあった。別府には、投機的性格の濃厚な事業者が多数入り込んでいた。事業規模はさまざまだが、旅館、土地、鉄道、遊園地など、いずれも投機的性格を帯びている。別府には、「一旗揚げよう」という「相場師」たちも多かった。油屋熊八もまたそのひとりである。

NHKの朝ドラ「花子とアン」（二〇一四年上半期）の主人公村岡花子の親友葉山蓮子は、柳原白蓮（本名燁子）がモデルである。女流歌人、大正の三大美人として名をはせた白蓮は、福岡県の「筑豊の炭鉱王」伊藤伝右衛門と結婚した。この時、燁子二七歳、伝右衛門五二歳であった。伝右衛門が別府に建てた別荘「赤銅御殿」はその美人妻のために贈られた、「引出物」であった。白蓮ははじめ、「筑紫の女王」の名をほしいままにした。しかし、教養その他に水と油のごとく違う夫に仕える燁子の内面には、その豪奢な生活にくらべて、耐えがたい虚しい日々が続いていった。

やがて、大正八年（一九一九）一月東京から赤銅御殿を訪れてきたのが、東京帝国大学法学部学生で、白蓮より六つ年下の宮崎龍介であった。雑誌『解放』に連載された白蓮の戯曲「指鬘外道（しまんげどう）」の出版交渉のための来別であった。生まれて初めて心から話しあうことのできる知己に会ったと思った燁子は、かつてなかった生きがいを感じる。一方、龍介の方も彼女の境遇に同情する。いつしかふたりは、愛で結ばれていった。ふたりが結ばれた舞台が、別府だった。一九二一年一〇月二二日、朝日新聞紙上に伝右衛門あての公開絶縁状が掲載され、一大センセイションをまき起こした。燁子は三六歳でまさに再出発の道を選んだ。翌年には晴れて龍介の妻となり、同年龍介との間に長男がうまれた。ちなみに宮崎龍介は、孫文の盟友で熊本県荒尾出身の宮崎滔天（とうてん）の長男で、のち弁護士になる。

炭鉱経営で空前の富を得た伊藤伝右衛門のような、今風にいえば新興の富裕層たちは、次々と別府に別荘を建設した。富裕層にとって、別府に別荘を持つことは、一種のステイタスであったのだ。

「山窩の源爺さん」　別府にはさまざまな所から、さまざまな人びとが集まったが、もと「サンカ」という者もいた。『あきらめ考』は、詩人高木護（まもる）が九州一円を放浪し、その体験を綴ったものである。高木護は、昭和二年（一九二七）、熊本県生まれ。生まれたのは熊本県鹿本郡山鹿町（現山鹿市）であるが、本来の故郷は山鹿市より一〇キロほど北の鹿本郡鹿北町だという。

この『あきらめ考』のなかに「山窩の源爺さん」という話がある。高木が、本格的に九州各地を放浪したのは、三〇歳になってからだという。したがって、単純に計算すれば昭和三二年（一九五七）からだということになる。だから、高木と「山窩の源爺さん」が出会ったのは、戦後の高度経済成長がはじまって間もない頃である。ただし、源爺さんが高木に語った話の内容は、戦前のものである。ふたりが出会った場所は、特定できない。放浪の順序（高木は熊本から福岡の方へ歩きはじめている）と文章の順序が一致しているのなら、福岡県内という可能性はあるが、あくまで場所は特定できない。

高木は、自らを「山窩の出」だという源爺さんの小屋に、数日やっかいになっている。源爺さんの話を聞きながら、高木は子どものころを思い出して、つぎのように書いている。

わたし（高木護―筆者注）の子供の頃までは、山窩といわれる人たちがやってきていた。箕売りだったり、ねこぼく（大きな莚のこと）の繕い屋だったりしたが、昼どきになって弁当を食うにしろ、よんでやっても家の中には入ってこなかった。山窩の人たちから買った箕などは造りが上等で、長持ちした。「いくらかいた」「はい、五十銭」「五十銭でよかとな」「よか」というようなぶっきらぼうなこたえ方をしていたが、無駄口をたたかないだけのことで、もの腰はおだやかだった。

第一章でのべた、九州の「サンカ」像にほぼ一致する。「サンカ」とよばれた人たちは、けっしてあやしい者ではなく、もの腰もおだやかで、何より彼らが作った箕は上等だったのである。高木は、源爺さんから色々な話を聞いた。源爺さんは、鹿児島県の山奥でうまれた。「サンカ」だったので、父親は竹細工、母親は百姓の手伝いなどをしてくらしていた。源爺さんには、ふたつ下の妹がいた。名を「マサ江」といった。そのマサ江は、一〇歳になると、別府に子守り奉公に出された（この時、源爺さんの家族がどこにいたのかは不明）。爺さんが一四歳の時に母親が、一五歳になったときに父親が亡くなったが、どちらの葬儀も、妹の奉公先の「別府の旦那」が世話をしてくれた。「別府の旦那」は、旅館と養鶏場を経営していた。源爺さんも、別府の養鶏場で一年、旅館で二年働かせてもらった。しかしその後、一九歳になって、また山暮らしにもどった。源爺さんは、別府での安定した暮らしより、ふたたび廻遊する生活を選んだのだ。そして晩年も、山の小屋でひとり暮らしをしているのである。

妹のマサ江は一九歳で嫁にいった。旦那の肝煎で、その夫は洋服の仕立て職人だった。しかしマサ江は、嫁にいってわずか三カ月目に死んだ。自殺だった。理由は、マサ江が「別府の旦那」の子を身ごもっていたからだった。何という悲惨な、そしてあっけない結末だろうか。

「山窩の源爺さん」の話からわかるように、別府には、一旗揚げようという人ばかりでなく、それまで廻遊、放浪していた「サンカ」などの人びとや、社会の底辺に生きる人びとも住んでいたのである。仕事や食い扶持をもとめて入ってきた者たちも多数いたと思われる。日雇い（日傭取り）など日銭稼ぎの仕事もあったし、旅館や飲食店からの食べ残しの食物もあった。このあと述べるように、別府には、「都市型下層社会（貧民窟）」を形成する条件がそろっていたのである。

別府的ヶ浜事件

事件の概要　的ヶ浜事件について『ウィキペディア』には、「的ヶ浜事件（まとがはまじけん）は、大正一一年（一九二二）に警察が山窩とハンセン病患者の集落を焼却した事件」とある。やっかいなことにこの事件については、加害者（警察）、被害者（的ヶ浜の住人）、目撃者の記録がかなり食い違っていて確定的なものがないまま、今日に至っている。それにはいろいろな原因がある。警察からすれば、その暴力性を過小にみせたいし、被害者はその逆である。また被害者の多くがキャンプ生活である（定住せず移動する）ため、その実態がなかなか把握しにくかったものと思われる。ここではまず、内務省（警察側）の公式発表（『大阪朝日新聞』五月二四日付、以下「内務省」と略記）と被害者側に立つ、的ヶ浜隠士著『的ヶ浜事件真相』（嶋崎二郎「別府『的ヶ浜』事件取材補記」。以下、『真相』と略記。なお、「的ヶ浜隠士」とは、的ヶ浜集落に出入りしていた僧侶篠崎蓮乗である）により、事件の概要をみてみたい。なお、事件当時の大分の地方紙『大分新聞』では、事件名を「別府的ヶ濱部落焼き拂ひ事件」としている。

まず「内務省」によれば、別府警察署ではかねてから、的ヶ浜に乞食小屋があることを把握していた。大正一一年（一九二二）三月二〇日、別府署は的ヶ浜において、居住者の本籍・職業・年齢・家族などを調査した。そして二五日午前一〇時頃、署長の「乞食取締の命」を受けた巡査部長ほか六名の巡査が的ヶ浜に行き、住人に立ち退くよう説諭した。住人たちは、これに自主的に応じ、自ら「掘立小屋」をたたんで浜辺に運んだ。そして浜辺の三ヵ所で、小屋の部材を焼いた。この時撤去に応じて焼かれた小屋は、「十九棟、二十二戸」だった。また人数は、「六十名内外」であった。

ところが『真相』によると、焼かれた人びとのいい分は全く違う。「二十五日の朝十時頃、十二三人の制服巡査と、私服の刑事一人とを別府署の栗林部長が引率してきて、『お前達はもう此処に居ることはならぬ。今直ぐ立ち退け!! 立退かん様なら此の儘小屋に火を附けるぞ!!』と云はれた」。事があまりに突然で、仕事で留守の家もある。男たちはほとんど仕事に出ていて、家にいるのは女と子どもだけ。だから、「せめて皆が帰ってくるまで待ってくれ」と懇願した。しかし、この訴えは全く聞き入れられなかった。住人たちは巡査たちから、小屋と生活道具を早く片付ける(始末する)よう、急きたてられた。巡査たちは昼食のため、いったん浜を立ち去ったが、午後一時頃、掃除人夫数名を伴って戻ってきた。そして巡査たちは、強制的に小屋を破壊し、火をつけて焼き払った。焼け出されたのは、一六軒(一六家族)八〇名であった。別府署の巡査たちは、行き場がなく的ヶ浜に留まらざるを得なかった住人たちを、翌日も翌々日も的ヶ浜に来て、すぐに立ち去るよう急きたてたという。

両者のいい分のうち、一致するのは二五日の午前一〇時に、別府署の巡査が的ヶ浜にやってきた事くらいで、ほかは全く異なる。特に住民が自ら焼いたのか、警察官が火をつけたのか、この点は事件の本質にかかわる決定的な違いである。どちらが正しいのか? 少なくとも焼かれた人びとに、事実をことさら歪曲する必要はおそらくない。『真相』には住人談として、「事実は永久に事実であります。自分の住むべき家を何が為に故意に焼き捨てる者がありませう」とある。いっぽう警察の側は、各地の新聞や成立したばかりの全国水平社から、「違法行為だ、人権蹂躙だ」と責められている。当然、警察への不信と非難を、何とか回避したいのが本音だろう。

的ヶ浜とはどんな場所か　すでに何度か引用している古城俊秀監修・松田法子著『絵はがきの別府』は、的ヶ浜の絵はがきからはじまる。別府温泉は、温泉浴だけでなく海水浴も同時にできるところに強みがあったとして、次のようにいう。

「名所」的ヶ浜

浜辺を写した絵はがきのなかでも、とりわけよく題材に選ばれたのが的ヶ浜である。ここには鎮西八郎為朝（源為朝）が弓を射掛けたという松の古木があって、その伝説を想起させる浜は古くからこの地の名所だった。絵はがきというメディアにおいて、的ヶ浜は近代別府の名勝として再定置される。そのとき的ヶ浜の写真絵はがきに託されたのは、変貌していく別府の現在ではなく、むしろ前近代をほうふつとさせる風雅だった。

「絵はがきというメディア」云々はさておき、確かに的ヶ浜の写真絵はがき【写真17】を手にした者は、そのいわれ（伝説）を知らなくても、（知っていればなおさら）風雅を感じることだろう。要するに的ヶ浜は、別府を代表する「伝説の名勝」だったのである。

【写真17】明治末〜大正期の別府的ヶ浜（『絵はがきの別府』より転載）

しかしこの的ヶ浜という空間には、その風雅とまったくうらはらな現実があった。写真絵はがきには、松の古木（「的掛の松」）の向こうに煙突がみえるが、これは火葬場の煙突だという。また的ヶ浜の内陸には、海門寺という寺院があり、もともと一帯は墓地だったという。さらにここには、避病院（コレラなど感染症の患者を隔離する施設。ここに入ると死亡して遺体となって帰ってくることも多く、民衆は「死病院」といって忌避した）や屠畜場もあったという。そんな場所に、貧しい人びとが集まってきたのである。

「内務省」には、「速見郡別府町北端海岸と石垣村南端海岸に跨る的ヶ浜に存在する小松林内にあり」「部落地の土地所有権別府町に属する部分は別府町町有にして南石垣村に属する部分は実際上同村阿部辰治の所有地に属す」とある。的ヶ浜は、別府町と石垣村の境界付近にあり、公有地と私有地が接していた。さらに、「今より三年前此の地に掘立小屋を造りて居住したるより、漸次他の浮浪の徒が其の近くに小屋を建つるに至りて現在の如き部落を形成さるるに至れりと云う」と、的ヶ浜の集落は、事件の三年ほどまえから形成されたものだという。さきに述べたように、別府町の急速な発展と人口増加にともなって、貧困層もこのころ別府にやってきて、的ヶ浜の集落が形成されはじめたのだろう。

的ヶ浜に住んでいた人びと　事件当時、的ヶ浜に住んでいた人びとの記述も大きく違っている。「内務省」によれば、一九棟二二戸の住人（約六〇名）の職業は、「事件発生後は病者不具者を除く外は何れも竹細工を公然に営むを以て一見正業あるが如しと雖も、其実に於ては僅に二三棟居住者を除く外は浮浪者と認むるを相当と為すべし」としている。つまり竹細工を仕事にする者もあるが、二～三棟を除けば、ほかはみな浮浪者であるという。納税者はひとりいるが、この者にたいしては「立退きを申し談じたることなき」、すなわち立ち退きを命じていない、という。在郷軍人もひとりいるが、事件当時は的ヶ浜にはおらず、事件後に小屋掛けをして住まうようになった者だという。的ヶ浜に本籍を有する者が、三人いるというので調査したが、すべて事実ではなかった、ともいう。学齢に達した者も数名いるが、昼は屑拾い、夜は街路に出て物貰いをしていて就学していない。それどころかこの子らは、「湯場稼、空巣狙い等の不正行為を常習」としている。犯罪検挙者が七名、強盗窃盗など前科者も七名いるという。衛生状態も、例えば便所は形式上二～三ヵ所あるが、極めて不潔である。大正九年には、ここでコレラが発生した。またらい病患者が四人いる。この者たちは、深夜になって別府の共同浴場に行き、夜明け近くまで入湯したり眠ったりして的ヶ浜に帰ってくる生活をしている。このように、的ヶ浜集落に関する、警察のいい様はひどいものである。しかし、的ヶ浜の「浄化」を正当化しなければならない警察にとっては、このいい様は、ある意味で当然だったといえる。

さらに『大分県警察史』でも、「二一人の竹細工職人を除く外は、強窃盗の前科者、辻占賣、白痴、癩患者の類であった」といい、「別府署記録」では、「一見住居とは見做され難き程度に巣喰った山窩の一群」という。

いっぽう『真相』では、「(一二の前科者がいるかもしれないが) 本籍者や寄留者納税者、在郷軍人等多数の者が、多くは竹細工に依って生活なし、或は土工仲仕等に従事して真面目なる生活をして居る者」、または「従来納税してゐた者や、本籍者、寄留者、在郷軍人等も多くあったのであります。其れ等の人の職とする処は、多く竹細工が重なるものであって、中には土方や大工左官の下働き等」という。「本籍者」とはここに本籍地を有する者、「寄留者」とは家主や地主にたよって、そこに居住しているとの届け出を出している者をいうが、つまり浮浪者ではない証明である。浮浪者でなければ、追い払うことは違法である。

このように、的ヶ浜にくらしていた人びとについても、「内務省」と『真相』は、大きく食い違っている。警察側は、的ヶ浜の住人の多くは、浮浪者や前科者だという。これには訳がある。第四章でふれたように、戦前にあった警察犯処罰令では、「住所不定無職」だけで処罰の対象となった。だから警察は、浮浪者の群だと強調するのである。しかし『真相』は、ほとんどの者が竹細工、土工、左官、仲仕などに従事し、生計をたてていると主張する。

「山窩の一群」なのか　では的ヶ浜の住人たちは、警察や一部の新聞がいうように「山窩」の集団なのだろうか。第一章で述べたように、「山窩」もしくは「サンカ」とよばれる人びとをどう定義するのかは、なかなか難しい。警察が「山窩」という場合は、住所不定で犯罪者または犯罪予備軍というニュアンスでとらえている。誤解は警察だけではない。宮本常一でさえ、大阪密柑山の乞食集団をはじめは「サンカ」だと考えていた。つまり、「サンカ」と乞食は、同一視されることが多かった。ここでは再び「サンカ」の定義について述べるつもりはない。しかし、的ヶ浜の住人に「サンカ」の要素をみることができるだろうか。

『真相』によれば、ほとんどの者が竹細工、土工（土方）、左官、仲仕などに従事していた。このうち、土工、左官、仲仕は、いずれも日雇いの肉体労働である。唯一竹細工が、「サンカ」の要素のひとつである。しかし新聞記事や『真相』などを総合すると、ここの竹細工職人たちは、的ヶ浜に住みついて竹製品を作製して販売しているようにみられる。つまり、廻遊してはいない。しかも竹細工職人は、二〜三棟ほどで、多数を占めてはいない。

別府は今も竹製品の製造がさかんで、戦後は、この分野ではじめての人間国宝もうまれた。現在も若い職人を養成し、別府市の重要な産業になっている。しかし別府の竹細工が、「サンカ」の技術を基盤にして広がったのかといえば、そうではないらしい。兵庫県の有馬温泉で行われていた、温泉を使った竹材の加工技術が別府に伝わったものだという（小玉洋美氏のご教示による）。

藤野豊は、『日本ファシズムと医療』において、的ヶ浜事件を「山窩狩」だとしている。しかし

「山窩狩」の対象がかならず「サンカ」の集団かといえば、そうとは限らない。大阪密柑山の乞食集団も「山窩」とよばれ、「山窩狩」に遭っているように、都市を浄化するために雑多な貧民集団を排除するのが「山窩狩」と考えた方がよい。

要するに的ヶ浜の集団は、竹細工職人や日雇いの肉体労働者、それにらい病患者なども含む雑多な貧困層から成っている。このような貧困層の集住地（貧民窟）は、三大都市をはじめ、地方都市にもみられた。別府の的ヶ浜も、このような小規模な「都市型下層社会（貧民窟）」のひとつと考えられる。そして的ヶ浜は、貧困層やらい者が生きていくために集住するアジール（避難所）でもあった。

なぜ焼かれたのか　的ヶ浜事件が全国的に注目を集めた理由のひとつは、たとえ掘っ立小屋であっても、警察の手によって住居を焼き払ったという常軌を逸した犯罪的な行為にある。的ヶ浜事件を最初に大きく報じた地元紙『大分新聞』の三月二八日の紙面の見出しは、「的ヶ濱部落を焼払ふ六十戸の小屋瞬時に火の海」「若し部下の手に依り火を放った事實が判明すれば相當考へがある」「警察が火を放ったとは考へられぬ」「假令掘立小屋にしろ自分達の家だ」と、警察が火を付けて住居を焼き払った行為に集中している。戦前は、山窩狩り、非人狩り、乞食狩りが、警察の手でしばしばおこなわれた。しかしこれらは、この人びとを「追い払う」ことに目的があるのであって、焼き払うことはほとんどない。それではなぜ、警察は的ヶ浜を焼き払うという非常手段を用いたのか。

藤野はさきの著書で、的ヶ浜の集落が「焼かれた」理由についても考察している。京都では、明治二五年（一八九二）から大正九年（一九二〇）の三〇年たらずの間に一四回の「サンカ狩」が行われている。およそ二年に一度の頻度である。この一四回の「サンカ狩」のうち、小屋が焼き払われているのは一度だけである。このとき焼かれた「山家」の集落一六戸は、「二条御土塀」にあったが、「不具者のみなれば厳戒放還し居宅は焼払」ったという。この不具者は、らい者だったという。そして的ヶ浜が焼き払われた理由も、的ヶ浜にらい者がいたからだと藤野は推測する。

別府温泉に療養のためにらい者がいたことは、知られている。草津温泉湯ノ沢にくらべれば、人数もずっと少なかっただろうが、別府温泉にも治療をかねてらい者が集まったのであろう。服部英雄は、「大分県別府温泉の周辺には大正時代までライ患者の村があった。ライ患者は時間を別にすることによって同浴を避けた。しかし、深夜に入浴する客がおどろき、さわぐという理由で、排除された」（『河原ノ者・非人・秀吉』）と書いている。ただ、「村」というのは、少々誇大ではある。また光田健輔（光田については第三章を参照のこと）も明治四四年（一九一一）頃の話として、「別府の亀川付近に浮浪らいの小屋があり、患者が集まってくるので入浴客が嫌うので、警察が小屋を焼いたという事が新聞に載せられたことがある」という内容の報告をしているという（藤野前掲書）。

的ヶ浜には、四人のらい者がいたことはすでにのべた。らい者の中にひとりの老婆がいた。『大分新聞』は、「住人の内にて癩病を病み足腰立たざる老婆が孫に手を助けられて辛くも屋外砂地まで這ひ出したる時一巡査は其の老婆に向ひ『早く出て行け、何をマゴマゴして居る道具なんかは棄て措け』」と威嚇したという。老婆は、「私は此の孫と二人で此の村の方のお世話で辛くも生きております。今此村を追立てられては生きて行かれません」と涙ながらに縋ったという（三月二九日付）。らい病を患ったこの老婆は、的ヶ浜でかろうじて生存を維持していたのである。それでも警察は、老婆を放逐した。

この老婆の話にある「此の村の方」とは、的ヶ浜集落の一角に住む篠崎格三という園芸を生業とする人物である。篠崎格三は、的ヶ浜のらい者たちを援助していた。篠崎は、「手足の利かぬ癩病患者などが一銭二銭の金を持つて町の店へ味噌醤油を買ひに出ても到底も売つては呉れないので彼等を救ふために本業の傍ら斯うした商売を始めたにすぎません」と新聞記者に語っている（三月三一日付）。おそらく篠崎は、らい者だけでなく、的ヶ浜の貧しい人びとを相手にした商人でもあったろう。東京や大阪などでも、乞食などを相手にする商人がいた。こうしてみると、的ヶ浜部落は都市型下層社会であり、見方を変えればらい者をはじめとする貧困層が生きてゆくためのアジールだったのである。

ところで、らい者がいたから的ヶ浜を焼いた可能性を示唆する新聞報道もある。それは警保局（警保局は内務省の部局で警察部門を所管。現在の警察庁にあたる）の談話として掲載されている。警保局は、「癩病豫防法（ママ）によると一部消毒の代りにペストと同様に焼却が出来るから若し居住民に斯うした癩患者が多数にゐた為に焼いたものか其邊が判明せぬので善悪の断定は出来かねると云つてゐる」というものである（四月一日付）。警保局は、もしらい者が多数であれば、焼き払うことも可能だという判断をしている。しかし、らい者は四人しかいなかった。それでも焼く必要があったのだろうか。

藤野は、焼いた理由をもうひとつ挙げている。それは、皇族の別府来訪があったからだという。

藤野は大正から昭和への代替わりの諸儀式、「大正大礼」、大正天皇「大喪」、「昭和大礼」の時に、ハンセン病患者、精神病患者の取締が強化されていると指摘する。そして天皇・皇族の来訪と来訪地におけるハンセン病患者たちへの取り締まりの強化は、不可分だったともいう。

的ヶ浜事件のおよそ一〇日後に、閑院宮載仁（かんいんのみやとしひと）の別府来訪がひかえていた。閑院宮は、四月七日に大分市で開催される日本赤十字、篤志看護婦人会、愛国婦人会の大分県支部総会に参加する予定であった。日程は、まず六日に海路で別府に着き亀の井旅館に宿泊、翌七日に大分市で総会に参加しこの日も亀の井旅館泊、八日には別府から汽車で帰京する予定であった。行事の開催地は大分市であるが、宿泊地は二晩とも別府である。温泉観光都市として発展する別府には、この時期、皇族の来訪も増えつつあった。

天皇・皇族の来訪と来訪地におけるハンセン病患者の取り締まりとが、不可分のものであったとすれば、閑院宮来訪をひかえ、別府警察署がハンセン病患者がいた的ヶ浜を焼き払った可能性もじゅうぶんに考えられる。この脈絡でいえば、的ヶ浜を焼いたのは、街の「浄化」「消毒」と、的ヶ浜にふたたびらい者をはじめとする貧民の集住地をつくらせないためだったと考えられるのである。

公然の秘密　この点については当時から、閑院宮来訪と的ヶ浜焼き打ちは関連があると思われていた。しかし「内務省」では、報告の最後にわざわざ「五、本件と閑院宮殿下御来県との関係」という項目をあげて、つぎのように関係を否定し弁明している。

一部のものに於ては本件は閑院宮殿下御来県の為め之を敢行したるものの如く言を為すも、前述したるが如くにして此間には何等の関係なく、殊に閑院宮妃殿下御来県御取止めは本事件発生の為めなりと称するものあれども、是亦何等根拠ある所にあらずして、同妃殿下御来県御取止めの儀は三月二十四日即ち本事件発生前に於て報知あり、従って内務部長上京の際にも特に他の妃殿下御来県を謂わしめたる所あるに見るも明かなり要するに警察に於て立退きを諭示したるは乞食浮浪の徒に於て掘立小屋を設け、茲に存在するもの漸次其数を加え、別府町の方面に徘徊して行人の施与を求むる等常に不快の感想を与え、一般の迷惑とする所なるのみならず、風紀保安及び衛生上より之を見るも早晩措置せざるべからざるを以て、本籍地其他に立去り生業に就かしむるの趣旨を以て、任意立退きを諭示したるものにして、今回の焼却は警察の諭示に従い小屋を構成せる菰、蓆の類を取外し海浜に於て焼却したるものにかかり小屋其ものは現状の儘焼却したるにあらず、而して彼等の立退きは該地方一般並に土地所有者の平生希望する所なり（『大阪朝日新聞』）

要するに、事件と閑院宮来訪とは一切関係はなく、「閑院宮妃殿下御来県御取止め」も事件の前にすでに決まっていたというのである。そして、「彼等の立退きは該地方一般並に土地所有者の平生希望する所なり」と別府の住民や土地所有者が希望したから、一掃したのだという。妃殿下来訪取りやめ云々というのは、閑院宮来訪に同行するはずだった妃殿下が、直前に来訪をとりやめたことをさしている。この取りやめについては、いくら乞食だからといって、天皇の赤子の家屋を焼き払ったことに閑院宮が不快感を示し、妃殿下の同行を取りやめたという憶測をよんでいたのであった。実際、事件の報道を受けて「事実なら残念だ」という福田閑院宮付武官のコメントも新聞に掲載された。

いっぽう『真相』の序文には、「宮殿下御入来に際し、汽車より遠く的ヶ浜辺や弓掛松を望ませらるる時、松並木の中に彼等の小屋が散見せらるとて、焼捨てる程のことはあるまい」とある。事件の主な理由が閑院宮来訪にあったことは、警察側の否定にもかかわらず公然の秘密であったというべきだろう（末廣利人「新聞報道にみる『別府的ヶ浜事件』について」）。

都市下層社会と警察の任務　的ヶ浜を追われた住人たちは、それでも的ヶ浜に留まろうとした。しかし事件の翌日も、翌々日も別府署の巡査が来て、住人を追い払ったことはすでにのべた。篠崎蓮乗は、至心会という仏教者を中心とする支援団体をつくり、住人の住む場所を確保する救済運動を展開した。別府の名士たちからも、かなりの寄付を集めている。しかし、この運動も警察の執拗な妨害によって頓挫した。警察はなぜここまで執拗に、的ヶ浜集落の消滅をはかったのだろうか。

日本の警察は、もともと犯罪人逮捕＝司法警察よりも、犯罪予防＝行政警察に重きが置かれていた。都市の下層社会（貧民窟）は、犯罪や悪徳、悪疫の温床とみられた。そのため隔離されて管理された。そして日露戦争後の犯罪の増加、民衆騒擾の頻発によって、警察による都市下層社会への取り締まりは、いっそう強化されたという。東京府では「乞食を府外に駆逐し、厳重に取り締まって、再び戻ってこないようにする指令」も発令された（大日方純夫『警察の社会史』）。

このような権力の行為を、西澤晃彦は「下層社会の周辺への分散化による『隠蔽』」とよぶ（『貧困者の領域』）。貧困者の集住地が拡大すれば、当然、目立つようになる。それは社会問題の表象なのであるが、そこは犯罪や病気の温床とされる。そこで、集住地を解体し分散させて、みえなくする（「隠蔽」）必要があったのだという（「隠蔽」は比喩的な表現ではない。現在も下層社会は、「隠蔽」されている。例えば、二〇〇八年の第二四釜ヶ崎暴動は、ほとんど報道されなかった）。

温泉保養都市として「発展」をつづける別府も、このような課題に直面したのだと思われる。観光都市は「別天地」で、何より美しくなければならない。その別府を代表する「名勝」が、的ヶ浜であった。そこに「汚い」「危険」な場所があることは、街のイメージダウンにつながる。それを警察が、「除去」「浄化」したのである。的ヶ浜の住人たちは、別府という都市内部の各地に分散化され、部落はみえなくなった。

的ヶ浜の住人は、事件後どこへいったのか。それを具体的に追うことは、困難である。しかし、行き先がわかる住人もいた。「内務省」には「警察署の処置」として、「出願者に就いては直に熊本癩療養所に収容方を照会すると同時に、其運輸方に付き鉄道当局に交渉し其他のものに就いては各本籍地に照会する所あり、目下調査中に属する事項多し」とある。らい者の一部（出願者）は、熊本の九州療養所に収容（隔離）されたものと思われる。もちろんそのひとりが、孫とふたりで暮らしていたあの老婆かどうかはわからない。

別府的ヶ浜事件と全国水平社

的ヶ浜事件では、『真相』を書いた篠崎蓮乗が、成立したばかりの全国水平社に支援を求めた。このことも、事件が全国的に大問題となった理由にあげられる。水平社は、篠崎の抗議行動にはじめは全面的に協力した。篠崎は四月下旬から五月にかけて、三重県を皮切りに大阪府や京都府で、精力的に的ヶ浜事件の真相を語り、支援を訴えた。水平社も当初、各方面からの差別発言などに対し、徹底的な糺弾をおこなった。しかし、事件の幕引きともなった内務省の公式見解発表（五月二三日）後には、水平社は潮が引くようにこの問題から手を引いた。この内務省の公式見解は、「内務省」としてすでにみてきた。水平社がこの見解のなかで特にこだわったのは、内務省が的ヶ浜の主な住人が「山窩乞食」であると断定した部分である。実は篠崎蓮乗もはじめ、的ヶ浜部落は「穢多」系の被差別部落だと認識していた。当然、篠崎を招いた水平社も同様の認識だった。ところが、そうではなかったのである。

創立されたばかりの全国水平社が強調したのは、「エタであることの誇り」であった。ところが水平社は、らい者をはじめとする旧賤民（非人）やその他の被差別民を視野にいれた運動を行っていない。的ヶ浜事件においても、支援すべき対象が穢多系被差別民ではなく、「山窩乞食」だとわかった時点で、手を引いた可能性があるという。水平社にとっては、的ヶ浜に乞食を含む雑多な被差別下層民がいるという事実はどうでもよく、エタ系の被差別部落でなかったことが重要だったのである。

全国水平社は、エタは「臣民」であり、納税・兵役・教育の三大義務をはたしていることに自負の念をもっていた。その反対に、その義務を果たさない「乞食」や「山窩」や「らい者」を蔑視していたという（藤野豊「『水平社伝説』を超えて」）。ここには、人間が有する差別意識の複雑な様相をみることができる。ただ、この乞食や「サンカ」に対する差別意識については、終章でまた取り上げることにしたい。

終章

非定住から近代国家を問う

マイナンバー制度　筆者の手もとにも先日、一二桁の番号がやってきた。「これからこの数字によって、私の個人情報は管理され、私は国家に繋がれる」。マイナンバーが届いた日の、率直な感想である。何か息苦しささえ感じた。異議を申し立て、訴訟に踏み切った女性はＴＶニュースで、自分（人）に番号が付けられること自体に不快感を示していた。

個人を番号で識別し、個人情報を管理するマイナンバー制度。同様の制度は、すでに多くの国で導入されている。ということは、日本という国に特有なことではなく、現代世界は同じ発想と方法で個人を識別、管理していこうとしているのである。つまり、現代社会の構造にその動機は起因しているといえるのだろう。加えて情報化の進展は、スマホやカーナビによって個人の位置情報も、インターネットの検索サイトの利用によって個人の嗜好さえも、ビッグデータとして蓄積することを可能にした。いつしか「防犯カメラ」というようになった「監視カメラ」も、街にあふれている。「逃げられない社会」の到来である。

思えば近代社会が成立して以来、ひとりひとりの国民＝個人の把握・捕捉は、近代国家の第一の命題だったといる。戸籍制度然り、学校制度然り、徴兵制度然り、国勢調査然り、住民登録法然り。なかでも一八七一年（明治四）の戸籍法によって成立した戸籍制度は、わが国の領域に住む人びとを速やかに「国民化」するためのツールだった。人はいずれかの「戸」に属し、「戸主」を通じて国家に捕捉される。国家は常に、個人の把握と国民化に躍起だった。しかし、本書であつかった廻遊・放浪の民（非定住民）の中には、「無籍者（無戸籍者）」も散見され、その意味で国家管理の枠外かまたは周縁に生きていた人も、わずかだが存在した。

ところで、マイナンバー制度ははじめからつまずく羽目となった。「マイナンバーが届かない、届けられない」事態が、方々で生じたのである。多くは、その住所にその個人がいなくて、届けられないのである。現代人は、基本的には「移転の自由」を付与されている。しかも、現代人は国内だけでなく国家の枠を超えて移動している。この制度の最初のつまずきは、「人はその住所にいる」という、近代国家の「常識」が裏切られた結果である。

しかし考えてみれば、現代のように流動化した時代だからこそ、国家は番号による国民把握の必要を生じさせたのであろう。つまずきにもめげず、国家は番号による個人把握を貫徹する努力を惜しまないだろう。どれほど多くの時間と多くの「税金」を費やしてでも、その「税金」を収める者を捉えて放さない努力を続ける。

定住はあたりまえなのか　人間は、いつのころからか定住して暮らすようになった。そして今では、定住が「あたりまえ」だと多くの人が信じている。しかし、例えば、わが国で人が定住するようになったのは、せいぜい縄文文化の時代からである。しかもこの事実ですら、少し前までは疑われていた。つまり縄文時代は、狩猟・採取が中心で、人びとは移動生活をしていたといわれていた。ところが、例えば青森県の三内丸山遺跡では、クリなどの樹木作物を栽培して定住生活が営まれていたことなどがあきらかになり、縄文の頃にはしだいに定住するようになったことがわかってきた。

縄文時代がはじまったのは、今から約一万年前の最終氷期終了後、地質時代でいう完新世（沖積世）以降である。いっぽう人類の歴史は、約七〇〇万年前までさかのぼることができるようになった。いうまでもなく、チンパンジーやゴリラなどの類人猿は、いまも家を建ててすむような定住生活はしていない。人類も数万年前までは、定住生活ではなく移動生活をしていたと考えられている。日本ではたかだか一万年まえくらいから、徐々に定住生活に向かったばかりである。つまり、ひとつところに一年以上から数年住まう定住生活をするようになったのは、人類史から考えるならば、ほんの「一瞬」ということになる。日本の場合、定住しているのは「七〇〇万年分の一万年」以下なのである。そう考えると、定住の方が人類の「新しいライフスタイル」なのであって、移動生活こそが人間本来の生活様式だったといえる。

いつから定住したのか　つい最近、おもしろいテレビ番組をみた。韓国KBSとNHKの共同制作番組である。タイトルは、「すばらしきサカナたち～人と魚類の10万年～(1)・(2)」(二〇一二年制作、二〇一三年放送、二〇一五年再放送)という。コンゴ川流域では、一〇万年前の漁具が出土していて、人類はこのころからさかんにサカナを獲りはじめたという。またフランスでは、八〇〇〇年前の遺跡から、人骨とサカナ、それに貝殻が大量に出土した。この洞窟遺跡では、壁面に鮭のレリーフも見つかっている。このころには、鮭をはじめサカナを食糧資源として定住がはじまったことが確実だという。農耕以前に、安定的に供給されるサカナを食糧として、定住がはじまったというのである。

しかしこのような考えは、人類学の分野では少し前から提示されていた。自然人類学者の西田正規は、「人類はおよそ一万年前頃、人類以前からの伝統であった遊動生活を棄てて定住生活を始めた。その後、人類史の時間尺度からすればほんの一瞬ともいえる短時間の間に、食糧の生産が始まり、町や都市が発生し、道具や装置が大きく複雑になり社会は分業化され階層化された」という。この人類史上の大転換を西田は、「定住革命」とよんでいる。そしてその定住のはじまりは、農耕以後ではなく、それに先だつ「非農業定住」があったのではないかという。そして定住のはじまりは、定置漁具による魚類資源を利用した食糧の安定確保による定住化ではなかったか、という。

わが国では、縄文時代に定住がはじまったと考えられている。縄文文化を象徴する竪穴住居や貝塚が、すでに定住の証拠である。竪穴住居は、比較的長期間にわたる定住用の住居であり、貝塚は長期にわたって同じ場所で魚介類などの骨や貝殻が廃棄されたことを物語る。縄文土器も、携帯して移動することを想定して作ったものではないだろう。縄文時代は、気候の温暖化とともに森林の木の実類とシカやイノシシなどの動物、海進によって内湾に生息する魚介類、川を遡上するサケ類などを、いずれも季節ごとに採集・捕獲し、年間を通じて食糧を安定供給するようになった。それによって、定住化もすすんだ（石川日出志『農耕社会の成立』）。人類の定住化は約一万年前に、日本でいえば縄文時代に、世界でほぼ同時にはじまったとみられる。

非定住（遊動）の意味　これ以上人類学や考古学に深入りはしたくないのだが、西田の『人類史のなかの定住革命』に依りながら、もう少し定住の意味について考えてみたい。

人類学では、「非定住」生活のことを「遊動」生活というらしいが、西田は遊動することの機能や動機を次のように五つに整理している。それは、①安全性・快適性の維持（風雨や洪水、酷暑や寒冷を避ける。ゴミや排泄物から逃れる）、②経済的側面（食糧・水・原材料を得る。交易。協同狩猟）、③社会的側面（集団内構成員の不和の解消。他集団との緊張緩和。儀礼、行事のため。情報の交換）、④生理的側面（肉体的、心理的能力に適度の負荷をかける）、⑤観念的側面（死、死者、死体からの逃避。災厄からの逃避）の五つである。要するに、人類が現れて以来、長いあいだ遊動生活をしてきたのは、それが人にとって非常に機能的な生活だったからである。その遊動生活を棄てて、定住生活をするには、これらの有利な機能をうわまわる定住のシステム、条件を構築しなければならない。

定住の条件　そこで定住の条件であるが、①については、清掃と排泄のコントロールが必要になる。縄文時代以降の住居では、ゴミが散乱している状況はなく、廃棄物をまとめて棄てる貝塚がみられる。②については、水の確保、定置漁業、農耕などが条件となる。③については、不和を解消する何らかの権威、権力の体系が必要となる。④については、生計に必要なものを越えた道具や芸術作品の作成がみられるようになる。例えば縄文文化の時代の土偶や装飾的土器の作成は、心理的負荷を供給するために必要だった。⑤については、定住地とは別に墓地を設けて死者と生者が住み分ける。こうした定住の条件を整備しながら、現在の私たちに連なる「定住生活」がはじまったのである。

少々こまごまと、遊動（非定住）と定住の違いをみてきたが、要は、私たちが「至極当然」と考えてきた定住生活は、人類史の上から考えるとほんの「一瞬」であること、人類は発生以来、そのほとんどの時間、遊動生活（非定住生活）をしてきたこと、遊動生活（非定住生活）は、それなりの機能性に裏付けられた生活であったこと、このようなことを確認しておきたい。さらにいえば、定住することが人間の本来の生活ではないこと、定住生活が非定住より優位かどうか疑ってみる余地があること、定住生活は歴史的産物であることなどを西田の「定住革命」は教えてくれるのである。なお「定住の動機」など、「定住革命」についてのこれ以上の内容は、西田の著書を参照していただきたい。

定住による権威（権力）の発生　西田の「定住革命」論で、筆者が特に注目したいのは、定住化にともない「不和を解消する何らかの権威、権力の体系が必要となる」という部分である。要するに、定住化によって権力の発生、つまり国家の成立がみられるということである。遊動生活では、移動しながら構成員の組み替えがおこり、そのことによって不和や不満が緩和され解消された。しかし定住することによって、構成員が固定化されると、個人間または集団間の不和、対立が容易に解消されない。そのために、一般社会の上位に権威または権力が必要になるという。

これまでの権力や国家の発生については、農耕による余剰生産物の蓄積とその争奪が戦争を生み、その過程で無数にあった諸集団が淘汰され、国家に収斂されていくと説明されてきた。日本史の教科書でも、縄文を経て弥生文化の時代（これがいつからはじまるかは議論がある）になると生産力は向上し、このころには争いが激化し（倭国大乱）、「クニ」が淘汰される過程で邪馬台国が成立。その後、ふたたび争乱を経てヤマト政権（古代国家）の成立にいたる。やや乱暴ではあるが、そのようなことが書いてある。では、西田人類学の「定住による権力の発生」と、どちらが正しいのか。しかしそれは、当面問題ではない。それは農耕と定住のどちらが先であっても、またやや時間的にずれがあったとしても、定住と農耕がほぼ同じ時期にはじまり、生産力が向上して国家が成立することは、それこそ長い人類史からみれば、「わずかな時間の差」というほどの違いにすぎないと筆者はみる。いい方を変えれば、人類史の大きな変化を別な側面から説明しているにすぎないと思うのである。ここで重要なことは、定住と農耕のはじまりと国家の成立は、人類史からみればほぼ同じ時期で、国家の成立は定住民に対する支配のはじまりだということである。

国家とその領域に住む人びと　古代国家の成立以来、いつの時代も国家は、その支配領域に住まう住民を捕捉し支配してきた。その両者の関係は、色々な側面から成り立つのであるが、それは主として税（租税）という名の生産物もしくは富（財）の収取の関係として成り立っていることは否定できない。そのために国家は、土地と人を結びつけ、定住を促した。この場合の定住は、「囲い込み」といい換えることもできよう。しかし定住には税の徴収が伴うため、収奪が厳しければ、そこに住む人びとはしばしばその土地をすててほかの土地に移動しようとした。日本の古代ではこれを、浮浪や逃亡といっている。

中世になっても事態は同じで、浮浪や逃散という、その土地からの農耕民の離脱はめずらしいことではなかった。わが国の場合、中世後期の混乱期には、穏田百姓村（おんでんひゃくしょうむら）などのいわゆる隠れ里が各地に成立したといわれる。人里離れた山中で暮らす主な理由は、徴税や戦乱をさけるためだった。江戸時代（近世）の幕藩制下においても、逃散や「走り」（他領への農民の逃亡）も珍しいことではなかった。中世後期から近世にかけては、一揆という抵抗手段もありえたが、「逃げる」ことも重要な選択肢であった。

ここで何をいいたいのかといえば、一定の土地に定住するということと、税の収取（搾取）を通じた権力による人民の支配とは、不可分だったということである。もちろんそれは、近代社会になっても本質的には変わらない。

近代国家とは

「近代国家とは何か」と問われれば、おそらく三者三様、いろいろな答えがあろう。何をもって近代国家というのか。この問いへの回答も単純ではない。しかし筆者はごく単純に、政治的には立憲主義の成立と、経済的には資本主義の成立、このふたつによって構成される国家だと答えておこう。

立憲主義は、絶対君主を憲法でしばり、その支配・束縛からの自由（身体的自由、精神的自由など）を得るために構築された。資本主義は、市場原理のもと移転や職業選択、それに経済活動の自由が保障される経済システムである。それ以前にくらべれば、その社会に住む人びとは、格段に自由になって、豊かになれるはずであった。しかしけっしてそうならなかったことは、これまで述べてきたとおりである。よくいわれるように、資本主義を基盤とする近代社会では、「飢えて死ぬ自由」も人びとに与えられたのである。そこには、埋めがたい貧富の格差が厳然と存在した。そして、豊かになろうが貧しくなろうが、それはその人の責任であって、あくまでその人の「自由」なのである。すでに戦前の近代日本が、そういう社会であった。膨大な富を蓄積する少数の者たち（例えば財閥家族）と膨大な貧しい人びとの群（小作人、女工、都市下層民など）がそれを象徴する。また政治的には、「近代的自由」権を得たはずの人びとを、逆に近代国家は強力に捕捉しようとした。それは戸籍にはじまる「家」制度、学校教育の体系、徴兵制、労働の現場（工場や会社など）とありとあらゆる場面におよんだ。ほとんどの国民は、このような国の支配のしくみのもとで、国家に捕捉されていった。

近代国家はまた、「文明」を標榜する。「文明化」はしばしば、「近代化」を意味する。またわが国の場合、「文明化」は「西洋化」と重なる。「文明化」、「近代化」、「西洋化」に価値をおく社会では、これらの価値の外にいるものを排除しようとする。価値を共有し実践できるものは、良き「国民」であるが、そうでないものは排除され、ときに「国民」とみなされない。良き「国民」でないもの（非国民）は、排除され蔑視され差別され攻撃される。

近代国家と衛生観念　近代国家はまた、「文明」とならんで「衛生」をことさら重視する。「衛生」とは、単に個々人の身辺を清潔に保つことだけでなく、ここで重要なのは「公衆衛生」である。近代国家は不衛生（不潔）な「者（人）」や、「場所」を排除し一掃、もしくは隠蔽しようとする。不衛生な場所は、伝染病の感染源であり、治安面では犯罪の温床である。ここには、必ずしも科学的根拠があるわけではないが、ほとんどの「国民」はそれを信じて疑わない。そして「国民」は、「衛生」や「清潔」のために率先して協力をする。

一例をあげる。第五章で取りあげた、別府的ヶ浜の衛生状況は、次のようなものであった。

（十）衛生状況　附近に井戸の設け一個あるも、之れを用うるものは極めて僅少にして多くは附近小川の水を使用し、便所も亦形式上二三箇所あるも極めて不潔にして、部民（ママ）の多くは随所に放尿放屎するものと見るを得べく又大正九年度には本部落に虎列刺患者発生したる事あり、又現に癩病患者と認むべきもの四名ありて、深更より別府町に於ける共同温泉浴場に到り、暁近く入湯又は睡眠をなし帰るを常とせり他の衛生状況は推して知るべきのみ（『大阪朝日新聞』大正一一年五月二四日）

こうして、的ヶ浜の「極めて不潔」な状況は、警察がそこを焼き払うことを正当化する根拠となるのである。そして周辺住民の大部分も、不潔な場所の「浄化」をほとんど無批判に受け入れる。原田敬一は、「治安維持を究極的な目的とする権力は、民衆統合しやすい『衛生』をかかげることによって、治安維持を可能にする」「衛生を旗印にした改良策は、近代社会の人々を納得させる力をもっていた。衛生観念が近代社会にもった統合力、エネルギーに注目しなければならない」という（「近代社会とスラム・衛生・都市」）。こうして近代社会における「国民」は、衛生観念によっても統合、捕捉される。そして衛生の対極に位置するのが、乞食ほかの下層民、らい者などの病者であった。もっと広くいえば、定住しない人々はみな衛生の「向こう側」に位置する人びとであった。

国家に捕捉されない人びと　そのような近代社会のなかで、国家に捕捉されない人びとがわずかにいた。本書でとりあげた廻遊、放浪する人びとである。しかしそれは、見方を変えれば、国家による「国民化」の過程で排除された人びとでもある。彼らは国家の枠の外か周縁にいることで、しかも定住しないことで、一般国民のような国家による捕捉や支配から免れることができたともいえる。それはわが国のなかで、ほんのわずかであるにすぎないが、確かに存在した。この人びとはまた、国家に距離を置こうとした人びとだといってもよい。

「サンカ」、家船、らい者、乞食、これらの人びとのなかには、少なからず「無籍者」がふくまれていた。無籍であるがゆえに、納税・兵役・教育の三大義務をはたしてはいない。だが逆に、国家の保護は受けられない。これらの人びとのなかには、ごくわずかであるが、意識的に「無籍」であろうとした形跡もみられた。つまりこの人びとには、国家との間に距離を置こう、国家に取り込まれないようにしようとした形跡が認められたのである。そして彼らは、「非定住」を武器とした。このことについては、「サンカ」や家船のところですでに述べた。ここで、国家に捕捉されない生き方とは、戸籍に編入されないことと定住しないこと、すなわち廻遊、放浪することである。

しかし「国民」にならなければ、国家の保護の枠外で生きることになる。それはまた、過酷な生活環境に身をおくことでもある。そこでこれらの人びとは、国家の保護を受けられないというハンディを克服するためにアジール（避難所）に逃げ込むか、みずからアジールを形成して助け合いながら生きた。しかしそこは、国家や一般の「国民」からは異様、異質、異常な世界と見なされ、差別や攻撃の対象ともなった。国家の基準による国の領域に住む人びとの均質化を「国民化」とよぶならば、かれらはそれを拒んでいたともいえる。これは即ち、「国民にあらざるもの（非国民）」であり、これがまた差別の根源でもあった。

「ゾミア」――国家の支配から逃れる

ジェームズ・C・スコットは、「ゾミア」とよばれる「世界最大の無国家空間」について研究、考察している（『ゾミア　脱国家の世界史』）。「ゾミア」とは、東南アジア大陸部の広大な山地地帯（ベトナム・ラオス・カンボジア・タイ・ビルマから中国南部に連なる丘陵地帯）で、ヨーロッパの面積（二五〇万平方キロ）にほぼ匹敵する。「ゾミア」という語は、チベット・ビルマ系言語に共通する語で、もともと「高地民」を意味するという。「ゾミア」には、中国（歴代の王朝）をはじめとする周辺諸国家（東南アジアの国々）の支配からのがれるために、山岳地帯に入り込んだ人びとがいまも暮らしている。東アジアから東南アジアにおいて国家が成立して以来、「ゾミア」においては定住しない「異民族」の歴史が脈々と続いている。

ここに住む人びとは、「穀物や天然産物を採集し、山地農耕を営み、相対的に自由で、国家を持たない人びとであった」と、スコットはいう。彼らは平地の国家からみれば、孤立していたが、「孤立は自律の維持に都合が良かった」のである。彼らはもっとも険しい場所にすんでいるが、そこは「自由の避難先」であり、「国家からの避難先」でもあった。かれらの多くは、もともと「ゾミア」の住人ではなく、国家から逃亡してきた人びとであった。だからもともと、「ゾミア」の住人は、低地民であった（逆に低地民はまた、もと山地民であったものも多い）。

国家によって、徴兵、強制労働、徴税による負担を強いられた人びとは、反乱より山地に逃げることを選択した。彼ら山地民は、みずからの意思で、低地国家とのあいだに距離をおいて暮らした。

スコットは、「『ゾミア』という概念は、国民国家に縛られない新しい『地域』研究のかたちを開拓する試みでもある」という。

スコットの「ゾミア」論を、そのまま本書の廻遊、放浪民に援用することはできないだろう。しかし本書であつかった「サンカ」、家船、らい者、乞食のうち、「サンカ」と家船のふたつは、「ゾミア」との共通点を見いだすことはできないだろうか。彼らは非定住(廻遊と放浪)、無戸籍を武器に国家との間に距離をおいた(徴兵や徴税を免れた)といえないだろうか。またらい者と乞食は、国家や社会から排除され、ある時は逆に強制隔離されることで一般社会の外に置かれた。この場合は、彼ら自身の意思は無視されて、国家の強制力に翻弄されたというべきである。彼らは、一般社会の枠外に生きることを余儀なくされた人びとであったといえよう。

文明と野蛮　スコットはまた、「文明」または「文明化」の意味を次のようにいう。「永住地を作ることは、税制の確立と並んでおそらく国家最古の営みだろう。定住すると文化的、道徳的な水準は高まるという文明論は、国家の営みにつねにつきまとっていた」。しかし、「『漢人』になること、まっとうな『タイ人』や『ビルマ人』になることは、実質的には、国家に完全に統合され登録され、課税対象になることとほとんど同じである」。いっぽう、「『非文明』的とは国家の領域の外で暮らすことである」。「文明の概念はおおむね農業生態的な基準で測られた。定住地を持たず、たえず予測できない動きをする人びとは文明の常軌を逸していたのである」。「定住地を持たなければ、放浪者、ホームレス、ごろつき、浮浪人などとさまざまなレッテルが貼られた」と。

国家の営みの側にたてば、定住しない者たちは、文明の対極に立つ者とされる。すなわち、「野蛮」である。国家に把握されない者、捕捉されない者。それは得体の知れない者、義務を果たさない者――、国家にとってこれほど恐ろしいものはない。だから非定住者は、蔑視の対象となり、差別され、攻撃を加えられる。いっぽう、国家に統合され登録され課税対象たるものは、「良民」＝「良き臣民」となるのである。

われわれは、定住しているのか　われわれが暮らすこの社会では、もはや法律の不備でもなければ、「無戸籍の非定住者」はいないはずである。もちろん、路上生活者、野宿者、いわゆるホームレスの存在を忘れてこのようなことをいっているのではない。

ひとつところに、一定期間以上住まうことが定住なら、ほとんどの国民は定住者であって、「良き国民」でもある。しかし、命令ひとつで転勤させられるサラリーマンたちは、はたして「定住」しているのだろうか。それは「定住者」といえるのだろうか。

筆者の友人に、某有名通信会社に勤めている者がいる。数年前の同窓会で彼は、会社の命令で転勤して「正社員」として働くか、「正社員を辞めて」自宅のある地で勤務し、家族と暮らすかの選択を迫られている、と愚痴をこぼした。もちろん、会社の命令に従わなければ、給与を大幅に減額される。この友人のように、労務管理の手段として頻繁に転勤させられるサラリーマンたちは、はたして定住者といえるだろうか。また貧困が原因で、住まいを転々とせざるを得ない人びとも大勢いる。この人びとも、定住者といえるのか。

定住とはおそらく、農民の場合、その地を耕し糧を得てくらすこと。その地を深く観察し、理解し、生活しやすいように自然に手を加え、または自然と共生すること。さらにコミュニティを形成して、その一員として認知され、また地域社会に貢献すること。総じていえば、一定期間以上、社会の構成員として、「安住すること、安住できること」こそが、定住ではないのだろうか。定住をこのように考えるならば、はたして現代人のどれほどが、みずからの意思で定住しているのだろうか。だからといって、みずからの意志で非定住生活をしている者は、またほとんどいない。現代人は、定住も非定住も、みずからの意思によって選択することが困難になっているのではないか。

「安住」に関して、もうひとつ付け加えておきたい。本書中では、しばしば「アジール（避難所）」という語を使ってきた。社会的に弱い立場にある人びとの一時的な「避難所」をさすが、それさえも現代は、次第に狭められているような気がする。要するに、逃げ場や居場所のないひとびとが、増えつづけてはいないだろうか。卑近な例をあげれば、近年、大阪市の釜ヶ崎（西成区）は、都市再開発の名の下に、一掃される計画があった。それは実施されずに済んだが、老朽化した「不良住宅地」の再開発を名目とした、「避難所」の一掃という事態は、決して珍しいことではない。そしてこれは何も、都市だけの問題でもない。

ノマドへの羨望　遊牧民などの非定住民＝遊動生活者をノマド（nomad）という。ノマドとは、主に遊牧民のことであるが、「牧歌的な放浪をする人びと」をさす語だという。モンゴルの草原、西アジアから北アフリカの半乾燥地帯には、いまも遊牧民が暮らしている。ヨーロッパの、かつてジプシーと呼ばれたロマも、ノマドといってよいだろう。そしてゾミアで暮らす人びともまた、ノマドである。

「定住革命」を提唱した西田は、現代社会は「逃げない」「逃げられない」社会だという。もちろん、「定住」によってそうなった。フィリピンのある遊動生活者（ノマド）は、天候の異変を敏感に感じ取って、素早く住まいを移す。それによって、洪水などの災害から軽々と逃れるという。しかし二〇一五年に起きた茨城県常総市の水害をみると、住民たちは逃げる判断に迷い、逃げる機を逸し、または逃げられずに大きな被害を被った。洪水ばかりではない、現代人は国家の管理からも逃げられなくなっている。これはよく考えると、本当に恐ろしいことだ。

いっぽう西田は、定住社会にあっても、人は「逃げる衝動」を失ってはいないともいう。「逃げる衝動」とは、「非定住生活への願望」といい換えることもできるだろう。西田は、「定住社会の間隙を縫ってすり抜けるノマド（遊動民）たちは、その後も絶えたことはなく、また、定住社会における不満の蓄積は、しばしばノマドへの羨望となって噴出する」という。

一七世紀半ば、フィリピンに赴任していたスペイン人の役人（フィリピンはスペインの植民地だった）は、現地の非定住民を「国家なき者」と蔑視しつつも、「彼らはあまりにも自由で、神も法律も王のような敬意を示すべき人もいっさいもたず、欲望と情熱のおもむくままに振る舞っていた」と羨望のまなざしで描写した（『ゾミア』）。彼は支配する帝国の一員、すなわち帝国の「国民」として、「文明」の側に立つ優越感を有するいっぽう、国家に捕捉されず自由に振る舞う「野蛮国」のノマドに対し、羨望の念を禁じ得ないのである。現代の私たちの心底にも、そんな意識がどこかに潜んではいないだろうか。

放浪することの意味 わが国において、過去に放浪した著名人をあげるとすると、西行、芭蕉、山頭火、山下清などがすぐに思い出される。彼らは放浪に意味を見いだし、放浪することによって新たな境地に到達した者たちといえる。本文のなかでも紹介した高木護もまた、これらの人びとにならぶ者であろう。「ならぶ」とは、高木も「放浪することによって、詩人として成長することができた」という意味において。

高木は、三〇歳のころから本格的に九州一円を放浪したことはすでに述べた。このときの放浪は、中途半端な気持ちではなく、いつかどこかで、野垂れ死にすることも辞さない「本格的」な放浪だった。その放浪詩人高木が、読者にいう。「みなさんも、野垂れ死に候補のお一人になってみませんか。毎日を自然のままに、自然の中で思うさま生きられるので、とてもたのしいですよ。野垂れ死にとはすべての欲を捨ててしまい、自身を自然に還してやることではないでしょうか」と。高木にいわせれば、野垂れ死にとは、放浪の果ての「新境地」なのであろう。また、「生きていると垢がいっぱい身につく。悪、毒、欲、財産、肩書、その垢を落とすのが、生きていくことの義務ではないか」ともいう。垢を落とすために全てを捨て、放浪するのである。さらに高木は、酔っぱらうと決まって、「一人分以上稼いだ人間は泥棒である。大きな家に住む人は小さな家に住むものに『すみまっせん』と言って住め」といっていたという（澤宮優『放浪と土と文学と』）。高木のことばをならべてみると、「放浪」とは、「何も所有しないこと」と同義に思えてくる。

考えてみると、定住が所有のはじまりではなかったか。それも、ひとりの人間が背負える以上の富の所有のはじまりだったのではないか。そして富をめぐる争い、すなわち戦争が人間社会ではじまる。ここで勝利して膨大な富を手にした者が、支配者となってあらわれる。やがて行き着く近代資本主義社会においては、私的所有を法制度としても是認する。しかし例えば、人間が作った代物でもない土地を、どこかの人間が「私有」するなどというのは、もともとおかしな話ではないか。土地は、自然といい変えても良い。ここでも私たちは、「常識」を疑ってみてよい。高木はどこかで、「人間はもう滅んだ方がよい」ともいっていたが、高木は放浪することで（定住をやめてみたことで）、このような考え（境地）にたどりつけたのではないだろうか。

風の王国　五木寛之の『風の王国』は、いわゆる「サンカ」を現代によみがえらせた。もちろん小説であり、フィクションである。「ケンシ」ともよばれた「サンカ」の集団が、現代にも生き続けていて、開発という名で自然を破壊する巨大な企業グループと対決するという話である。本書では、何度か五木の著書を引用したが、五木は非定住民や被差別の人びとに対する造詣が深い作家である。造詣が深い、などとは彼に失礼かもしれない。『風の王国』は、「サンカ」や少数民族などに関する膨大な資料と取材によって書かれた小説で、巻末にあげてある参考文献の量の多さには圧倒される。

この『風の王国』の終盤、五木はひとりの登場人物につぎのようにいわせている。

二十世紀は《国家》と《国民》の時代だったと思うんですね。資本主義と社会主義とを問わず、また先進国と第三世界とを問わず、いずれも国家と国民の道を歩んできた。そしていわゆる新情報社会の到来は、今後いっそうその方向へ世界を推し進めて行くにちがいありません。中央管理システムによる地方全域の端末化によって、その領土内の住人は一人一人の私生活まで情報として収集され、ボタン一つ押せばたちまち個人の現状があきらかになってしまう。それはあらたな律令国家の誕生といえるんじゃないでしょうか。流動する民衆を良民という名の農奴として固定化させたあの時代には、まだ非民として逃亡し、国家の枠外にドロップ・アウトする余地が残されていました。しかし、現在ではそれは不可能ですわ。

『風の王国』が『小説新潮』に掲載されたのは、昭和五九年（一九八四）である。いまからもう、三〇年以上も前のことである。しかし右のくだりは、現代のわれわれが置かれた状況をみごとにいいあてている。私たちは、個人情報を握った国家によって、完璧に管理される社会に生きているのである。『風の王国』で五木は、情報化の進展とそれによる国民管理の深化を暴いたのであるが、この小説ではそのはじまりが、近代国家の成立にあるという設定である。そしてその管理の対極に非定住、無戸籍の民「サンカ」を対置させようとした。このことは、筆者が本書を書きながら、考えつづけてきたことと通底している。

一所不住　「一畝不耕・一所不住・一生無籍・一心無私」とは、『風の王国』の冒頭から最後まで、全編を貫く「サンカ」集団のいわば人生訓で、小説のあちこちに顔をだす重要なことばである。その意味は、「一切耕さず（土地を所有せず）、ひとつ所に住まわず、無戸籍のまま生き、分かちあう心を持つ」ということになろうか。さきの、高木がたどりついた「思想」にも通ずるものがある。もちろんこれらの語とその意味は、五木の創作によるものといったほうがよい。しかし五木は、これらのことばで、国家と国民の関係を読者に問いかけているのである。

ところで、マイナンバー制度の実施と、二〇一五年九月に成立した安全保障法制（戦争法）の成立とは、実は密接に連動している。法律がいくら整備されようが、国家は国民の協力なしに戦争を遂行することはできない。国民の協力を得るためには、まず非協力的な国民の意見を封ずる必要がある。マイナンバー制度は、個人情報を国家が管理すると同時に、国民を徹底的に監視・管理して、言論統制を行うための強力な武器となりうる。いま日本は、平和主義を掲げた憲法と、別な方向へ歩きはじめた。気づかないうちに、こんな世の中が到来した（気づかなかったわけではなく、横暴な政治に押し切られたというべきか）。国民の徹底監視・管理の方法は、日々深化しつづけるだろう。私たちは、そんな時代に生きていることを自覚すべきである。

現代に生きるわれわれには、もはや「一所不住」も「一生無籍」も、現実に選択することは困難だろう。私たちは当面、厳しく監視・管理された社会に生きなければならないだろう。こうした社会に生きねばならない私たちは、もういちど国家との距離や関係を、じっくり考えてみるときにきているのではないだろうか。

あとがき

定住しない廻遊民、放浪民の生活とは、どのような生活か。これまで筆者には、想像もつかなかった。どんなに厳しく、困難をともなう生活だろう、というくらいしか考えがおよばなかった。だから非定住の暮らしを追う作業は、ある意味で筆者の無知の部分を埋める作業だったといってよい。

本書であつかった人びとについての研究は、彼ら自身が史資料をほとんど残していないため、歴史学ではあまりあつかわれない。これまでは、おもに民俗学が対象としてきたように思う。ただし歴史学においても、中世史や近世史など、前近代においては、それなりの蓄積がある。しかし、近現代史においては、手薄だったといってよい。またこの分野には、貧困や差別といったことがつきまとうため、扱いも難しい。

また、廻遊または放浪する人びととは、本書で扱った人びとに限られない。例えば、旅芸人、宗教者、絵描きなども廻遊・放浪する。だから、本書で扱った人びとは、廻遊する人びとのほんの一部でしかない。

三〇年ほども学校現場にいると、だんだん「遊び」がなくなってきた、と感じることがある。このばあいの「遊び」とは、「ゆとりやすきま」という意味のそれである。その極致が、ゼロ・トレランスである。トレランスは「寛容さ」のことだから、寛容さがゼロ、つまり「不寛容」を意味する。アメリカの公立学校では、問題行動を起こすと停学処分・退学処分、さらには逮捕から刑務所へと、全く寛容を排除した「処分」が横行している。学校の「警察化」、学校の「刑務所化」の進行である。しかしこのような「処分」は、アフリカ系やヒスパニック系のマイノリティの生徒に集中しているという。そして日本でも、ゼロ・トレランスを導入する学校がある。

しかしこれは、何も学校だけの問題ではない。社会全体が、寛容さを失ってはいないだろうか。このような状況は、とくに一九九〇年代以降、急速に進んでいるように思われる。そのおおもとは、各国で行われてきた新自由主義的政策の結果でないだろうか。ここで新自由主義について、詳しく説明することはしないが、現象としては格差の拡大（貧困の拡大）、管理と排除の進行、メガコンペティッション（大競争）、自己責任、効率優先、利益優先、厳罰主義などなど、もうあげればきりがない。どれもこれも、共通するのはおそらく、「非人間的」な諸現象である。私たちは、「人間はどこまで耐えられるだろうか」という実験に曝されているような気がしてならない。

本書は、非定住民から近代国家の本質を探ってきた。ただし、本書から近代国家の本質が垣間見えたかどうかの判断は、読者にゆだねるしかない。しかし、これからわたしたちが、ふたたび非定住の生活に戻るというのは、非現実的である。また、近代国家のすべてのしくみを全否定することもまた、おそらく非現実的である。しかしながら、近代国家によって強いられる非人間的なるもの、その淵源がどこにあるのか、そして、これから人間性をどのように回復させることができるのかを、私たちは真剣に問うときが来ているのではないかという気がする。

ところで、本書をほぼ書き終え、校正作業に入ったばかりの二〇一六年四月、「平成二八年熊本地震」が発生した。四月一四日と一六日に、震度七が二度連続して発生するという、未曽有の大地震だった。筆者は、多くの家屋が倒壊し死者一五人という深刻な被害がでた、南阿蘇村出身である（拙著『ある村の幕末・明治』はこの村の物語である）。南阿蘇村の被害は、一六日未明の激震によるものが、より深刻だった。

筆者は一六日午前、自宅のある大分市を出た。そして正午頃には、学生に犠牲者が出た東海大学農学部のある、同村黒川地区にはいった。避難所にいるはずの母を迎えに行くためだった。崩落した阿蘇大橋もすぐ目の前である。被災地の惨状は、名状しがたいものがあった。すでに倒壊し、うずくまったような家々がつづく集落はひっそりとしていて、ヘリコプターだけが喧しく飛び交っていた。被害者を救出するために大勢の自衛隊員がいて、そこはさながら戦場のようだった。結局、高野台付近の土砂崩れに阻まれ、それ以上は進めなかった。

そこで筆者は反転し、阿蘇市から高森町を経て、南阿蘇中学校におかれた避難所にようやくたどりついた。母は避難所にいて、幸い無事だった。しかし生まれ育った実家は半壊状態で、もうそこに住むことが叶わぬ事を、即座に理解した。

この熊本地震での死者の多くが、圧死または窒息死であった。このところしばらく、人の定住や非定住について考えてきた筆者にとっては、複雑な思いだった。それは、今回の地震の犠牲者のほとんどが、自宅の倒壊によって亡くなったからである。本文の中でも触れたことだが、私たちは定住しているが故に、ここでも災害から逃げられなかったのである。今は、熊本と大分の被災地の一刻も早い復興を祈るばかりである。

本書は『ある村の幕末・明治』、『生類供養と日本人』（以上、いずれも弦書房刊）につづくものである。底流に流れているものはどれも、民衆の側から「近代を問う」ということである。機会があれば、右の拙著にも目を通していただくとありがたい。

本書を書くにあたり、佐伯市の大野寿一氏（佐伯独歩会副会長）、恩師の猪飼隆明氏（大阪大学名誉教授）に貴重な助言をいただいた。また、臼杵市教育委員会には貴重な資料を提供していただいた。記して感謝を申し述べたい。

そして今回もまた、弦書房の小野静男氏には、出版を快諾していただいた。感謝に堪えない。

二〇一六年八月

長野浩典

主要参考文献

第一章

鳥養孝好『大野川流域に生きる人々』鳥養孝好先生還暦記念事業会、二〇〇〇年
三角寛『山窩物語』現代書館、二〇〇〇年
五木寛之『サンカの民と被差別の世界』筑摩書房、二〇一四年
沖浦和光『幻の漂泊民・サンカ』文春文庫、二〇〇四年
山本和加子『四国遍路の民衆史』新人物往来社、平成七年
松下志郎『近世九州の差別と周縁民衆』海鳥社、二〇〇四年
筒井功『サンカ社会の深層をさぐる』現代書館、二〇〇六年
今西一『近代日本の差別と性文化』雄山閣、平成九年
後藤興善『又鬼と山窩』批評社、一九八九年
服部英雄『河原ノ者・非人・秀吉』山川出版社、二〇一二年
乙益重隆「山の神話・その他」『列島の文化史2』エディタースクール出版部、一九八六年
野本寛一『焼畑民俗文化論』雄山閣、一九八四年
高山文彦「我が故郷のサンカを想う」歴史読本編集部編『歴史の中のサンカ・被差別民』新人物文庫、二〇一一年
『宮崎県史別編　神話・伝承資料』宮崎県、平成六年
森田誠一「サンカ(山窩)考―熊本県上益城郡における―」谷川健一・大和岩雄編『民衆史の遺産第一巻　山の漂泊民』大和書房、二〇一二年
井上清一「山窩物語」『民衆史の遺産第一巻』大和書房、二〇一二年
谷川健一責任編集『サンカとマタギ　日本民俗文化資料集成一』三一書房、一九八九年
宮本常一「サンカの終焉」『民衆史の遺産第一巻』大和書房、二〇一二年
宮本常一『山に生きる人びと』未来社、一九六八年
『長野内匠日記』長陽村教育委員会、平成一六年
渡辺尚志『百姓たちの江戸時代』ちくまプリマー新書、二〇〇九年
沖浦和光『竹の民俗誌』岩波新書、一九九一年
和田敏『サンカの末裔を訪ねて』批評社、二〇〇五年
荒井貢次郎「幻像の山窩」『サンカとマタギ　日本民俗文化資料集成一』三一書房、一九八九年

第二章

高群逸枝『娘巡礼記』岩波文庫、二〇〇四年
『角川日本地名大辞典　四四　大分県』角川書店、昭和五五年
淵誠一「海辺村の津留部落」『臼杵史談』第五巻、昭和五四年

沖浦和光『瀬戸内の被差別部落　その歴史・文化・民俗』解放出版社、二〇〇三年
鹿毛敏夫「大友時代を生きた人びと」『大分合同新聞』二〇一六年四月一一日付
『大分県史　近世篇Ⅰ』大分県、昭和五八年
瀬川清子『販女』未来社、一九七一年（初版は昭和一八年）
柳田國男「家船」『漂海民―家船と糸満』三一書房、一九九二年
田畑博子「大分における蜑人の系譜」『熊本大学社会文化研究一三』二〇一五年
「関秘録」巻五『日本随筆大成（第三期第一〇巻）』吉川弘文館、昭和五二年
須藤功著『写真ものがたり　昭和の暮らし3　漁村と島』農山漁村文化協会、二〇〇四年
羽原又吉『漂海民』岩波新書、一九六三年
宮本常一「船の家」『ちくま日本文学　宮本常一』筑摩書房、二〇〇八年
沖浦和光『瀬戸内の民俗誌』岩波新書、一九九八年
大阪市社会部調査課「水上生活者の生活と労働」『近代民衆の記録4　流民』新人物往来社、昭和四六年
東靖晋『西海のコスモロジー』弦書房、二〇一四年
長野浩典「大分県における明治一二年のコレラ大流行と民衆」『大分県地方史』一六五号、一九九七年
長野浩典『生類供養と日本人』弦書房、二〇一五年
『臼杵市史　下』臼杵市史編さん室編、平成四年
五木寛之『サンカの民と被差別の世界』筑摩書房、二〇一四年
後藤興善『又鬼と山窩』批評社、一九八九年
野口武徳「家船と糸満漁民」山折哲雄・宮田登編『漂泊の民俗文化』吉川弘文館、平成六年
宮本常一『海に生きる人々』未来社、一九六四年

第三章

宮本常一『山に生きる人びと』未来社、一九六八年
高群逸枝『娘巡礼記』岩波文庫、二〇〇四年
『部落史用語辞典（新装版）』柏書房、一九九四年
沖浦和光・徳永進編『ハンセン病　排除・差別・隔離の歴史』岩波書店、二〇〇一年
鈴木則子「近世の癩病観の形成と展開」藤野豊編『歴史の中の「癩者」』ゆみる出版、一九九六年
宮前千雅子「前近代における癩者の存在形態について（下）」『部落解放研究』一六七、二〇〇五年
町田哲「近世後期阿波の倒れ遍路と村」『徳島自治』八八、二〇〇六年
寺木伸明「近世における『らい者』の社会的地位と生活の諸側面」『ハンセン病　排除・差別・隔離の歴史』岩波書店、二〇〇一年

藤野豊「隔絶の中のハンセン病患者」『歴史の中の「癩者」』ゆみる出版、一九九六年
ひろたまさき編著『日本近代思想大系二二　差別の諸相』岩波書店、一九九〇年
『大分県地方史料叢書（七）県治概略Ⅱ』昭和五七年
大谷藤郎『らい予防法の歴史』勁草書房、一九九六年
愛媛県医師会史編集委員会「愛媛県に於けるらい病とその対策」愛媛県『ハンセン病の歴史』
山本俊一『日本らい史』東京大学出版会、一九九三年
前田卓著『巡礼の社会学』一九七二年、ミネルヴァ書房
山本和加子『四国遍路の民衆史』新人物往来社、平成七年
末澤政太「四国に於ける浮浪癩患者の集団場所について」『レプラ』八巻一号
南博編『近代庶民生活誌　第二十巻　病気・衛生』三一書房、一九九五年
小川正子『小島の春―ある女医の手記―』長崎出版新装版、二〇〇三年
広末保「近代民衆の記録4流民月報」新人物往来社、一九七一年
後藤興善『又鬼と山窩』批評社、一九八九年
山田呵々子「故郷より故郷へ」『近代庶民生活誌　第二十巻』
宮本常一ほか編『日本残酷物語　1』平凡社ライブラリー、一九九五年
天田城介「体制の歴史を描くこと―近代日本社会における乞食のエコノミー」、角田洋平・松田有紀子編『歴史から現在へのアプローチ』立命館大学生存学研究センター、二〇一二年
長野浩典『ある村の幕末・明治』弦書房、二〇一三年
『熊本県「無らい県運動」検証委員会報告書』熊本県「無らい県運動」検証委員会、二〇一四年
熊本日日新聞編『検証　ハンセン病史』河出書房新社、二〇〇四年
『菊池恵楓園五〇年史』国立療養所菊池恵楓園、一九六〇年
岡山県ハンセン病問題関連史料調査委員会編『長島は語る　岡山県ハンセン病関係資料集・前編』岡山県、平成一九年
大阪市社会部調査課「東京の貧民」『近代民衆の記録4　流民』新人物往来社、昭和四六年
中村阿紀子「無癩県運動と隔離政策の中で生きてきた女性達」『熊本大学社会文化研究一〇』二〇一二年

第四章

『大分歴史事典』大分放送、二〇〇二年
『定本国木田独歩全集（増補版）』学習研究社、平成七年
岩崎文人「『源おぢ』論」『近代文学試論一三号』広島大学、一九七四年

小野茂樹『若き日の国木田独歩』アポロン社、一九五九年
『大分県史　近世篇Ⅰ』大分県、昭和五八年
「七軒株の物語」『蒲江町史』蒲江町、昭和五二年
清水精一『サンカとともに大地に生きる』河出書房新社、二〇一二年
谷川健一編『サンカとマタギ　日本民俗文化資料集成一』三一書房、一九八九年
宮本常一『山に生きる人びと』未来社、一九六八年
清水精一「乞食論」礫川全次編著『歴史民俗学資料叢書3　浮浪と乞食の民俗学』批評社、一九九七年
足達憲忠「乞児悪化の現状」『浮浪と乞食の民俗学』批評社、一九九七年
臼井清造編「浮浪者の日記」『近代民衆の記録4　流民』新人物往来社、昭和四六年
ひろたまさき編著『日本近代思想体系二二　差別の諸相』岩波書店、一九九〇年
中嶋久人「『都市下層社会』の成立—東京—」小林丈広編著『都市下層の社会史』解放出版社、二〇〇三年
村上又一『警察犯処罰令研究』帝国講学会、一九二七年
　『浮浪と乞食の民俗学』批評社、一九九七年
石角春之助『近代日本の乞食』明石書店、一九九六年
吉田英雄「帝都に於ける乞食の研究（上）」『浮浪と乞食の民俗学』批評社、一九九七年
草間八十雄「最近に於ける浅草公園の浮浪者と其の内面観」『浮浪と乞食の民俗学』批評社、一九九七年
森岡孝二『雇用身分社会』岩波新書、二〇一五年

第五章

『大分県史　近代篇Ⅲ』大分県、昭和六二年
古城俊秀監修・松田法子著『絵はがきの別府』左右社、二〇一二年
『別府市誌』別府市教育委員会、二〇〇三年
『大分県の百年』大分県、一九六八年
澤宮優『放浪と土と文学と—高木護／松永伍一／谷川雁—』現代書館、二〇〇五年
高木護『あきらめ考』新評論、一九八一年
嶋崎二郎「別府『的ヶ浜』事件取材補記」『おおいた部落解放史創刊号』一九八三年
『大分県警察史』大分県警察部、昭和一八年
藤野豊『日本ファシズムと医療』岩波書店、一九九三年
服部英雄『河原ノ者・非人・秀吉』山川出版社、二〇一二年
末廣利人「新聞報道にみる『別府的ヶ浜事件』について」『別府史談』一五号、二〇〇一年
大日方純夫『警察の社会史』岩波新書、一九九三年
西澤晃彦『貧者の領域』河出書房新社、二〇一〇年
藤野豊「『水平社伝説』を超えて」、朝治武ほか篇『脱常識

の部落問題』かもがわ出版、一九九八年

終章

西田正規『人類史のなかの定住革命』講談社学術文庫、二〇〇七年
石川日出志『農耕社会の成立』岩波新書、二〇一〇年
原田敬一「近代社会とスラム・衛生・都市」『脱常識の部落問題』かもがわ出版、一九九八年
ジェームズ・C・スッコト『ゾミア　脱国家の世界史』みすず書房、二〇一三年
澤宮優『放浪と土と文学と―高木護／松永伍一／谷川雁―』現代書館、二〇〇五年
五木寛之『風の王国』新潮文庫、昭和六二年

〔著者略歴〕

長野浩典（ながの・ひろのり）

一九六〇（昭和三五）年、熊本県南阿蘇村生まれ。

一九八六（昭和六一）年、熊本大学大学院文学研究科史学専攻修了（日本近現代史専攻）。

現在　大分東明高等学校教諭

主要著書　『街道の日本史　五十二　国東・日田と豊前道』（吉川弘文館）

『熊本大学日本史研究室からの洞察』（熊本出版文化会館）

『緒方町誌』『長陽村史』『竹田市誌』（以上共著）。

『大分県先哲叢書　堀悌吉（普及版）』（大分県立先哲史料館）

『ある村の幕末・明治――「長野内匠日記」でたどる75年』『生類供養と日本人』（以上弦書房）

放浪（ほうろう）・廻遊民（かいゆうみん）と日本（にほん）の近代（きんだい）

二〇一六年十二月三十日発行

著　者　長野浩典（ながのひろのり）

発行者　小野静男

発行所　株式会社　弦書房

〒810-0041

福岡市中央区大名二―二―四三

ELK大名ビル三〇一

電　話　〇九二・七二六・九八八五

FAX　〇九二・七二六・九八八六

印刷・製本　シナノ書籍印刷株式会社

ISBN978-4-86329-143-0 C0021